2000-2010:
UMA ODISSEIA DA EAD NO ESPAÇO VIRTUAL

(memórias de uma trajetória)

2000-2010:
UMA ODISSEIA DA EAD NO ESPAÇO VIRTUAL

(memórias de uma trajetória)

Ivete Palange
Consuelo Fernandez

EDITORA
intersaberes

EDITORA intersaberes

Rua Clara Vendramin, 58 . Mossunguê
CEP 81200-170 . Curitiba . PR . Brasil
Fone: (41) 2106-4170
www.intersaberes.com
editora@editoraintersaberes.com.br

Conselho editorial | Dr. Ivo José Both (presidente) | Drª. Elena Godoy | Dr. Nelson Luís Dias | Dr. Neri dos Santos | Dr. Ulf Gregor Baranow
Editora-chefe | Lindsay Azambuja
Supervisora editorial | Ariadne Nunes Wenger
Analista editorial | Ariel Martins
Preparação de originais | Camila Cristiny da Rosa
Capa design e colorização | Roberto Querido
 ilustrações | Aline Sentone
 imagem | Fotolia
Projeto gráfico | Sílvio Gabriel Spannenberg
Ilustrações | Aline Sentone

Dados Internacionais de Catalogação na Publicação (CIP)
(Câmara Brasileira do Livro, SP, Brasil)

Fernandez, Consuelo
  2000-2010: uma odisseia da EaD no espaço virtual: memórias de uma trajetória/Consuelo Fernandez, Ivete Palange. – Curitiba: InterSaberes, 2014.

  Bibliografia.
  ISBN 978-85-443-0002-2

  1. Educação – Métodos 2. Educação a distância 3. Interatividade 4. Professores – Formação 5. Tecnologia educacional I. Palange, Ivete. II. Título.

14-03988   CDD-371.3

Índice para catálogo sistemático:
1. Educação a distância   371.3

1ª edição, 2014.
Foi feito o depósito legal.

Informamos que é de inteira responsabilidade das autoras a emissão de conceitos.

EDITORA AFILIADA

Nenhuma parte desta publicação poderá ser reproduzida por qualquer meio ou forma sem a prévia autorização da Editora InterSaberes. A violação dos direitos autorais é crime estabelecido na Lei n. 9.610/1998 e punido pelo art. 184 do Código Penal.

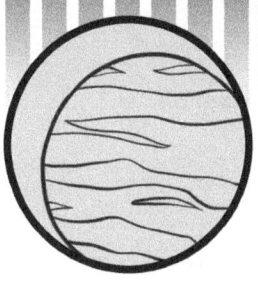

SUMÁRIO

Convite para a viagem 11

CAPÍTULO 1
Diário de bordo no espaço virtual 15

1.1 O monólito 17

1.2 Nós, primatas? 19

1.3 Em busca do futuro 21

— ROTA 1 ————————————————————
OS HUMANOS E SUAS MÁQUINAS MARAVILHOSAS NO ESPAÇO VIRTUAL 35

CAPÍTULO 2
A educação a distância (EaD) e as redes de computadores 41

2.1 Perguntas que não querem calar 41

2.2 Senta, que lá vem história... 43

2.3 O encontro sedutor das redes com a educação a distância (EaD) 49

CAPÍTULO 3

O convívio com as telas 55

3.1 As telas de hoje 57

CAPÍTULO 4

Os diálogos oral e escrito: a comunicação na rede 63

4.1 Atribuição de sentido 63

4.2 O texto e o diálogo 66

4.3 O texto digital 70

CAPÍTULO 5

Eu, um educador virtual? 77

5.1 Início da aventura 78

5.2 Relações virtuais, sentimentos reais 80

5.3 A pluralidade de expressão 88

5.4 Encontros e desencontros 90

5.5 Qual é o valor desse trabalho? 92

CAPÍTULO 6

Cursos *on-line* de Robótica Industrial e Automação Industrial: relato de viagem 95

6.1 Primeira viagem: Robótica Industrial 97

6.2 Segunda viagem: Automação Industrial 103

6.3 Novas viagens 106

CAPÍTULO 7

Características dos cursos *on-line*: o surgimento de uma metodologia 111

7.1 Proposta pedagógica e ferramenta de gestão de cursos a distância 119

CAPÍTULO 8

O desafio de compreender e de ser compreendido nos cursos *on-line* 123

8.1 O diálogo é possível na educação a distância (EaD)? 124

8.2 Conversa na telinha 130

8.3 O que reserva o futuro para os novos projetos de educação a distância (EaD)? 134

— ROTA 2 ——————————————————————————

OS DESAFIOS DO CRESCIMENTO 137

CAPÍTULO 9

A rebelião contra os *templates* na batalha pela criatividade nos cursos *on-line* 143

9.1 Atenção: meia volta, volver! 145

9.2 Como é aprender em tempos de internet? 147

CAPÍTULO 10

Conversas e saberes: a interação nos cursos *on-line* 155

10.1 Os recursos de uma ferramenta 156

10.2 Uma história de papéis 159

CAPÍTULO 11

Cursos *on-line*: um jogo de "faz de conta"? 193

11.1 O cenário 195

11.2 Ou isso ou aquilo 196

11.3 Simular é preciso? 200

11.4 De investigador a usuário 203

11.5 Os atores do curso 207

11.6 A realidade,
a prática e o "faz de conta" 208

CAPÍTULO 12

**Formação de tutores e mediadores:
uma história em três atos 213**

12.1 De saltimbancos para o palco 217

12.2 Novos cursos 233

CAPÍTULO 13

O difícil dilema entre dizer e fazer 235

13.1 Investigar para poder acreditar 237

13.2 Como ouvir os alunos? 239

CAPÍTULO 14

**Educação a distância (EaD):
uma questão de olho por olho ou olho no olho... 253**

14.1 A educação baseada na cooperação 257

14.2 Aprendizagem colaborativa em cursos *on-line* 258

14.3 Experiências colaborativas nos cursos a distância 261

CAPÍTULO 15

Avaliação a distância: pela balança ou pela peneira? 277

15.1 O caso da aprendizagem 279

15.2 A configuração da avaliação da aprendizagem 280

15.3 Os recursos de avaliação da aprendizagem na Aeco (Apoio Educacional Colaborativo) 288

CAPÍTULO 16

Uma informação na cabeça e uma tela e um *mouse* nas mãos! 295

16.1 Um dedo de prosa 298

16.2 Novos voos, novas naves 328

— ROTA 3

O ABANDONO DA NAVE PARA EXPLORAR O UNIVERSO 331

CAPÍTULO 17

A decisão da partida 335

17.1 O crescimento e o canto da sereia: na rota dos meteoritos 336

CAPÍTULO 18

Qualidade na educação a distância (EaD): abalos nos eixos da nave 341

18.1 Abalos no eixo 1: qualidade de atendimento 341

18.2 Abalos no eixo 2: qualidade do material 349

CAPÍTULO 19

A nave pode ir à deriva: o "piloto" sumiu? 357

19.1 Reflexões: conhecendo o "piloto" 358

19.2 Abortar missão 362

O Fim, um novo começo 365

Referências 367

Sobre as autoras 377

CONVITE PARA A VIAGEM

Ah, memória, inimiga mortal do meu repouso!

MIGUEL DE CERVANTES

O que fez com que duas educadoras dedicassem seu tempo a escrever um livro?

Talvez sejamos um pouco como Dom Quixote e Sancho Pança[1]: uma mais idealista, sonhadora e insana; outra, mais realista, estudiosa e capaz de relacionar, como ninguém, pensamentos e reflexões de diversos autores com a prática educacional. Essa amizade improvável propiciou a realização de aventuras pedagógicas em um universo desconhecido. Foi mais de uma década de trabalho conjunto agindo, refletindo, buscando espaços inexistentes, desafiando mercadores, lutando contra moinhos de vento e combatendo gigantes. Inspiradas no heroico personagem de Miguel Cervantes, reiteramos a cada dia a importância de sonhar o impossível.

---

1 Personagens do clássico da literatura *Dom Quixote*, escrito pelo espanhol Miguel de Cervantes e publicado originalmente em 1605.

Durante esse período de aventura, construímos diversas experiências em educação a distância (EaD): produzimos cursos, criamos metodologias, avaliamos iniciativas, relacionamo-nos com milhares de alunos e educadores e escrevemos vários textos para seminários e congressos, com o objetivo de partilhar dúvidas, caminhos e possibilidades no desenvolvimento do ensino *on-line*. Preservamos, nas lutas travadas, os sonhos e a esperança – se houve abandono de alguma batalha, foi para construir novos caminhos.

A aventura seguiu outro curso e a memória exigiu que nos dedicássemos ao resgate de vivências, escritos esparsos e reflexões, os quais estão organizados nesta história de uma década. O tempo que antes era totalmente ocupado para a solução de problemas emergentes, tornou-se um aliado para o resgate de emoções vividas. Como diria Dom Quixote, "do que enche o coração é que fala a boca" (Cervantes, 2007, p. 167).

Nas memórias e reflexões dessa trajetória na EaD, os textos foram organizados em uma cronologia fundamentada não no tempo, mas nas emoções relacionadas às rotas descritas. Essas produções foram revistas e suas respectivas ideias, corrigidas, a fim de comporem um todo que ultrapassa a ideia de soma de cada parte. Nesses escritos, mostramos que trilhamos pelos caminhos não como um alazão a galope, mas como o pangaré de Dom Quixote, o Rocinante, que às vezes empaca e decide analisar o cenário mais detalhadamente para encontrar novos caminhos. Compreendemos, assim, que a repetição de ideias em textos diferentes foi mantida por se tratar de contextos distintos.

A essa altura, você deve estar se perguntando: "Quem é o leitor imaginado para este livro?".

É aquele que enfrenta os mesmos dragões da inquietude do que significa ensinar hoje – época em que as novas tecnologias digitais estão constantemente alterando as formas de ler, aprender e, até mesmo, de viver. É aquele que não se deixa seduzir pelo canto da sereia tecnológica, mas que também não vê nela um gigante invencível. É aquele que aceita um olhar diferente do seu, transforma-se com ele e também interfere para transformá-lo. É, enfim, aquele que acredita que a insanidade pode se transformar em poesia e os delírios podem se tornar verdades. É, enfim, um Educador-Quixote ou um Educador-Pança.

1
Diário de bordo no espaço virtual

Minhas pompas são as armas, meu descanso o pelejar.

MIGUEL DE CERVANTES

Como já indicado, esta obra é uma odisseia contada por nós, Consuelo Fernandez e Ivete Palange, que, durante um período de dez anos, desenvolvemos e implantamos cursos de educação a distância (EaD) em uma instituição de formação profissional[1]. O relato contempla a descrição das batalhas, a construção das armas, as estratégias de desarmamento nos campos minados, a busca de inspiração nos heróis, o sangue derramado e o suor em cada uma

---

[1] Criado pelo Decreto-Lei n. 4.048, de 22 de janeiro de 1942 (Brasil, 1942), o Serviço Nacional de Aprendizagem Industrial (Senai) consiste em uma instituição de abrangência nacional, com departamentos regionais em todos os estados do Brasil. No caso desta obra, os referidos cursos foram implementados no Senai-SP.

das etapas desta epopeia até o momento de abandono da nave-mãe para buscar novos universos.

É um relato que traz as vitórias e suas comemorações, bem como caminhos percorridos, encruzilhadas enfrentadas, aliados que forneceram apoios indispensáveis e inimigos escondidos ou revelados (sempre prontos para atacar) e suas perigosas armadilhas em todas as etapas. Nossa pretensão ao registrar alguns episódios desta aventura é alertar sobre o perigo do canto da sereia no que concerne à EaD, além de inspirar os que se decepcionaram com essa modalidade.

Não se trata aqui de uma obra de ficção e tampouco de um relato documental: o caminho foi percorrido em trânsito livre entre esses dois universos. Verdade e invenção dependem sempre de um ponto de vista, pois quando olhamos as coisas de um ponto de vista superior, elas parecem bem diferentes em relação a quem segue uma trilha ao nível do chão, despenca nos buracos e sente na pele os espinhos do trajeto. Se o relato fosse de comandantes, diretores, gerentes ou chefes institucionais, ele teria outro tom e certamente outros destaques. Como sempre, estivemos na construção das trilhas, e o que percebemos e relatamos descreve as dificuldades em afastar os obstáculos e os tropeços e encontrar as clareiras seguras. Em alguns momentos, carregamos nas cores pelo significado das lembranças das paisagens ou das escolhas acertadas; em outros, omitimos situações que não nos pareceram relevantes.

A sequência no tempo do relato está relacionada às memórias, às reflexões, ao significado dos estudos e das pesquisas e às decisões tomadas diante das encruzilhadas – e não necessariamente às ocorrências. Algumas ideias tiveram um longo tempo de gestação até estarem prontas para serem colocadas em prática.

1.1 O monólito

Antes da nossa chegada à nave-mãe da instituição de formação profissional, muita coisa já havia acontecido na EaD. Foram experiências esparsas, mas significativas – como o primeiro curso a distância desenvolvido pelo Serviço Nacional de Aprendizagem Industrial de São Paulo (Senai-SP) e veiculado pela TV Cultura, em 1979, conhecido como *Leitura e Interpretação de Desenho Técnico Mecânico*. Também foram desenvolvidos programas de vídeo e materiais impressos ao longo da década de 1980, com o objetivo de repassar medidas de segurança para motoristas operadores de máquinas fora de estrada, além de cursos de Matemática Básica para a área da engenharia mecânica, entre outros. Tudo isso levou ao desenvolvimento de materiais em vários suportes, como jornal, publicações técnicas, kits para montagem de elementos eletrônicos, material impresso (folhetos e módulos) e programas de vídeo e de computador. No referido período, o desenvolvimento de materiais didáticos e a implantação da EaD eram encarados como etapas independentes: um grupo era responsável pelo planejamento e desenvolvimento dos cursos e o outro pela implantação destes[2].

> Para saber mais, leia o artigo "Educação a distância no Senai-SP: um pouco das reflexões ao longo da história". Disponível em: <http://emaberto.inep.gov.br/index.php/emaberto/article/viewFile/1067/969>.

---

2 Algumas organizações ainda realizam essa separação, inspiradas na "linha de montagem" que caracteriza determinadas produções industriais.

Na instituição, as experiências em EaD foram esporádicas, desenvolvidas em surtos, como em uma reprodução do mito de Sísifo: uma pedra é carregada encosta acima e, no dia seguinte, ela volta ao ponto de partida. Os altos e baixos ficavam ao sabor das crenças da direção e das gerências que ora apoiavam as experiências, ora as desestimulavam. Muitas vezes, quando um material didático produzido era finalizado, ele passava a ser usado nos cursos presenciais. Uma instituição que, por décadas, teve no ensino presencial, nas oficinas e nos laboratórios o seu ponto forte, só podia encarar a EaD com desconfiança. Por outro lado, experiências positivas de outras instituições do Brasil e do mundo inspiraram educadores a arriscar algumas produções em EaD a fim de testar essas possibilidades.

O Telecurso 2000 foi outro marco. O Senai-SP participou da proposta de reformulação do telecurso de primeiro e segundo graus existentes – correspondentes aos atuais ensinos fundamental e médio –, atualizando as aulas e o conteúdo de ensino. Essa experiência, realizada em parceria com o Serviço Social da Indústria (Sesi) e a Fundação Roberto Marinho, levou à produção de programas de televisão e de material impresso, à criação de "telessalas" para orientação dos alunos e à preparação de orientadores de aprendizagem, sendo implantada com sucesso em todo o Brasil. O convênio entre as instituições para o desenvolvimento dos programas também previu no projeto o Telecurso Profissionalizante de Técnico em Mecânica. Na época, a implantação desse curso teve sucesso limitado, talvez em função da condição exigida do candidato para obtenção do certificado: era necessário, pelo menos, três anos de prática comprovada em atividades profissionais na área de mecânica.

Hoje isso mudou, mas nossa caminhada, na época, seguiu uma trilha construída paralelamente ao Telecurso. É necessário ainda apontar que as pessoas que construíram essas duas trilhas não foram as mesmas: citamos o Telecurso em respeito ao monólito que representa a história das experiências de EaD construídas pela instituição. Nossa odisseia, nessa modalidade, seguiu em outra viagem, e é dela que trataremos daqui para frente.

1.2 Nós, primatas?

Assim como o monólito institucional tem sua história, nós também embarcamos com nossas experiências de viagens anteriores em outras naves.

Em um dos movimentos sisifistas da instituição, o setor de produção de vídeo foi extinto, optando-se pela terceirização da produção, quando necessária. A equipe de EaD, composta pelos núcleos de desenvolvimento e de implantação, sofreu o mesmo abalo, sendo reduzida a uma única pessoa da área de desenvolvimento. Os demais componentes da equipe foram demitidos ou enviados para as escolas da rede do Senai com a finalidade de contribuir na produção de material didático. Em virtude desse acaso institucional, a reestruturação acabou nos reunindo, Consuelo e Ivete, numa mesma equipe, para o desenvolvimento de programas de EaD.

A composição da equipe de desenvolvimento de EaD, inicialmente com duas pessoas, já era um indício de como a instituição encarava no momento essa modalidade de ensino. Nossas experiências se somaram e as dificuldades foram muitas no início do processo. Enfrentamos o desafio de aprender a produzir em multimídia e desenvolvemos, em suporte CD-ROM, dois programas para jovens educandos[3], tendo em vista o desenvolvimento de competências transversais. Esses programas estavam vinculados à área de recursos humanos de um projeto chamado *Saúde Integral*, que procurava sensibilizar a equipe escolar para trabalhar com os alunos questões relacionadas aos riscos do consumo do álcool, aos cuidados na alimentação, à prevenção de doenças sexualmente transmissíveis, à gravidez na adolescência, entre outras.

No fim da década de 1990, sem verba disponível, propusemos e desenvolvemos um projeto de capacitação a distância para docentes. A mudança do milênio exigia a revisão do papel dos educadores e a reflexão sobre temas referentes ao papel da cultura, às mudanças tecnológicas e suas consequências no ensino e às alterações nas relações sociais nas cidades, bem como na cultura, e a influência dessas mudanças no ensino.

Em um CD-ROM contendo textos e programas de vídeos, organizamos assuntos a serem estudados pelos docentes de diversas escolas. Para cada tópico, foram propostas atividades em grupo.

---

3 *Umas e Outras*, desenvolvido em 1996, e *Encontro da Galera*, em 1997.

Cada equipe deveria elaborar um trabalho reflexivo sobre um dos temas e, posteriormente, cada participante deveria produzir uma monografia a respeito, que poderia ser enviada para avaliação por *e-mail* ou malote. Apesar de a participação no projeto ser voluntária, avaliamos muitos trabalhos, devolvendo-os com comentários personalizados sobre a reflexão realizada. Chamamos esse projeto, carinhosamente, de *projeto pobreza*. Sem verba, mas com muita disposição, mobilizamos um grande número de educadores em direção ao estudo de questões trazidas pelo novo milênio.

O que para muitos poderia ser considerado um obstáculo intransponível, foi interpretado por nós como uma preparação para a evolução e as novas aventuras que estavam por vir. A solicitação institucional era a de que fossem traçadas diretrizes de EaD para as escolas, pois isso não teria custo. No entanto, como fornecer diretrizes sem a prática, sem enfrentar concretamente os problemas que essa modalidade vivia na instituição? Partir para a ação, partilhar dificuldades e delas extrair diretrizes foi o que definiu o nosso rumo para o futuro.

1.3 Em busca do futuro

O futuro tornou-se possível por meio de um convite do Departamento Nacional do Senai para desenvolver materiais impressos sob a forma de publicação técnica para um projeto de formação de formadores a distância. A solicitação de produção de material visava o desenvolvimento de temas que atendessem à formação de educadores e gestores dessa instituição. Esse trabalho resultou nas seguintes publicações: *O enigma do conhecimento* (2001), *Estudar:*

percurso com ou sem nós (2000), *Diário de um educador* (1999), *Repensando a relação educador/educando* (1999) e *Meios educacionais* (1999). O reconhecimento externo, aos materiais impressos considerados de ótima qualidade, e a experiência no Departamento Nacional com EaD abriu as portas para novas aventuras.

Alcançamos o futuro por meio de diferentes rotas em virtude das condições impostas pelo espaço. Podemos dizer que a rota inicial foi a dos primeiros cursos *on-line*[4] da instituição: Robótica Industrial e Automação Industrial. A segunda rota foi a da concorrência e vitória de um edital divulgado pelo Departamento Nacional que levou ao desenvolvimento e à implantação de diversos cursos. A terceira consistiu na mudança de rumos da nave, com a interrupção da viagem para explorar novos universos. A seguir, resumiremos nossas principais rotas a fim de dar a você, leitor, uma breve noção do que será abordado nos capítulos seguintes.

1.3.1 Desbravando o espaço virtual[5]

Em 2000, iniciamos as nossas experiências com EaD *on-line* em dois projetos concomitantes: um de Robótica Industrial, em São Paulo, e outro coordenado pelo Departamento Nacional,

---

4 Nesses cursos *on-line*, 80% dos conteúdos e das atividades eram veiculados por meio da internet.

5 O detalhamento destas experiências, acompanhado de reflexões teóricas e aplicações práticas, estão no Capítulo 2.

envolvendo oito departamentos regionais (Bahia, Rio Grande do Sul, Paraná, Santa Catarina, Rio de Janeiro, Minas Gerais, São Paulo e Ceará) para a produção de módulos do curso de Tecnologia e Gestão Ambiental (TGA).

No projeto de Robótica Industrial, nossa grande inspiração foi o professor Bernie Dodge (2013)[6] e sua metodologia de pesquisa por meio da internet, a *WebQuest*. Nela, Dodge propõe o uso da rede nos cursos presenciais e estimula o uso dessa abordagem por meio de orientações para a exploração do conteúdo e de vários exemplos de trabalhos produzidos.

> Para mais informações sobre essa metodologia, acesse: <http://web.archive.org/web/20070617040349/http://www.webquest.futuro.usp.br/>.

Quando conhecemos o trabalho de Dodge (2013), resolvemos adotá-lo para a organização dos tópicos de um curso de EaD. Em contato com o professor americano, ele nos disse que nunca pensou em utilizá-lo para cursos a distância, mas nos incentivou a fazê-lo.

Desde o primeiro momento, a metodologia para a produção do curso *on-line* contemplou atividades em pequenos grupos (acreditávamos que esse método era imprescindível para a aprendizagem e poderia agregar valor ao curso). Organizar atividades em grupo em cursos *on-line* foi um desafio, pois tínhamos limitações de todo tipo, desde a ferramenta utilizada para a gestão da aprendizagem do curso, que não permitia essa formação automática de

---

6 Professor da disciplina de Tecnologia Educacional da San Diego State University (SDSU). Para saber mais, acesse: <http://edweb.sdsu.edu/people/bdodge/index.htm>.

pequenos grupos, passando pela ausência de um ambiente virtual especial para esse tipo de atividade, até a resistência dos tutores, que preferiam atividades resolvidas *on-line*, visto que elas "davam menos trabalho". Teimosamente, resistimos, pois acreditávamos que a tecnologia facilitava muito a possibilidade de interação e, consequentemente, despertava sentimento de pertencimento a um grupo. Além disso, sempre acreditamos que, na construção do conhecimento, o coletivo é mais que a soma das partes.

O curso de Robótica Industrial foi fruto do trabalho conjunto de dois engenheiros especialistas no assunto e descrentes de EaD. Na elaboração do curso, foi necessário que nós, educadoras, produzíssemos uma das unidades para que eles pudessem acreditar na possibilidade de desenvolver unidades que ensinassem a linguagem de programação de um robô.

Na implantação, realizada em uma aplicação experimental chamada *piloto do curso*, com a tutoria dos mesmos engenheiros, as dificuldades foram enormes, pois enfrentamos a resistência e a descrença desses tutores no potencial da EaD.

As discussões com os tutores e as orientações dispensadas a eles durante a execução do curso propiciaram o desenvolvimento de uma metodologia para o acompanhamento de cursos *on-line*. Percebemos, então, a necessidade da inclusão de mais um ator no processo de tutoria. Além do tutor (especialista no assunto), os educandos precisavam de alguém que os ajudasse a trilhar o caminho de um curso pela internet por meio do esclarecimento de dúvidas, tanto em relação à metodologia quanto ao Sistema de

Gestão da Aprendizagem (LMS[7]). A esse ator, também componente da tutoria, chamamos *mediador pedagógico*. Seu papel era dividido entre o acolhimento dos alunos e a solução de todos os tipos de problemas surgidos no decorrer do curso, desde o acesso ao sistema até as questões da dinâmica interna dos grupos.

A partir dessa experiência, as ferramentas de gestão e aprendizagem para os cursos se tornaram nossa maior preocupação. Hoje, contamos no mercado com inúmeros LMSs. No entanto, no ano de 2000, no início dessa viagem, existiam poucas opções – aquelas utilizadas no primeiro curso haviam apresentado muitas limitações, como não dispor de um ambiente para trabalhos de pequenos grupos, além de não oferecer qualquer suporte técnico para manejo e utilização. Em função disso, o cuidado para a seleção de um novo LMS exigiu melhor especificação dos ambientes necessários à concretização da metodologia que havíamos concebido para os cursos.

> Nessa odisseia, a tecnologia foi o apoio para a implantação de uma metodologia de ensino.

Durante dois anos trabalhando com os cursos de Robótica Industrial e de Automação Industrial, aprimoramos o desenvolvimento e a implantação dos cursos a distância *on-line*. Ampliamos,

---

[7] Do inglês *Learning Management System*. Também conhecido como plataforma de gestão, o LMS é um *software* constituído por um conjunto de ferramentas que permitem gerenciar o desempenho dos alunos em um curso. Muitos LMSs conjugam também a possibilidade de criar, publicar e gerenciar ambientes virtuais de aprendizagem (AVA). Atualmente é utilizado o termo Avea (Ambiente Virtual de Ensino e Aprendizagem), no qual há a maior atuação do professor, ou seja, a questão do ensino está mais presente.

então, o número de cursos, incluindo o de Controlador Lógico Programável (CLP)[8] e outro de Linguagens de um CLP segundo a Norma IEC[9].

Paralelamente ao desenvolvimento dos cursos em São Paulo, participamos de oficinas e discussões para a elaboração dos módulos do programa TGA coordenadas pelo Departamento Nacional. Nesse processo, contribuímos para o desenvolvimento da obra *A metodologia dos desafios* (Senai, 2002), que passou a ser o elemento de orientação pedagógica para as produções dos cursos *on-line* de todos os departamentos regionais do Senai. Em São Paulo, além de uma publicação técnica de mais de 300 páginas, desenvolvemos, para esse projeto, o curso *on-line* de Emissões Atmosféricas.

A implantação dos cursos *on-line* era realizada em turmas fechadas, nas quais os participantes deveriam iniciar o estudo simultaneamente. Eles poderiam terminar em tempos diferentes, desde que não ultrapassassem mais de 20 dias da data de término. As turmas atendidas pelos cursos eram limitadas a um total de 28 alunos, com um tutor e um mediador pedagógico acompanhando cada turma.

Aos poucos, novos elementos foram introduzidos nos cursos e um deles foi o que denominávamos *chats* (salas virtuais de bate-papo) *temáticos*, que funcionavam como aulas em que os participantes podiam discutir com o tutor, em tempo real, sobre o conteúdo do tema estudado. Por sugestão dos alunos, foram criados

---

8 Trata-se de um computador especializado que desempenha funções de controle de diferentes ordens de complexidade.

9 *International Electrotechnical Commission*, entidade internacional de normas técnicas para as áreas de elétrica, eletrônica e de tecnologias a elas relacionadas.

exercícios *on-line* para serem realizados antes das avaliações e, a pedidos dos tutores de alguns cursos, foram criados personagens – como técnicos de empresas que enfrentavam problemas concretos relativos ao conteúdo do curso – nos *chats* e fóruns a fim de desafiar os alunos para a análise de diferentes questões.

Nessa caminhada, nós – as coordenadoras –, os tutores e os mediadores contratados formamos uma equipe pedagógica em que cada membro contribuía para a melhoria do curso com sua criatividade, que era partilhada com os demais. Éramos movidos por desafios educacionais e aprimoramos consideravelmente o trabalho de produção e implantação dos cursos *on-line*. As horas trabalhadas no atendimento aos participantes ultrapassavam, em demasia, as remuneradas, mas o prazer das descobertas não tinha preço.

Caminhamos assim durante um tempo, ampliando os cursos na área de eletroeletrônica. Essa área foi a escolhida, pois, de alguma forma, os interessados já tinham uma base teórico-prática que favorecia o acesso à tecnologia e, em especial, ao computador e à internet. Os cursos tinham a duração média de 60 dias, que correspondiam a, aproximadamente, 60 e 80 horas de curso. Uma das aprendizagens mais significativas foi a de que o uso do telefone tornou-se indispensável quando a tecnologia disponível nos computadores se mostrava insuficiente para realizar uma comunicação efetiva.

Os cursos eram produzidos e oferecidos ao público a cada novo semestre. As possibilidades de elaboração de propaganda eram muito restritas; a divulgação era, fundamentalmente, realizada pelo boca a boca dos alunos.

Em 2005, uma proposta do Departamento Nacional apresentada por um edital para todos os departamentos regionais, que visava à capacitação de docentes de Eletrônica de toda a rede nacional da instituição, alterou nossa rotina.

Para concorrermos, apresentamos a proposta de que a capacitação dos docentes fosse totalmente *on-line*, mesmo sabendo que o objetivo do edital era de que parte deveria ser *on-line* e parte presencial. Nossa vitória aconteceu quando o projeto demonstrou que, com simuladores virtuais, todas as competências exigidas para a capacitação dos docentes poderiam ser desenvolvidas *on-line*, não sendo necessário elaborar atividades presenciais. Assumimos o compromisso de capacitar mais de 2 mil docentes em nove cursos *on-line*, num prazo de dois anos, o que nos fez mudar a rota e as estratégias de trabalho.

1.3.2 Crescer sem perder a identidade[10]

Crescer é sempre doloroso, mas também traz grandes possibilidades quando se busca garantir a qualidade do trabalho. É o momento de decidir o que pode ser mantido e o que deve ser modificado, sem perder de vista princípios e valores.

As tarefas de EaD exigem a supervisão do desenvolvimento e da implantação dos cursos, desde o contato com interessados, passando pela contratação de tutores e mediadores, até o acompanhamento de pagamentos, a verificação do desempenho dos cursos e de tutores e mediadores, além do desenvolvimento de projetos,

---

10 O detalhamento dessas experiências, bem como suas reflexões teóricas e aplicações práticas, estão no Capítulo 3.

da preparação de licitações e da produção de materiais didáticos. Tudo isso sob a pressão de prazos e fluxos.

A equipe de tutores e mediadores relacionada ao atendimento dos cursos era totalmente terceirizada, o que tornou necessário proporcionar uma oportunidade de formação para o adequado desempenho dos papéis envolvidos na tutoria. Com isso em mente, preparamos um curso de capacitação para tutores e mediadores pedagógicos que se tornou um sucesso, não somente para nossa equipe, mas também para o público externo, interessados em serem tutores ou mediadores. Ambientado na metáfora de um teatro, o curso trazia a prática de "desempenho de papel", ou seja, era realizado por meio da simulação dos papéis de diversos atores do curso: tutores, mediadores pedagógicos e alunos. Nesse contexto, o papel de **tutor** consistia no especialista de conteúdo do curso e o de **mediador pedagógico** no responsável pelo atendimento do aluno em todos os aspectos que não fossem o conteúdo propriamente dito, bem como pelo apoio ao tutor do curso, cujo desenvolvimento foi realizado por um especialista com base em nossa proposta de intervenção pedagógica.

Após a elaboração do programa pedagógico, uma equipe de especialistas participava do curso-piloto junto com uma amostragem de alunos, com o objetivo de validar e avaliar o conteúdo em todas as suas dimensões (textos, vídeos, simuladores, exercícios, avaliações, entre outros). Dos especialistas que participaram do referido curso, selecionávamos aqueles que iriam trabalhar como tutores. Os mediadores, por sua vez, tinham formação pedagógica e experiência docente.

A prática profissional sempre foi uma preocupação em nossos cursos e sempre utilizamos simuladores tecnológicos para seu desenvolvimento. Naturalmente, como o custo de produção de simuladores era inviável para os recursos disponíveis, usávamos simuladores gratuitos produzidos pelas empresas. Essa experiência no desenvolvimento dos cursos nos levou também a oferecer, para a formação da tutoria, a mesma possibilidade de simulação. Como considerávamos a prática profissional de extrema importância, fez-se necessário criar a simulação de desempenho dos papéis de tutor e mediador pedagógico no atendimento aos alunos. Essa simulação foi uma importante estratégia para a formação dos atores (tutores e mediadores) nos cursos *on-line*.

Além dos mediadores e tutores, a realidade demonstrou ser necessária a inserção do papel de coordenador de turmas, pois contávamos com várias delas em cada curso. Esse papel foi sendo delineado paralelamente à execução dos cursos, para que a sua qualidade fosse garantida. A preocupação, como sempre, centrava-se na qualidade do atendimento tutorial aos alunos.

Em razão da demanda, ampliamos o número de alunos por turma: passou-se de 20 para 40 alunos, no máximo. Para que o atendimento aos participantes não fosse prejudicado, o tempo de atendimento *on-line* foi dobrado: os tutores passaram a dar plantões de atendimento *on-line* de duas horas e os mediadores pedagógicos, de seis horas, em todos os dias úteis da semana. Nos fins de semana, os plantões eram reduzidos a uma ou duas horas, de forma alternada entre tutor e mediador. A intenção era a de oferecer atendimento todos os dias da semana, em plantões previamente definidos e divulgados para os alunos.

Considerando que a participação nesses cursos não era obrigatória para os docentes da instituição, nossas hipóteses sobre a qualidade dos recursos didáticos e do atendimento aos alunos mostraram-se verdadeiras, uma vez que verificamos uma evasão mínima em todo o Brasil. Em São Paulo, a evasão nos nove cursos não superou os 5%. Nos estados em que essa evasão foi maior, comprovou-se a existência de problemas tecnológicos, como a dificuldade em acessar a internet em razão de bloqueios nas redes, da segurança dos sistemas, da lentidão de conexão por linha discada e, algumas vezes, até pela falta de computadores. Esses dados foram importantes para os gestores melhorarem, inclusive, o acesso dos docentes à rede.

Em relação aos cursos *on-line*, o desafio foi crescer sem prejudicar a qualidade do desenvolvimento dos alunos e do atendimento às suas necessidades. Tínhamos a intenção de produzir também um curso para preparar profissionais para o desenvolvimento de cursos *on-line*, mas, infelizmente, esse projeto não fazia parte da agenda dos decisores.

Além dessas experiências, buscamos outras a fim de inovar as produções. Foi assim que propusemos um projeto para o ambiente virtual 3D Second Life[11]. A ideia era criar condições para uma prática virtual, agora em 3D, para os alunos que concluíssem o curso de Automação Industrial. A proposta foi feita em 2006, mas foram

---
11 O Second Life consiste em uma simulação virtual da vida real. Para saber mais, acesse: <http://www.secondlife.com>.

necessários três anos até que fosse aprovada. Em 2010, o projeto estava sendo implantado e, embora tenhamos participado das etapas de concepção e planejamento, não pudemos fazer parte do desenvolvimento e da implantação.

1.3.3 Tempo de partir[12]

Com o sucesso da EaD, essa modalidade educacional passou a ser uma opção sedutora. A ideia de montar uma unidade totalmente dedicada a ela ganhou corpo na instituição e, como consequência, foi proposta a criação do centro de EaD.

Para a preparação do projeto do novo centro de EaD, o foco, que antes estava na aprendizagem do aluno, passou a ser a sustentabilidade econômica. Essa mudança causou a alteração da configuração do atendimento e da implantação dos cursos, o que resultou na progressiva diminuição das horas de atendimento, modificando também os papéis dos atores e as atividades em pequenos grupos, que foram reduzidas até serem praticamente eliminadas e, então, substituídas por participações em fórum[13]. Isso é o que se faz hoje na maioria das instituições, e embora olhar para o lado seja bem mais cômodo, é no desafio de olhar para frente e construir um futuro com uma identidade própria que torna possível estabelecer o diferencial educacional em uma instituição.

Pequenas mudanças têm grandes consequências. O papel de fornecedor para o mercado de soluções padrão de EaD das

---

12 O detalhamento dessas experiências, acompanhado de reflexões teóricas e aplicações práticas, estão contidas no Capítulo 4.

13 Em um LMS, o fórum é uma ferramenta que permite que os alunos postem comentários e sejam acompanhados por seus tutores e colegas de turma.

empresas substituiu o de investigador das situações de ensino e aprendizagem.

> Transformar o aluno ou participante em cliente pode mudar o foco educacional de uma instituição de ensino.

Decisões impensadas e pouco amadurecidas, em termos de proposta pedagógica, podem provocar desvios e resultar em opções por trajetórias que podem ser alvos de meteoritos capazes de atingir e destruir a nave, visto que o espaço está repleto de experiências transitórias que funcionam como enganadores cantos de sereia. Cada um é responsável pelas escolhas feitas na construção de seu caminho: a nossa foi abandonar a nave-mãe e explorar outros universos.

Antes de desembarcar em 2010, realizamos dois projetos que venceram os editais do Departamento Nacional em 2009. Desenvolvemos e implantamos um programa de capacitação para 150 docentes da área alimentícia de todo o Brasil, por meio de dois cursos *blended* (semipresenciais), com uma parte *on-line* e outra presencial, nos quais a evasão foi inferior a 5%. Além desse programa, desenvolvemos e implantamos, em parceria com o Senai do Rio Grande do Sul, um curso para docentes interessados em aprender a Língua Brasileira de Sinais (Libras), capacitando mais de 200 participantes de todo o país.

Enquanto estivemos na nave-mãe, evoluímos e vivemos experiências repletas de agradáveis aventuras, que comemoramos em cada uma das realizações. Foi uma viagem de mais de uma década com o desenvolvimento e a implantação de mais de 20 cursos *on-line*, a elaboração e o aprimoramento de metodologias de acompanhamento, além de menores taxas de evasão, quando comparadas aos cursos tradicionais, e da grande ampliação de atendimento. Como em toda epopeia, os personagens se modificam, assim como o espaço e o tempo.

Nesse período, houve alguns desencontros, que já esquecemos, e também encontros felizes com educadores com quem aprendemos muito, os quais tivemos o prazer de ter, em algum momento, como companheiros de viagem. A eles, nossa saudade.

Vamos agora rumo a um novo futuro...

Tempo de mudanças

Os versos do poema *Invictus*[14], que inspirou Nelson Mandela[15], também nos ilumina: "Não importa o quão estreito o portão / O quão cheio de castigos esteja o pergaminho / Eu sou o mestre do meu destino; / Eu sou o capitão de minha alma" (Henley, 2014).

Hoje estamos na construção de um novo destino e embarcamos em outra nave, agora autônoma, com paradas e contribuições para diversos planetas-instituições. Mas esta é outra odisseia, cujo relato fica para outra vez.

---

14 Poema do inglês William Ernest Henley (1849-1903).
15 Ex-presidente da África do Sul (1994-1999) e ganhador do Prêmio Nobel da Paz (1993).

Rota 1

OS HUMANOS E SUAS MÁQUINAS MARAVILHOSAS NO ESPAÇO VIRTUAL

ROTA 1: os humanos e suas máquinas maravilhosas no espaço virtual

Não haveria criatividade sem a curiosidade que nos move e nos põe pacientemente impacientes diante do mundo que não fizemos, acrescentando a ele algo que fazemos.

PAULO FREIRE

Era uma vez um mundo em que os homens criaram diferentes e maravilhosas telas – a do cinema, a da televisão e a do computador – e, com isso, uma incógnita de como será o futuro: com ou sem tela? Nessa rota inicial, organizamos sete textos reflexivos acerca da educação a distância (EaD) na carta de navegação para a entrada no espaço virtual.

No primeiro capítulo desta rota – "A educação a distância (EaD) e as redes de computadores" –, tratamos da visão de redes no contexto educacional e da transformação do mundo em uma grande comunidade virtual. Aos poucos, o global passa a ser local. Na atualidade, em meio a grandes tragédias como abalos de terra, *tsunamis*, furacões, entre outros desastres, podemos perceber como as pessoas se organizam, partilham informações e assistem às vítimas com o auxílio da grande rede. O começo de tudo foi há muito tempo e, sendo jovem ou não, hoje é impossível permanecer à margem da rede e de seus nós.

Em seguida, no capítulo "O convívio com as telas", apresentamos uma reflexão sobre a atitude do jovem com as diferentes telas. Nesse estranho mundo de constantes mudanças, os jovens encontraram novas formas de comunicação oral e escrita em diferentes mídias. A relação com o interlocutor varia de tela para tela, mas o que permanece é o desejo de estabelecer com ele uma relação significativa e afetiva.

Em "Os diálogos oral e escrito: a comunicação na rede", registramos as diferentes formas de comunicação e de expressão do ser humano. Com o passar dos tempos, cada um dos meios de comunicação se transforma, influencia e é influenciado pela mudança dos outros. É nesse contexto que a EaD surgiu, ampliando seu espaço até não ser mais possível qualquer retorno.

Na sequência, no capítulo "Eu, um educador virtual", reunimos os pensamentos e os delírios de quem é professor num curso presencial em um dia e, no outro, transforma-se em professor de um curso a distância.

Em "Cursos *on-line* de Robótica Industrial e Automação Industrial: relato de viagem", abordamos o início da aventura de duas educadoras teimosas e de engenheiros céticos na montagem de cursos *on-line*. O relato dessa produção fornece algumas pistas de como enfrentar o conflito de diferentes visões em relação às possibilidades de um curso a distância (com um final quase feliz).

No capítulo "Características dos cursos *on-line*: o surgimento de uma metodologia", relatamos como a experiência no atendimento a alunos de cursos *on-line* contribuiu para a construção da metodologia Aeco (Acompanhamento Educacional Colaborativo). Com essa reflexão, explicitamos os critérios baseados nos princípios educacionais que orientaram o desenvolvimento metodológico de produção dos cursos e acompanhamento dos alunos. A proposta metodológica descrita determinou e propiciou a customização de uma ferramenta de gestão dos cursos.

No último capítulo desta primeira rota, "O desafio de compreender e de ser compreendido nos cursos *on-line*", discutimos a questão da comunicação na modalidade a distância, expondo formas de privilegiar o diálogo em detrimento do monólogo, e as consequências dessa escolha para a estruturação dos cursos.

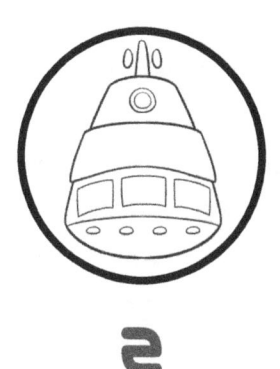

ROTA 1: os humanos e suas máquinas maravilhosas no espaço virtual

2
A educação a distância (EaD) e as redes de computadores

Em qualquer aventura, os primeiros passos poucas vezes são os mais fáceis e os menos isentos de problemas. Na EaD, isso não foi diferente. Até chegar ao espaço virtual, essa modalidade educacional, que nasceu no formato impresso para superar a distância geográfica entre professores e alunos, enfrentou críticas e preconceitos e, em seu esforço para superá-los, produziu conhecimentos que hoje constituem referências para as decisões tomadas.

2.1 Perguntas que não querem calar

> Você se submeteria a uma operação cirúrgica com um médico que obteve seu diploma por meio de um curso EaD?

Uma pergunta como essa não era relevante quando se tratava de um profissional para consertar um rádio quebrado. Desde o início do século XX, o Brasil desenvolveu experiências em EaD, primeiramente envolvendo entidades particulares, como o Instituto Universal Brasileiro e o Instituto Monitor, ambos em São Paulo. Essas instituições formaram milhões de alunos por meio de ofertas de cursos simples, baratos e voltados para a formação profissional. Talvez venha daí o preconceito com a EaD, pois alguns consideravam-na adequada apenas para uma população de baixa renda e voltada para formação de profissionais de segunda classe.

•••
Quem garante que as atividades de avaliação serão realizadas pelo próprio aluno que fez o curso?
•••

Essa pergunta demonstra a desconfiança na honestidade do aluno e no processo de ensino e aprendizagem a distância. Mesmo hoje, no século XXI, essa visão não foi superada. Essa questão é abordada no Decreto n. 5.622, de 19 de dezembro de 2005 (Brasil, 2005), que reforça a necessidade de provas presenciais, independentemente da metodologia do curso a distância, obrigando os alunos a estarem fisicamente presentes para provarem que são capazes de responder a questões.

•••
Não é verdade que o planejamento e a montagem de cursos EaD demora muito, exige muito trabalho e envolve muito esforço e pouco resultado?
•••

No século passado, a EaD passou a ser veiculada utilizando meios de comunicação em massa, como o rádio (década de 1930) e a televisão (década de 1960). O custo de produção e distribuição desses programas era alto e, para muitos, o investimento não era justificado.

> Será que compensa tamanho investimento quando a evasão de alunos é sempre muito alta?

A evasão é o fantasma da EaD, visto que a grande maioria dos alunos que iniciam um curso não o concluem. Será que esse é um problema restrito à EaD ou referente à educação em geral?

2.2 Senta, que lá vem história...

A história da EaD e da resistência a essa modalidade pode ser contada pela evolução dos meios de comunicação. No Brasil, até meados da década de 1920, os conteúdos e as informações dos cursos eram entregues por correspondência – enviados nos formatos de textos e *kits* de montagem –, visto que os meios de comunicação disponíveis eram o correio, o telefone, o telégrafo e o telex.

Alguns cursos encaminhavam ferramentas ou partes de um equipamento para serem usados e montados juntamente com as informações de uso, como um quebra-cabeça. Havia uma grande desconfiança em relação a esses materiais e os cursos atendiam apenas a classes trabalhadoras menos favorecidas, como costureiras, eletricistas, mecânicos, entre outros.

Como já apontamos, o rádio, na década de 1930, e a televisão, a partir de 1960, tornaram-se canais de envio das informações. A linguagem dos cursos tentava se adaptar àquelas utilizadas por esses meios de comunicação, como novelas e outros programas de entretenimento. São dessa época projetos como o Minerva[1], o Saci[2] e a telenovela instrutiva João da Silva[3]. A desconfiança diante desses programas continuava e a educação que transmitiam era considerada de segunda categoria. Brincadeiras com o nome do programa *Minerva*, que passou a ser chamado de *Me enerva*, explicitam essa visão.

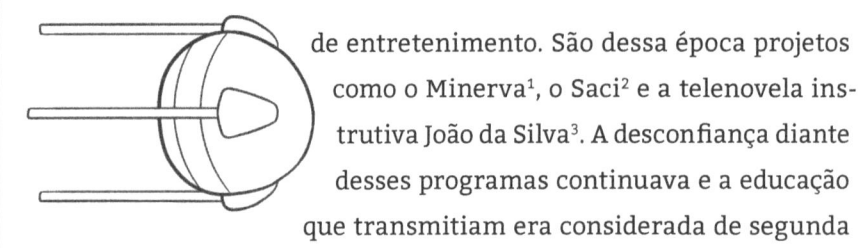

Nas décadas de 1970 e 1980, os cursos supletivos e os telecursos iniciaram seu ciclo. Nessa época, também foi inaugurado o curso de Leitura e Interpretação de Desenho Técnico para Mecânica, desenvolvido pelo Serviço Nacional de Aprendizagem Industrial de São Paulo (Senai-SP) em parceria com a TV Cultura. A EaD foi desenvolvida, então, para aqueles que não tiveram a chance de frequentar os cursos regulares de ensino e, em particular, para os profissionais da área de mecânica industrial.

Na década de 1990, iniciou-se o uso do computador e da multimídia; um exemplo dessas experiências foi a instalação, em 1993, do Núcleo das Novas Tecnologias de Comunicação Aplicadas à Educação, da Escola do Futuro da Universidade de São Paulo (USP). Nessa mesma época, o Ministério de Educação (MEC) começou a perceber as possibilidades da EaD e criou, sob o Decreto n. 1.917, de 27 de maio de 1996 (Brasil, 1996), a já extinta Secretaria de

---

1 O Projeto Minerva foi um programa educativo de rádio criado em 1970 pelo Serviço de Radiodifusão Educativa (SRE).
2 Criado em 1968, o Projeto Saci (sigla de Satélite Avançado de Comunicações Interdisciplinares) visava colaborar na construção de conhecimento das séries iniciais utilizando programas de rádio e TV. O piloto do programa foi exibido em 1973.
3 Produzida pela TV Educativa e veiculada pela TV Rio, em 1973.

Educação a Distância (Seed), vista como marco de reconhecimento dessa modalidade de educação.

Em 2000, surgiu, além do Telecurso 2000 para o primeiro e segundo graus, uma primeira experiência de curso profissionalizante pela televisão. Em relação a este último, era exigida a comprovação de prática para que o aluno pudesse ser certificado. Os telecursos criaram estratégias presenciais para acompanhamento dos alunos, com as "telessalas" e a aplicação de provas, certificando milhares de alunos. Com isso, os cursos a distância passaram a fazer sucesso. Foi o momento em que, no Brasil, a internet tornou-se uma realidade e começou a se expandir, resultando nas primeiras experiências de cursos *on-line*.

> O computador e a internet revolucionaram os meios de comunicação: o espaço virtual venceu distâncias, iniciando, assim, a possibilidade de interações de forma síncrona e assíncrona.

Da correspondência ao ciberespaço em um século, a EaD adquiriu novas perspectivas para o futuro, enfrentando ainda resistências. Entretanto, com o uso da rede de computadores, essa modalidade tornou-se mais sedutora.

2.2.1 Do presencial ao virtual

A resistência à EaD também foi resultado da referência a um sistema educacional centralizador, em todos os seus níveis, em que a escola é o espaço físico para a realização da educação institucionalizada.

O sistema escolar foi estruturado com a ideia de que a aprendizagem acontece pelo contato face a face entre professor e aluno, sendo o *locus* da ação educacional uma sala de aula concretamente limitada por quatro paredes, localizada entre os muros de uma escola.

O contato direto orientou a organização de todo um sistema, da sala de aula à política educacional. Na sala de aula, controla-se a frequência do aluno, bem como seu rendimento escolar e comportamento. Na escola, controla-se o desenvolvimento do conteúdo pelo professor, o cumprimento da carga horária e a efetivação do calendário de dias letivos. Já na gestão política, é controlado o conjunto de escolas sob determinada circunscrição, além de questões como a escrituração escolar e o cumprimento de normas e regras estabelecidas por uma política educacional.

Os docentes decidem o que, como e quando o aluno deve estudar, obedecendo a essa política educacional. Esse sistema de controle faz com que o educando submeta toda sua aprendizagem às decisões de outrem.

A EaD se insere nesse contexto educacional e, por isso, é de se supor que a resistência a essa modalidade seja motivada por uma ideia ainda muito arraigada de educação fundamentada na comunicação direta entre educador e educando.

Ao incorporar a "distância" entre educador e educando como sua característica mais marcante, a concepção de distanciamento pode ser considerada sob diferentes ângulos (Wolcott, 1996):

→ **Etimológico** – A distância como separação (do latim *dis-* + *stare*, que significa "estar separado").

- **Geográfico** – A comunicação entre educador e educando, separados fisicamente, mediada por recursos tecnológicos.
- **Temporal** – A comunicação basicamente assíncrona (isso se altera com as tecnologias digitais).
- **Social** – A percepção do afastamento entre educador e educando como discriminação por fatores culturais, étnicos, sexuais, econômicos etc.
- **Psicológico** – A percepção da separação como fator de isolamento, solidão, abandono (o "não pertencer").

Os referenciais de distância talvez possam esclarecer as resistências à EaD, bem como a forma com que os novos meios tecnológicos contribuem para a superação dessa visão.

Na época de elaboração dos primeiros cursos, não se conseguia superar a distância geográfica com os recursos disponíveis e a impossibilidade da sincronia na comunicação era um dos aspectos restritivos a essa modalidade de educação. Além disso, a sensação de solidão e isolamento dos alunos era mais acentuada e interferia negativamente na aprendizagem, apesar do esforço dos educadores para evitar que abandonassem os cursos.

A incorporação de recursos tecnológicos de última geração à EaD introduziu um caráter de nobreza a essa modalidade, diminuindo a importância da separação geográfica e do contato direto.

Os esforços passaram a ter um caráter mercadológico, objetivando não mais vencer resistências, mas conquistar determinado público que tem acesso às inovações tecnológicas e vencer a concorrência com instituições nacionais e internacionais que desenvolvem experiências em EaD.

•••
Educar a distância deixou de ser um obstáculo e se tornou um trunfo, aproximando educandos de qualquer parte do mundo a especialistas renomados, teóricos reverenciados e cientistas agraciados com prêmios internacionais.
•••

Ao superar essas resistências, as discussões e os questionamentos passaram a focalizar as propostas pedagógicas concretizadas nos cursos de EaD. Observou-se, em muitas iniciativas, a predominância de princípios condutistas – como o reforço positivo em respostas corretas e a ausência deste em respostas erradas –, que permearam grande parte da trajetória dessa modalidade de ensino. Houve também um grande número de experiências que não tinham preocupação alguma com princípios filosófico-pedagógicos para orientar as decisões tomadas referentes a conteúdos, estratégias didáticas, recursos de comunicação, linguagem etc. No entanto, não podemos desconsiderar o esforço de alguns em buscar alternativas para concretizar situações de ensino que favorecessem a aprendizagem dos alunos.

A referência do ensino presencial na EaD se estendeu à organização de cursos em aulas, com espaços virtuais para a secretaria, a sala de café, entre outros locais. Buscou-se reproduzir a escola tradicional no mundo virtual.

A percepção positiva de EaD nos levou a pensar nas possibilidades trazidas pela rede de computadores, mas não nos permitiu esquecer as palavras de um colega de turma[4] a respeito da EaD,

---

4 Sérgio Abranches, colega de turma da pós-graduação em Educação da Universidade de São Paulo (USP), durante a disciplina Telemática e Educação: conceitos e aplicações da comunicação por redes de computadores nos processos de ensino e de aprendizagem, ministrada pelo professor Marcelo Giordan Santos, em 1999.

em um momento em que o uso das redes de computadores era apontado como "o recurso": "É preciso considerar que a relação entre EaD e as redes de computadores é natural e direta: tanto uma quanto a outra só são necessárias porque as pessoas estão distantes umas das outras".

2.3 O encontro sedutor das redes com a educação a distância (EaD)

Vamos compreender melhor esse caminho cruzado entre a EaD e as redes por meio de alguns marcos: teórico, operacional, psicológico e social. É importante salientar que eles não são fragmentados entre si, uma vez que compõem um todo, mas foram separados apenas para reflexão.

O **marco teórico** refere-se às concepções de educação que fundamentam as experiências em curso. Os pressupostos de uma educação comprometida com o desenvolvimento de competências cognitivas, motoras e sociais para o exercício da cidadania e a inserção no mundo do trabalho de forma crítica e consciente devem privilegiar o aluno e sua aprendizagem. Em uma perspectiva construtivista (Piaget, 1970), a EaD parte da premissa de que o ser humano é agente ativo de seu próprio saber. Nesse sentido, as redes de computadores devem ser usadas para garantir ao educando condições para a construção de significados, de sentido e de representação da realidade, partindo de suas experiências e vivências. Essa concepção de educação se afasta de situações de ensino reduzidas à transmissão de informações ou ao processo tecnológico meramente instrucional.

A aprendizagem é um marco teórico concebido como um processo social, estruturado pelo diálogo, pela participação e pela troca de experiências e de significados (Freire, 1970). Esse processo pressupõe a colaboração como uma dinâmica a ser incorporada à proposta pedagógica da EaD, posto que as redes de computadores são recursos adequados e propícios ao desenvolvimento de projetos e atividades colaborativas por educandos geograficamente dispersos.

As redes possibilitam que educadores e educandos – e educandos entre si – vejam e sejam vistos, ouçam e sejam ouvidos (Aretio, 2007). São recursos que permitem aos alunos o trabalho em conjunto e a partilha de objetivos e projetos por meio da interação de uns com os outros. Com isso, a EaD cumpre de modo mais abrangente e completo o papel educacional que lhe cabe.

O **marco operacional** refere-se a "como" estabelecer as condições para que a aprendizagem ocorra. As redes de computadores estruturam os sistemas de telecomunicações bidirecionais e interativos e criam ambientes virtuais de aprendizagem onde acontece a comunicação entre os participantes – de modo síncrono e assíncrono – com o auxílio do compartilhamento de conteúdos, imagens, voz e base de dados.

O controle da aprendizagem pode ser realizado pelo docente ou pelo aluno. Se o processo educacional acontece na direção da autonomia do educando, este decidirá como e em que sentido se desenvolverá a aprendizagem. Se o processo acontece na direção da heteronomia, o educador tomará a decisão e o educando se submeterá a ela. Eles podem decidir, por exemplo, quais recursos materiais (impressos, CD-ROMs), não materiais (reuniões, trabalho independente, projetos colaborativos) ou virtuais (listas de discussão, *chats*, conferências por computador) serão usados para a aprendizagem. Em um curso, o educando poderá percorrer um caminho totalmente aberto, iniciando por onde quiser ou numa sequência previamente determinada pelo educador. O caminho mais cômodo é sempre deixar as decisões para o educador, mas, com certeza, não é o mais efetivo.

Para analisar os **marcos psicológico e social**, emprestaremos a ideia de Wolcott (1996), a qual defende que, mesmo geograficamente distantes, educadores e educandos não devem se perceber como distanciados uns dos outros. A **sensação de proximidade** é determinante para que o aluno permaneça numa comunidade de EaD. Obstáculos serão vencidos ou removidos mais facilmente se ele não se sentir só ou abandonado à própria sorte.

••
O distanciamento pode existir tanto na modalidade presencial quanto na EaD, pois esse fator não é uma questão geográfica, sendo sempre prejudicial ao educando na construção de seus conhecimentos.
••

Os aspectos humanos são determinantes para a EaD, mesmo quando envolvem a rede de computadores. Como a tecnologia é atraente e sedutora, muitas vezes os estudos, bem como a aplicação prática dos conhecimentos, desconsideram a dimensão social da educação.

É necessário compreender a importância do sistema tecnológico, mas não devemos desconsiderar o processo de comunicação, que inclui a organização do conteúdo, as mensagens, o contexto, as possibilidades de interatividade e, principalmente, a interação humana.

Focar a atenção na questão técnica em detrimento da aprendizagem ignora o fato de que é a dimensão humana que leva uma iniciativa em EaD a ser bem-sucedida. As comunidades de aprendizagem que se formam por meio do encontro propiciado por essa iniciativa podem se desenvolver e se multiplicar. Afinal, descobrir afinidades em relação a um projeto ou a um conteúdo pode alimentar novas relações, além de aprofundar discussões e descobertas. A rede de computadores permite que, mesmo depois de concluírem os cursos, as pessoas possam continuar a manter contato, independentemente de onde estejam, compondo assim verdadeiras redes, comunidades de aprendizagem voltadas à comunicação e à troca de experiências (Lévy, 1999).

O que nos reserva o futuro?

O caminho trilhado pela EaD, os marcos (teórico, operacional, psicológico e social) e a expansão do acesso à rede de computadores levaram à ampliação das oportunidades de acesso à educação, seja por novas trilhas, seja pelo aproveitamento de oportunidades já existentes.

A rede de computadores é promissora, pois traz a possibilidade de maior aproximação de pessoas separadas fisicamente. Esperamos que essa ferramenta seja utilizada para ampliar

(continua)

(conclusão)

as relações e aprimorar a dimensão humana nos processos educacionais.

Essas reflexões orientaram toda a gama de cursos *on-line* que produzimos. Infelizmente, não foi possível implantar a rede de ex-alunos dos cursos para a formação de uma comunidade aberta de aprendizagem. Esse trabalho envolveria questões financeiras, uma vez que os ex-alunos teriam de arcar com o custo operacional para permanecerem no sistema, pois a instituição havia bloqueado sua implantação.

Hoje, ao observarmos o crescimento das redes sociais, lamentamos muito não termos conseguido efetivar uma ideia que era ousada e que poderia ter dado boas pistas para novas experiências educacionais a distância.

ROTA 1: os humanos e suas máquinas maravilhosas no espaço virtual

3
O convívio com as telas[1]

A imagem na tela do cinema desperta grandes emoções – embarcamos em viagens por mundos desconhecidos, encontramos personagens, vivemos suas vidas, emocionamo-nos com as histórias contadas... Quando as luzes são acesas, retornamos à realidade, mas as emoções vividas permanecem e até nos transformam. É como se nossa vida tivesse o aqui e o agora, o ontem, o hoje e o amanhã, o perto e o distante, o conhecido e o desconhecido, o eu e o outro, "tudo junto e misturado".

A tela da televisão trouxe o mundo à nossa casa. Inovações, descobertas, conflitos, acidentes, catástrofes, personalidades, esportistas e artistas chegam sem avisar. Noticiários, novelas, ficção e realidade se confundem. Anúncios de produtos despertam nosso desejo, convidam para a compra. Imagens em ritmo alucinante

---
1 Alguns trechos deste capítulo foram extraídos e adaptados de Palange (1999).

invadem nosso cotidiano. A tela vai se tornando cada vez mais fina, ocupando menos espaço e podendo ser distribuída como quadros na parede, e as imagens veiculadas por ela superam remotos "chuviscos" e adquirem cada vez mais definição de alta qualidade.

A tela do computador alterou os referenciais de escrita e leitura. Os textos, antes produzidos em papéis, cujos erros nos levavam a amassá-los e jogá-los fora, agora são corrigidos com um simples toque. Com os computadores, foi possível a conexão na grande rede. A navegação pela internet nos permite escolher para onde ir, com quem conversar e o que visualizar. As multimídias (imagens, textos, sons e vídeos) perpassam o mundo virtual, propiciam o desligamento do mundo real e tornam possíveis os amores e ódios virtuais que são hoje objetos de pesquisas e discussões.

A tela de tamanho reduzido passou a nos acompanhar por todos os lugares, pois deixou de estar fixa em um único local, tornando-se uma tela em movimento, uma vez que, por meio de *laptops*, *tablets* e celulares, temos acesso a programas de TV, conexões de rede e interação mesmo quando estamos nos movimentando. Essas telas também foram transportadas para os olhos do usuário por meio do Google Glass, instrumento que permite, por meio de óculos, "vestir" a tela e acioná-la com apenas uma piscadela – fazendo uso da realidade aumentada (integração de dados virtuais com o mundo real); uma lente apresenta imagens e facilita o acesso a informações *on-line* como mensagens, *e-mails*, notícias, previsão do tempo e mapas, além de fotografar e fazer vídeos do ponto de vista do usuário.

3.1 As telas de hoje

Hoje, as telas do cinema podem ser substituídas por diferentes suportes nas projeções mapeadas interativas, que permitem a criação de diversas imagens em movimento em objetos estáticos de forma coletiva. Nesse recurso, a imagem independe do suporte, que pode ser um prédio, uma pessoa, uma árvore etc.

No *link* indicado a seguir, há uma abordagem desta tecnologia acompanhada de algumas reflexões e comparações com a tecnologia inicial utilizada no cinema. Para saber mais, acesse: <http://medul.la/textos/projecao_mapeada.pdf>.

As telas e as intervenções digitais desenvolvem o imaginário, aguçam as emoções e modificam as formas de comunicação. Por vezes, a incorporação digital de personagens faz o espectador confundir as imagens reais e as virtuais nas histórias contadas. Seres como os dinossauros do filme Jurassic Park (1993) interagem com personagens reais, iludindo o espectador, e recursos tecnológicos como os utilizados em Avatar (2009) fazem o observador se sentir dentro da tela do cinema por meio das projeções em 3D.

Acompanhando as imagens, o som também sofreu modificações através dos tempos. A música, inicialmente produzida por instrumentos rústicos, foi aperfeiçoada, substituindo, em alguns casos, sons padronizados e ritmados de peças artesanais pela presença de amplificadores ou sintetizadores. Convivemos com uma pluralidade de ruídos que, para alguns, é arte, e, para outros, apenas barulhos ininteligíveis.

A tecnologia está cada vez mais veloz, infiltrando-se em nossas vidas e alterando as formas de sentir, pensar e agir. As máquinas também provocam alterações na estrutura sócio-política-econômica: algumas delas, como a televisão, trazem consigo o mundo do espetáculo, alimentando nossa subjetividade, e outras, como as calculadoras, desenvolvem uma linguagem objetiva, estimulando a racionalidade; com o passar do tempo, essas duas vertentes se transformarão em uma só.

O domínio do mundo digital tomou conta da vida de todos e, hoje, grande parte das pessoas manipula máquinas eletrônicas em bancos, caixas de supermercados, lojas, bem como equipamentos antes sofisticados, que exigiam a operação de especialistas. No trabalho, a ocupação de espaço físico por um grande número de pessoas das construções fabris está sendo substituída pelo espaço virtual. Quando é indispensável o espaço físico para a construção de equipamentos, as máquinas substituem o trabalho humano em muitos casos. Por outro lado, nas relações, as redes sociais tornaram possível um novo tipo de interação entre as pessoas, ampliando a possibilidade de vínculos até mesmo a distância.

O estranhamento diante das telas do cinema, da televisão e dos equipamentos digitais não existe para a nova geração. A grande lei é a mudança, nada é permanente. A pluralidade de meios assusta a geração anterior, mais acostumada à racionalidade, ao pensamento lógico e abstrato do distanciamento intelectual, que é então invadido pela afetividade e pela emoção no contato com os diversos meios[2].

Problemas sociais, como a violência e a submissão a valores autoritários, foram atribuídos por muitos críticos aos meios de comunicação de massa. Adorno e Horkheimer (2006), sociólogos alemães, consideravam os meios de comunicação de massa uma "indústria cultural" e culpabilizaram a elite que produzia as informações como a responsável pela alienação do público. Para os dois pensadores, a elite manipulava as informações, provocando a alienação, e os meios de comunicação de massa não se constituíam em obras de arte, mas sim em negócios. Dessa forma, a cultura passou a ser apenas um produto mercadológico a ser consumido, e o receptor, passivo, não teria uma posição crítica sobre o que é veiculado.

A partir da década de 1980, ampliou-se o estudo sobre a recepção crítica. Um dos precursores desse estudo foi o estudioso Jesús Martín-Barbero[3] (1937-), filósofo colombiano nascido na Espanha. Para ele, as pessoas reinterpretam o que veem, ouvem ou leem com base nas referências de suas próprias experiências no bairro, na família, na religião e na comunidade em que vivem. Em outras

---

2 Prensky (2001) estabelece as diferenças entre as gerações com base na inserção de cada indivíduo no mundo digital, nomeando de *imigrantes digitais* a geração anterior, uma vez que os pertencentes a ela não tiveram o contato com a tecnologia desde que nasceram, mas se familiarizaram e se adaptaram a esse recurso. Os indivíduos que já nasceram com a presença de dispositivos tecnológicos são chamados de *nativos digitais*.
3 Para saber mais, acesse: <http://www.mediaciones.net>.

palavras, é com base nos referenciais da própria vida que o espectador interpreta e atribui sentido ao que lhe é veiculado.

O som, a imagem e a palavra nos atingem como um todo e provocam um estado emocional ambíguo, preparando-nos para compreender o conteúdo da mensagem e levando-nos a aceitá-la ou rejeitá-la, dependendo do sentido que atribuímos a ela. A sensação inicial, então, é transformada em compreensão.

Vivenciar emoções antes de compreendê-las provoca medo. No entanto, o problema não é a emoção, e sim a compreensão. O espectador é quem atribui sentido às informações, e é a compreensão que permite um distanciamento da emoção para que haja um julgamento crítico de conteúdo, forma, linguagem e técnica, bem como de outros elementos utilizados na comunicação. Assim, é possível dizer que o espectador transforma e reconstrói a comunicação.

Quanto mais dominamos a linguagem e as técnicas da produção dos meios, mais crítica é a reconstrução do conteúdo da comunicação, sendo necessário, portanto, o letramento do indivíduo nos meios audiovisuais. Além disso, é importante ressaltar que os meios de comunicação também se alteram ao tentar compreender melhor seu espectador (Soares, 2014; Martín-Barbero, 2009).

Com os meios digitais, passa a existir a necessidade de produzir informações, além de consumi-las. O usuário transforma-se em editor de informações – em virtude do grande número de dados disponíveis, é necessário selecionar, recortar e decidir por um conteúdo ou outro. O produzir atende a um desejo narcísico de ser visto, de colocar-se em evidência no mundo. Nesse sentido, dominar a tecnologia associa-se não apenas a consumir, mas a produzir informações e a comunicar-se. Há, ainda, questionamentos referentes ao resgate da imaginação na produção de outras informações: As produções dos jovens conseguirão despertar a imaginação de outros jovens?

Outro tópico referente a esses aspectos tecnológicos que merece destaque é a ruptura entre o público e o privado. A tecnologia estimulou a disseminação do que antigamente era considerado particular. *Reality shows*, como o *Big Brother Brasil*, apresentam ao mundo aspectos do convívio de pessoas em uma situação de confinamento com câmeras gravando e distribuindo esses registros para o público 24 horas por dia. Nas redes sociais, divulgar fotos do cotidiano familiar, indicar as comidas consumidas no dia a dia ou, então, comentar o horário do banho tornou-se comum. Como dissemos anteriormente, o privado tornou-se público.

A conexão trazida pela tecnologia é uma certeza nesse mundo de incertezas. Aparentemente, agora é irreversível: a tendência é sempre se manter conectado. Com isso, pairam dúvidas sobre a forma como se estabelecerão os novos vínculos e se futuramente a infinidade de imagens e palavras ainda estimulará a imaginação.

Você pode estar se pergutando: "Há uma disputa entre a imagem e a palavra?"; "A imagem bloqueia a imaginação?". Na verdade, o que impede e empobrece a imaginação são as imagens estereotipadas, predeterminadas, assim como os textos baseados em clichês, cujo estímulo à imaginação, muitas vezes, é praticamente nulo. Como aponta Bachelard (1990, p. 3), "imaginar é ausentar-se, é lançar-se a uma vida nova", ou seja, é romper com o pensamento científico clássico e desenvolver a coragem, a criatividade e a fantasia.

Nosso desafio como educadores nesse mundo povoado de tecnologia é resgatar a imaginação e ver o que os outros olhos não conseguem ver. Assim, será possível descobrir formas de contemplar a afetividade e a imaginação e resgatar os vínculos e os valores das relações, superando o processo meramente esquemático de ensinar, seja face a face, seja por meio de telas.

4
Os diálogos oral e escrito: a comunicação na rede[1]

A construção de cursos *on-line* necessariamente deve prever uma discussão a respeito do constante uso de conversas para o acompanhamento de alunos e a produção de textos por meio da internet. A seguir, apresentaremos algumas reflexões sobre esse tema.

4.1 Atribuição de sentido

A comunicação é um processo que envolve o diálogo entre duas ou mais pessoas. Como compreender o que o outro diz e como fazê-lo compreender o que dizemos? Para que o diálogo se efetive, é necessária uma convergência de sentido, que contemple a troca de experiências, bem como a sintonia ou a ruptura entre os elementos desse processo. No diálogo, é possível observar que estão presentes referenciais individuais e culturais.

---

[1] Alguns trechos desta seção foram extraídos e adaptados de Palange (2014b).

As palavras não são as "coisas", mas as representam e reapresentam à nossa memória o que não está mais presente. Por exemplo: o som de uma palavra está associado à nossa experiência individual com ela e aos aspectos emocionais dessa vivência. Segundo Palange (2014b, p. 1),

> quando dizemos "gato", a palavra não é o próprio animal, mas aquilo que nossa memória, nossos sentimentos, atribuem a esse animal. A nossa experiência com esse animal se revela na interpretação do sentido que esta palavra tem para nós. Se minha experiência é agradável, o sentido da palavra é um; se minha experiência é desagradável, o sentido é outro. E, se este animal é desconhecido para mim, se nunca tive contato com ele, o sentido será ainda outro.

Além dos aspectos individuais, há os sentidos gerados pelas questões culturais nas quais estamos inseridos. No exemplo da palavra *gato*, podemos dizer que

> se a cultura em que vivo tem uma visão do gato como um animal sagrado e que, por isso, deve ser respeitado, este sentido estará presente nos meus referenciais individuais; se, por outro lado, a carne de gato é um alimento comum na minha cultura, ao ouvir esta palavra posso até a vir sentir o seu gosto na minha boca. (Palange, 2014b)

Apesar dos inúmeros sentidos que as palavras podem ter, tanto do ponto de vista individual quanto do cultural, a comunicação plena ainda é possível. Quanto mais o interlocutor é conhecido, assim como sua realidade e cultura, mais fácil é a comunicação. Para facilitar a interação, é preciso saber ouvir e tentar compreender o outro – desafio que exige a saída de nossos referenciais para possibilitar a entrada no universo do interlocutor. Por outro lado, para que possamos nos expressar para sermos compreendidos pelos outros, precisamos encontrar pontos em comum, a fim de podermos comunicar o que realmente desejamos.

A semiótica é uma ciência antiga que tem buscado compreender como o ser humano significa e atribui significado ao mundo que o rodeia. A semiologia, por sua vez, estuda os significados e, com base na comunicação de diversos grupos sociais, procura entender como as comunicações estabelecem significado, reproduzem valores comuns e unem pessoas em relacionamentos sociais. Há diversos autores que se dedicaram a esses estudos, como Charles Sanders Peirce (1839-1914), Ferdinand de Saussure (1857-1913) e, mais recentemente, Roland Barthes (1915-1980) e Umberto Eco (1932-).

Além das questões apontadas, há outros aspectos que contribuem para que seja possível a compreensão da mensagem do outro. Um deles é a linguagem corporal, cujos sinais podem indicar, por exemplo, tristeza, alegria, impaciência ou raiva. Assim, a linguagem corporal contribui para expressar sentimentos que nem sempre podem ser traduzidos em palavras.

As conversas dependem, também, de um recorte do conteúdo, uma vez que o discurso é limitado pelo tempo disponível. Quanto mais conhecemos nosso interlocutor, mais fácil é conseguir esse recorte. Além disso, na atualidade, há a busca, pela influência da tecnologia, por uma síntese da comunicação. A comunicação pelo Twitter, por exemplo, conta com 140 caracteres para o envio de mensagens. Na comunicação oral, em muitos casos (como em seminários, em congressos etc.), também há a necessidade de uma comunicação mais enxuta.

Uma conversa é considerada agradável quando a comunicação estabelecida for compreensível para todos os indivíduos envolvidos. Assim, os interlocutores buscam um equilíbrio, evitando tanto o excesso quanto a escassez de informações – o que poderia transformar o diálogo em um monólogo.

4.2 O texto e o diálogo

Se o diálogo na comunicação oral apresenta dificuldades, como será então a conversa por meio do texto escrito? O especialista, ao buscar a comunicação escrita, deve levar em conta vários aspectos. Em primeiro lugar, é preciso imaginar informações referentes ao interlocutor: quem é o leitor, em que realidade ele vive e quais as inquietações e os desafios que enfrenta.

Imagine um relatório sobre as atividades de uma instituição. Se ele é destinado à chefia, terá uma configuração diferente da utilizada para discutir aspectos técnicos a serem analisados com os colegas. O interesse na leitura desse texto dependerá do leitor, de suas expectativas, das informações que deseja ou necessita encontrar, do tratamento linguístico adequado a sua compreensão e da própria organização do relato.

Se os aspectos levantados são importantes nos textos em geral, a preocupação ainda é maior quando estes têm um objetivo educacional. É preciso identificar as diversas características do leitor, a fim de descobrir o que ele domina em termos de informações a respeito do conteúdo; selecionar a linguagem, buscando identificar se o uso de termos técnicos é ou não apropriado para o público a que se destina o curso; decidir como associar o conteúdo ao cotidiano, entre outras preocupações. Em outras palavras, é preciso levar em conta que esse é um diálogo a distância, no qual quem escreve inicia a conversa, dá o tom, desperta o interesse e chega junto ao leitor. Quanto mais nos preocupamos com o destinatário do que estamos escrevendo, mais estaremos contribuindo para que o processo de comunicação seja realmente efetivo.

A preocupação com o leitor visando à melhoria do processo de comunicação contempla também a análise do contexto, a fim de que a informação possa fazer sentido. Para tanto, é possível partir de uma situação concreta, do cotidiano dominado pelo leitor, e, com base nesses dados, fornecer as informações necessárias para a construção do conhecimento, propiciando a reflexão sobre o conteúdo em questão.

O leitor tem, em sua cabeça, um mundo povoado de interpretações sobre a realidade em que vive, podendo estabelecer novas relações nas experiências vivenciadas. O leitor deve ter contato com questões elaboradas a partir do mundo que construiu a fim de conseguir identificar algumas delas e aproximar-se do texto. Assim, organizar o conteúdo de forma clara e objetiva e utilizar uma linguagem próxima do leitor são formas de favorecer o processo comunicativo.

Nenhum texto consegue ser completo, sem deixar nenhuma lacuna, pois é um recorte que se interliga a outros. A seleção de informações é sempre parcial e pode propiciar a percepção de um olhar original, diferenciado, resultado da observação de muitos recortes para a construção de novas relações. Apresentar informações já exaustivamente repetidas por outros autores não acrescenta nada em termos de construção do conhecimento. A produção do texto deve refletir um diálogo já estabelecido com outros autores, indicando, de forma original, o próprio pensamento. É preciso ter um discurso próprio.

Um especialista, ao estudar determinado conteúdo abordado por diversos autores, desenvolve vários diálogos, adapta ideias e constrói seu próprio conhecimento. Geralmente, um especialista em um assunto consegue organizar os pontos essenciais da informação. Assim, ele consegue facilitar o diálogo com o leitor leigo expondo situações típicas e relacionando as informações mais relevantes a determinado conhecimento por meio de analogias e metáforas que contribuem para a compreensão do conteúdo. Para tanto, o autor deve ter sua preocupação voltada para o leitor e para suas dificuldades em relação à compreensão do tema.

Se a intenção é escrever para outros especialistas, a linguagem e a organização do conteúdo devem ser outras. Mas o que se observa, por vezes, é um especialista escrever para leigos no mesmo tom e dentro da mesma organização de informações que escreveria para alguém da área.

••

A seleção dos eixos fundamentais ao desenvolvimento de um conteúdo, a relação destes com os contextos, bem como a organização da informação e a clareza na expressão facilitam o processo de comunicação. Tornar o que é complexo em algo simples

[continua]

ROTA 1: os humanos e suas máquinas maravilhosas no espaço virtual

[conclusão]

e inteligível para o leitor é um desafio para o autor de um texto educacional.

• •

O texto escrito é linear – a leitura é realizada palavra após palavra, linha após linha, parágrafo após parágrafo. Há uma previsibilidade de começo, meio e fim das ideias compostas numa sequência determinada, um encadeamento lógico de raciocínio. O leitor pode quebrar a linearidade na leitura, saltando linhas, lendo inicialmente o final etc. No entanto, a expectativa de quem escreve é, em geral, que o leitor siga a linearidade proposta pelo texto.

A linearidade do texto informativo, por exemplo, é diferente de uma conversa, em que se pode, de repente, mudar de assunto, falar de outras coisas e voltar ao tema central. Contudo, mesmo dentro da linearidade exigida, é possível introduzir a não linearidade. Pode-se partir, por exemplo, de uma situação problema e desafiar o leitor a resolvê-la. Imaginar as alternativas mais prováveis de solução pelo leitor, relacioná-las e, em seguida, desconstruir as hipóteses levantadas pelo leitor, introduzindo as informações responsáveis pelas desconstruções. Outra possibilidade consiste em reorganizar o conteúdo por temas que permitam uma estruturação em espiral: em vez de ir do simples ao complexo, apresentar partes relacionadas com o todo. Atualmente está se rompendo a linearidade inerente ao texto escrito com a realidade aumentada (comentada anteriormente), sendo possível saltar de um texto a uma imagem em 3D, por exemplo.

Ao visualizar os interesses variados do leitor, em função de suas necessidades na situação de trabalho, é possível apresentar informações organizadas em diferentes aspectos, o que possibilita a leitura em uma sequência variada. Assim, o leitor pode iniciar pelos temas que considera mais atrativos.

Imagine que você necessita organizar um texto sobre a redação de materiais didáticos impressos, podendo dividi-lo em partes como "Planejar o texto didático", "Construir o texto didático" e "Avaliar o texto didático". Embora a sequência de produção contemple do planejamento até a avaliação, nada impede que o interesse do leitor o mobilize a ler a última parte inicialmente. Se houver uma preocupação com o interlocutor, é importante que as partes do material, embora relacionadas entre si, tenham certa autonomia.

Os textos podem remeter a outros textos e autores. Epígrafes, citações e notas de rodapé introduzem outros convidados ao diálogo e nos permitem observar novas reflexões, afirmações e conceituações que completam, contrapõem e contextualizam um mesmo tema. Quando um autor traz um convidado à conversa, acredita que este expressará melhor e mais adequadamente um ponto de vista, permitindo ao leitor a compreensão mais efetiva da abordagem realizada.

4.3 O texto digital

Como se dá o diálogo quando fazemos uso do computador e da grande rede?

O computador é um meio que permite o uso de diversos recursos – entre eles a interatividade – e favorece a quebra da linearidade do texto. Na elaboração de um texto escrito, descrevemos, por meio de palavras, certas imagens que consideramos importantes ou, então, apresentamos uma imagem em 2D. Podemos desafiar o leitor a responder uma questão ou imaginar o ronco de uma máquina que apresenta problemas, mas não saberemos sua resposta.

Apesar disso, quando passamos para um ambiente digital, o texto escrito deve ser devidamente transformado a fim de manifestar a potencialidade dos recursos disponíveis. É possível que o leitor acesse uma imagem, visualize-a em diversos ângulos, responda a desafios propostos, veja o resultado de sua resposta, acione uma animação etc. Ele pode, inclusive, seguir um caminho diferente daquele proposto para sua leitura. Isso possibilita mais que ouvir ou ler o relato de um sonho: permite vivenciar o sonho sonhado por alguém. O texto, então, transforma-se em hipertexto.

Com o hipertexto[2], há a quebra de linearidade do texto – ao ler o texto de um autor, uma palavra destacada remete a outra produção e, com isso, à conversa com outro autor. É importante ressaltar que o hipertexto é anterior ao mundo digital (lembra-se das enciclopédias antigas?), mas foi no mundo digital que ele se consolidou. A exemplo disso, temos a *Wikipédia*, enciclopédia digital que conta com textos que, à distância de um clique (em termos sensibilizados, destacados em azul), remetem o leitor para outro texto que aborda o termo com maior profundidade.

---

2   *Hipertexto* é, segundo Lévy (1993, p. 33), "um conjunto de nós conectados pelas ligações. Os nós podem ser palavras, páginas, imagens, gráficos ou partes de gráficos, sequências sonoras e documentos complexos que podem ser, eles próprios, hipertextos. Os itens de informação não estão ligados linearmente, como numa corda com nós: cada um deles, ou a maior parte, estende as suas ligações em estrela, de modo reticular".

O acesso a outras informações também pode se dar por meio de imagens – que permitem ser ampliadas, reduzidas, movimentadas e, ainda, podem remeter a outras palavras e/ou sons. Além disso, altera-se a distribuição da informação, pois o usuário que acessa a internet é um novo tipo de espectador: se nas antigas mídias ele era um receptor, aqui ele intervém e pode modificar a informação. Há maior democratização de dados, pois todos podem acessar e alterar o que estiver disponível.

O computador possibilita a rápida navegação de um nó a outro. É a aventura surpreendente de estar lendo uma matéria de um *site* sobre determinado autor brasileiro e, de repente, ser remetido a um país da Europa ou da América do Norte. É estar numa biblioteca e ir parar num instituto de pesquisa, ou, então, voltar ao século XX ou viajar na busca de ideias sobre os próximos séculos. Resumindo, espaço, tempo, diálogos, informações com infinitos pontos de vista, tudo muda em termos de referencial no mundo virtual. Até a forma de ler, que antes exigia a solidão, o silêncio, em uma posição curvada sobre o próprio corpo, hoje se dá com o olhar na direção da tela, em um ambiente que não é mais silencioso nem solitário. Todas essas mudanças, por si sós, alteraram as estratégias de leitura.

A separação entre leitor e autor é rompida no mundo virtual. Cada um pode decidir quais informações acessar e em que sequência deseja visualizá-las e comunicar-se, tornando-se parte de uma rede social ao trocar ideias e experiências.

Pensar em educação, hoje, no mundo digital, é enfrentar o desafio de mergulhar e compreender as constantes mudanças que a rede mundial de computadores sofre. Assim, para produzir materiais educacionais que serão veiculados pela *web*, é necessário conhecê-la e explorá-la, adquirindo certa intimidade que somente o convívio e a prática permitem. Para conhecer e dominar a internet, é bom ter uma curiosidade "solta" sobre qualquer coisa. Na produção de cursos, é necessária uma análise mais dirigida para o conteúdo e as formas de apresentá-lo. A viagem por diversos endereços exige o comportamento de um explorador.

O domínio e o rastreamento de endereços de um tema específico são fundamentais para se conhecer o que já foi produzido em determinada área de conhecimento. Selecionar os endereços e avaliá-los pelo nível de interesse, pela profundidade, pela qualidade e pela organização das informações, pela originalidade e pelos meios utilizados (animações, cores e distribuição na tela) pode ajudar na construção de novos ambientes, que não sejam repetitivos e encontrem uma identidade em relação aos já existentes.

Informação é o que não falta na *web*. Milhões de textos, vídeos e sons sobre os mais diversos assuntos estão presentes e disponíveis para acesso. Infinitas posições divergentes podem ser encontradas. Pensar em atividades educacionais na rede é encontrar um eixo para organizar as informações sobre um tema que venha a contribuir para a construção de determinado conhecimento, tendo como objetivo despertar a curiosidade do educando, apresentando-lhe um desafio que o incentive à pesquisa e à busca de solução, além de possibilitar a autonomia.

Os textos informativos se multiplicam diariamente e, em função disso, é indispensável saber pesquisar e selecionar o que interessa e o que pode contribuir para resolver determinada necessidade do cotidiano.

As contribuições para o educando devem contemplar não apenas a informação, mas também sua aplicação em situações que simulem o real. O educador pode determinar a tarefa a ser realizada e selecionar os endereços que propiciem reflexões e estimulem o diálogo plural, indicando o acesso a informações que contemplem vários pontos de vista.

No processo educacional, é importante apoiar e incentivar a aprendizagem, seja pelas condições oferecidas, seja pela estimulação do diálogo. Assim, é imprescindível sempre buscar a possibilidade da construção de uma comunidade de estudo, contribuindo para que a aprendizagem seja partilhada por meio do diálogo não somente com os responsáveis por um curso *on-line*, mas também com os companheiros de turma. Criar condições de ensino para que o participante de um curso *on-line* não se sinta isolado e seja desafiado e estimulado a desenvolver o raciocínio e o diálogo com os companheiros favorece significativamente a aprendizagem. O papel do educador é observar as dificuldades individuais, estimular novos recursos de ensino e atividades em grupo, mediar os conflitos, acolher as subjetividades, incentivar a cooperação, orientar possíveis desvios de caminhos no estudo, entre outros. São papéis múltiplos, que vão de facilitador a especialista em conteúdo, considerando sempre o social.

O meio digital permite a pluralidade, a pesquisa, a interatividade, o estímulo à curiosidade e à formação de um coletivo. Reduzi-lo a um mero suporte de apresentação de um texto a ser impresso, lido e, na sequência, utilizado como base para a solução de questões de verificação de leitura é empobrecer demasiadamente os recursos tecnológicos disponíveis.

O diálogo é o mais importante. Na rede, o espaço de interação deve ser ampliado em relação ao grupo de estudo, com a possibilidade de visita a outros endereços, com outros autores que organizaram recortes diversos sobre um mesmo conteúdo. Além disso, na rede é possível ouvir ou ler o que o aluno tem a dizer, perceber suas dúvidas e apoiá-lo. É possível ainda moderar, estimular, acompanhar e assessorar as atividades em grupo, criando um coletivo, uma comunidade virtual. Tudo isso é possível independentemente de onde os alunos e professores estejam fisicamente.

Para realizar um trabalho educacional na *web*, é necessário esforço, planejamento e dedicação do educador. É essencial pesquisar, experimentar, criar desafios mobilizadores, levantar questões e problemas interessantes que sejam capazes de despertar a curiosidade dos participantes, preparar as atividades, indicar recursos para a realização e planejar a avaliação individual e em grupo, além de preparar as estratégias para o contato com os integrantes do grupo de estudo.

Na educação a distância (EaD), a interatividade deve estar presente na organização dos conteúdos e na possibilidade de intervenção dos educandos, tanto na escolha de caminhos quanto na inserção de informações que alterem os próprios conteúdos. O conteúdo deve ser organizado de forma flexível para permitir a interatividade do educando e evitar que ele se torne um mero "zapeador" de informações.

Seja na conversa face a face, seja na produção e na leitura de um texto, seja na interação e na interatividade da rede, todos buscam sempre o **diálogo**, uma relação para compreenderem e serem compreendidos independentemente do meio utilizado. A questão que fica é saber qual o melhor meio de comunicação: a resposta a essa dúvida sempre pode variar, dependendo do momento e da situação. Se o diálogo é o foco em uma relação educacional, o mais importante é ser capaz de se colocar no lugar do outro e identificar suas dificuldades e seus potenciais, fatores que sempre ajudam a tomar decisões e a evitar atitudes de encantamento e de resistência aos diversos meios de comunicação possíveis.

5

Eu, um educador virtual?[1]

Você, leitor, poderá se perguntar por que este texto, diferentemente de todos os outros desta obra, está assinado por apenas uma das autoras.

Antes de responder a essa pergunta, peço licença para abrir um parêntese baseado na classificação de Prensky (2001) a respeito da diferenciação já apontada entre "nativos" e "imigrantes" digitais. Posso dizer, por experiência própria, que os imigrantes digitais não são todos iguais. Alguns se adaptam melhor e mais rapidamente às tecnologias que outros. Faço parte do segundo grupo, enquanto a outra autora desta obra, Consuelo, faz parte do primeiro. Ela sempre me apoiou muito com orientações, facilitando minha aprendizagem no domínio das tecnologias, desde o uso de simples *e-mails* e a organização destes até o domínio do Sistema de Gestão da Aprendizagem (LMS) e de diversos *softwares* que utilizamos (como o metaverso Second Life). Em razão disso, não achei justo inserir Consuelo nesse relato, uma vez que ele

---

1 Relato escrito pela autora Ivete Palange.

apresenta dificuldades e dúvidas muito maiores do que as enfrentadas por ela durante a nossa aventura inicial em direção ao domínio do espaço virtual. Na sequência, você poderá ler o registro de minha primeira experiência de tutoria em um curso a distância utilizando o meio virtual para comunicação.

5.1 Início da aventura

Já atingi mais de meio século de vida e a maior parte desses anos foi vivida na educação, como aluna ou tentando ser uma educadora. Como a maioria das pessoas que viveram esse tempo, tenho minhas dificuldades com a tecnologia. Venho tentando acompanhar as inovações, mas não sem dúvidas. Nunca consegui entender direito as instruções para programar um videocassete (e pensar que hoje ele já é peça de museu), minhas aventuras com telefone celular são hilárias e o computador me surpreende a cada dia com comportamentos que minha lógica tem dificuldade em interpretar. A minha mais recente aventura com essas loucas e maravilhosas máquinas foi a de vivenciar a tutoria de um curso a distância usando o *e-mail* e um sistema de controle das comunicações pela *web*.

O curso corporativo de formação de formadores da instituição era voltado a professores e gestores das escolas de formação profissional de todo Brasil e gerido pelo Departamento Nacional. Os educadores interessados se inscreviam e recebiam, no primeiro módulo, cinco publicações impressas com cerca de 100 páginas cada. Os temas foram selecionados pelos responsáveis pelo projeto e as publicações foram preparadas por diferentes autores, que se esforçaram para abordar os temas de forma que pudessem despertar o interesse dos alunos-educadores. O texto que escrevi para esse primeiro módulo foi *O enigma do conhecimento* (2001).

Depois de realizar a leitura e o estudo das cinco publicações, o participante deveria escolher um tema associado a uma das publicações e preparar um trabalho escrito, que seria avaliado pelo autor da publicação. Depois de escolher o tema, o aluno também poderia solicitar orientação. A forma de comunicação entre autor-tutor e aluno era exclusivamente por *e-mail*, uma vez que não havia recursos, como fórum ou *chat*, disponíveis. Para escolher o autor-orientador-tutor de um dos textos, era necessário que o aluno entrasse no sistema e se inscrevesse.

Depois de corrigir o trabalho realizado, o tutor era responsável por colocar a nota final no sistema. O participante recebia o trabalho corrigido por *e-mail* e podia conferir a nota lançada. Independentemente da inscrição no sistema, o aluno podia continuar a se comunicar com o tutor via *e-mail*, uma vez que este não estava atrelado ao sistema.

Os textos podiam ser encarados como um recorte da vivência, do resultado de uma conversa com outros autores na elaboração de conceitos, relações e interpretações. Esforçamo-nos para oferecer aos leitores uma compreensão original, estabelecendo relações entre outros diálogos construídos pela leitura de autores de diversas épocas e destacando as próprias vivências, sem deixar de imaginar o que poderia ser interessante a fim de levar educadores a refletir sobre a desafiadora prática educativa.

Nós, elaboradores dos textos do primeiro módulo, abrimos um canal para solucionar dúvidas e atender às dificuldades referentes à compreensão do conteúdo no processo de leitura e estudo dos educadores inscritos no curso. A forma de encaminhamento de dúvidas deveria ser via *e-mail*. Recebi poucas durante o tempo de estudo. Apenas alguns apresentaram suas opiniões e estabeleceram uma rápida conversa.

A condição para finalizar o primeiro módulo e passar para outro era ter o trabalho de conclusão aprovado e comentado pelos autores. Os temas dos trabalhos incluíam a possibilidade de relacionar o estudo entre os diversos textos utilizados. Tudo parecia simples: receber os trabalhos dos educandos que escolhessem o tema sob minha responsabilidade, avaliá-los e enviar as respostas.

5.2 Relações virtuais, sentimentos reais

A primeira sensação foi a ansiedade gerada pela dúvida referente à possibilidade de algum leitor me escolher para enviar o trabalho. Teriam gostado do meu texto? Teriam interesse em aprofundar os conceitos explorados?

Que bom! Depois de uma breve espera, finalmente um educando virtual escreveu, e o primeiro a gente nunca esquece. O aluno escreveu uma mensagem em que dizia que manteria contato e tinha interesse que eu avaliasse seu trabalho. Finalmente o começo do relacionamento tutor-educando no mundo virtual. Respondi prontamente e adorei dizer que estava lá para o que ele precisasse. Meu sentimento era de orgulho, uma sensação gostosa de que alguém tinha lido meu texto e se interessado em manter um diálogo comigo.

No entanto, a sensação inicial de ansiedade se transformou em decepção. Ao receber o trabalho, percebi que ele não tinha a menor relação com o tema que eu havia abordado em meu texto, que tratava de conhecimento. O tema central do trabalho desse leitor era o cérebro – como funcionava, detalhes de partes anatômicas e relações fisiológicas que eu desconhecia. O que fazer? Como falar com meu educando virtual? Seria ele um biólogo, um médico, um enfermeiro? Por que o recorte de sua preocupação foi o cérebro? Por que esse enfoque no seu trabalho? Como isso poderia contribuir para a prática educativa? Como construir uma relação baseada em temas tão diferentes sem dispor de outras informações? Como dizer isso sem estar olhando nos olhos e vendo a reação dele?

Com muito jeito, fui construindo uma forma de perguntar sem aparentar ser uma policial, mas alguém que queria ajudar. Aprendi, com o passar do tempo, a comentar e a dar opiniões com muito cuidado a fim de evitar a rejeição do educando e, mais do que tudo, seu desaparecimento. Sempre tive a sensação de que, ao perder ou romper o contato, não há como resgatar o educando nesse mundo cibernético.

Novos trabalhos chegaram e alguns educandos apresentavam inicialmente uma sinopse. Somente após algumas trocas de mensagens, com comentários e discussão dos aspectos abordados, eles encaminhavam o trabalho final. Nesses casos, era possível, aos poucos, construir uma relação. Ao chegar ao fim, o autor do trabalho não era para mim um desconhecido, ele já tinha uma identidade.

Houve grande dificuldade em achar o tom das conversas e buscar uma relação em que a formalidade do texto pudesse ser quebrada e a informalidade não fosse invasiva. Para muitos, talvez isso seja uma grande bobagem, mas, para mim, foi uma descoberta.

Foi uma aventura descobrir a forma de apresentar uma crítica, estabelecer relações entre a leitura dos trabalhos e do módulo utilizado como referência e valorizar o que de melhor o trabalho apresentava. Localizar os problemas de forma e conteúdo foi também uma aprendizagem no processo, além de encontrar maneiras para descontrair as mensagens, buscando sintetizar os textos que enviava sem perder o caráter pessoal da comunicação. Essa minha aprendizagem foi realizada com o auxílio dos alunos, que sinalizavam as dificuldades que tinham e também me orientavam, explicitando, por meio das respostas que enviavam, o que compreendiam ou não em minhas mensagens.

Recebi mensagens iniciais tímidas e formais. Eu não era uma companheira de aventura, mas a "professora", "senhora especialista" e até mesmo "V. S.a". Depois da troca de algumas mensagens, para alguns eu me tornava, enfim, "você".

Em certos casos, era a primeira vez que o computador estava sendo utilizado para a troca de mensagens e, por isso, alguns participantes encontravam dificuldades na comunicação, sendo muito sucintos nas mensagens enviadas. Foi assim que fomos construindo uma forma de nos acertarmos no caminho. As meias palavras iniciais enviadas por esses alunos se tornavam frases e, até mesmo, parágrafos após algumas trocas de *e-mails*.

Alguns, por outro lado, apesar da intimidade com o computador, não tinham experiência com cursos a distância e também foram aprendendo no processo o que esperar, produzir e como lidar com as avaliações.

O contato por meio das mensagens, por vezes tranquilo e prazeroso, em alguns momentos era tenso. Depois de uma avaliação, por exemplo, recebi uma mensagem queixosa (pelo menos eu a senti assim). Respondi com as sensações que me foram passadas e tentei me colocar no lugar do educando. Assim, escrevi uma mensagem na qual abordei as dificuldades que ele apresentava para aceitar as críticas e, ao mesmo tempo, a minha dificuldade de leitora, consequente do pouco contato e conhecimento sobre quem produziu o trabalho, além de ponderar o esforço e o empenho na elaboração de um texto. Analisar a vivência de escritor e de leitor exige a possibilidade de perceber lacunas a fim de atribuir sentido ao texto. Apresentei a ele minha visão de como o autor de um trabalho necessita aceitar críticas do leitor. Relatei como a minha experiência de autor também me levava a aceitar as críticas que os leitores de meus textos me faziam. A resposta que recebi foi carinhosa e me comovi ao perceber a mudança de tom. Senti que estava deixando de ser para ele a cruel avaliadora de um trabalho e me tornando uma parceira na busca da clareza das intenções e das ideias.

Lidar com queixas e reclamações também foi um desafio. Certa vez, recebi uma reclamação indireta sobre os critérios e a exigência em relação à avaliação do trabalho. Para facilitar o estudo dos educadores participantes do curso, cada uma das escolas contava com um facilitador, cuja atribuição era a de estimular os professores, coordenar a distribuição e o envio dos trabalhos dos alunos e cuidar dos procedimentos necessários para a certificação.

Uma dessas facilitadoras entrou em contato comigo e disse que estava encontrando dificuldades na escola em relação ao curso. Ela recebeu a devolutiva do trabalho de uma aluna corrigido por mim, acompanhado do mesmo número de páginas com observações, indicações de problemas e a solicitação final para que o trabalho fosse refeito. Segundo a intermediadora, isso gerou um tumulto na escola e os participantes do curso passaram a apresentar grande resistência em enviar os trabalhos. A justificativa era de que eles se consideravam menos capazes que a docente que havia enviado o trabalho e recebido aquela "enxurrada" de observações. Os professores dessa escola, alunos do curso a distância, tinham muita dificuldade de se expressar na linguagem escrita, pois o trabalho deles era basicamente ligado a imagens na área de artes gráficas.

Agradeci a atenção da facilitadora por ter entrado em contato comigo e revelado esse problema. Na troca de mensagens com a profissional, expressei as dificuldades que eu também enfrentava em corrigir os trabalhos sem maiores informações sobre os alunos do curso. Discutimos sobre o perfil dos docentes dessa escola e a possibilidade de o estudo deles ser expresso não somente em texto, mas também com o uso de imagens. Assim, propus-me a fazer a avaliação considerando outros meios de expressão, e, para isso, foram estabelecidos novos critérios que poderiam contemplar os trabalhos dos alunos dessa e de outras escolas.

A facilitadora então me contou que enviou a mensagem que eu havia encaminhado a ela para todos os docentes da escola participantes do curso e marcou uma reunião com eles a fim de discutir essas questões. Os ânimos se acalmaram, a participante refez o trabalho dentro dos novos parâmetros e, seguindo a orientação da leitura e das observações que eu havia feito anteriormente, o novo trabalho foi considerado excelente. Todos os outros docentes quiseram ler o antigo e o novo trabalho, bem como a avaliação realizada nessas duas etapas. A facilitadora descreveu o quanto o envolvimento e a colaboração foram benéficos na realização das atividades para o curso nessa escola. Aos poucos, os mais tímidos e receosos também foram encaminhando seus trabalhos e a avaliação deixou de ter um caráter persecutório e tornou-se uma situação de aprendizagem.

Às vezes, o telefone era a primeira forma de contato. Recebi uma vez um telefonema de uma facilitadora de um estado longínquo, preocupada que eu aceitasse um número grande de docentes da sua unidade, pois todos eles haviam me escolhido como orientadora. Depois de uma conversa animada, ela finalmente me revelou como havia influenciado na escolha de todos os docentes da sua unidade. Ela havia lido todos os textos do módulo e gostado mais do meu. Além disso, como ela se sentia responsável pelo êxito do projeto e queria um atendimento personalizado a cada um dos docentes, resolveu colaborar, enviando os trabalhos acompanhados de um breve comentário sobre cada um dos alunos para que eu os conhecesse melhor e pudesse compreendê-los em suas dificuldades. Inicialmente apenas um trabalho administrativo, a facilitação do estudo nas escolas tornou-se um trabalho pedagógico. Devo confessar que ela ajudou não só os docentes de sua escola; essa facilitadora contribuiu significativamente para que eu pudesse realizar um trabalho de orientação e avaliação melhor.

Alguns alunos, desconfiados do computador, telefonavam para verificar se eu havia recebido a mensagem e o trabalho que enviaram. Outros entravam em contato por telefone para saber como proceder em caso de o *e-mail* não funcionar direito ou se a dificuldade de acesso fosse muito grande. Outros ainda me procuravam apenas para saber se poderia aceitá-los ou obter verbalmente a confirmação de que realmente seriam capazes de realizar um bom trabalho.

O fax também foi o caminho de contato escolhido por alguns alunos. Alguns trabalhos chegaram por esse meio de comunicação, pois os educandos não confiavam muito nos *e-mails*. Apesar do transtorno em função do número de páginas enviadas, essa foi a alternativa escolhida por eles e não havia o porquê de não aceitá-la. A avaliação e os comentários, nesses casos, seguiam por *e-mail* com a confirmação do recebimento da resposta. Assim, pareceu-me mais insegurança do que um problema efetivo de utilizar a rede.

O silêncio de alguns após algumas mensagens foi muito triste. Não saber o que aconteceu – se o participante desistiu, desencantou-se ou leu algo que eu havia escrito de forma inadequada – gerava um sentimento de desconforto. Em algumas situações, a busca de contato não trouxe respostas mesmo quando por telefone. Em um dos casos, o silêncio foi condicionado pela demissão do docente da escola em que trabalhava. Mesmo desejando manter contato, não havia como, pois a escola, ao desligá-lo do ambiente de trabalho, também o desligou do curso. Situações como essa foram bastante frustrantes.

Algumas situações foram constrangedoras no início, mas provocaram boas risadas no final. Certa vez, por exemplo, recebi um trabalho em que a capa trazia o título "João Monlevade" e nenhuma outra informação. Interpretei que esse era o nome do educando e mandei a mensagem chamando-o de *João Monlevade*, apontando as observações sobre a leitura do trabalho. No entanto, esse era o nome da cidade do aluno; o trabalho, na verdade, não trazia a identificação do nome do participante. Desculpei-me pela falta de conhecimento de geografia e o participante se desculpou por não ter colocado sua identificação no trabalho.

Em outra situação, recebi um trabalho impecável em termos de conteúdo e de forma, mas não consegui manter qualquer contato com o elaborador, por mais que tentasse. Avaliei o trabalho, dei os parabéns ao participante e pedi um contato mais pessoal para conhecê-lo. Nunca recebi o retorno. Ele foi para mim o participante mais misterioso do curso.

Apesar de alguns percalços, **o mais importante foi perceber a possibilidade de construir uma relação de confiança e respeito**

com os participantes. Os contatos variaram, foram mais estreitos com uns e mais distantes com outros, dependendo das características de cada um. Foram histórias diferentes, e todas intensas, pelo menos para mim. O texto escrito por mim foi a forma de os alunos me conhecerem e se identificarem ou não com minhas ideias. No entanto, eu não os conhecia e somente sabia que tinham me dado o voto de confiança de avaliar seus trabalhos – mesmo que para alguns poucos participantes essa escolha tenha sido feita circunstancialmente, em função de outros tutores não terem disponibilidade para realizar a orientação e a avaliação necessárias.

5.3 A pluralidade de expressão

A leitura e o estudo dos textos permitiram aos alunos a organização de diversos segmentos de estudo com diferentes focos, visto que eles indicavam pontos que lhes interessaram; desenvolviam relações entre as leituras e a prática; sintetizavam múltiplos pontos de vista; destacavam os princípios aplicados na prática; além daqueles que apresentavam conteúdos que não tinham relação alguma com os textos estudados.

No entanto, um ponto comum identificado nos alunos que acompanhei foi a seriedade e o empenho na realização dos trabalhos. Alguns dedicaram o trabalho que realizaram a pessoas queridas de suas relações, como pais, cônjuges e filhos. Com isso, interpretei que somente o resultado de um reconhecido esforço é dedicado a quem se ama.

Alguns alunos refizeram o trabalho quase que completamente, com base em orientações fornecidas. Muitos, mesmo ao receberem um conceito suficiente que lhes permitia seguir em frente, optaram por refazer o trabalho. Acredito que essa atitude se deu em função do prazer de melhorar o produto final de seu estudo.

Alguns bem humorados escolheram um título divertido, com imagens ilustrando as ideias. Outros apresentaram conteúdos independentes dos organizados nos textos de estudo, mas que traduziram o esforço em compreender melhor a educação. Um dos trabalhos se constituiu numa poesia e, reconhecendo a sensibilidade da autora, as orientações permitiram a ela a construção de um caminho que relacionasse a poesia, fruto de sua expressão, com o estudo realizado.

Enfim, a elaboração de cada trabalho revelou pessoas esforçadas e comprometidas em estudar, que se empenharam verdadeiramente no processo de crescimento e desenvolvimento. Cada um interpretou, a seu modo, o sentido do estudo e do trabalho de finalização de curso, mas todos apresentaram uma qualidade em comum: a de correr riscos explicitando ideias próprias e compromissos com a educação.

As avaliações foram realizadas com base em critérios que não foram contestados (pelo menos, não explicitamente) pelos educandos e houve um grande esforço em valorizar a experiência e a expressão de cada um. Sem a definição de critérios prévios, ficaria muito difícil a avaliação; por isso, eles foram estabelecidos em comum acordo entre alguns dos tutores especialistas nos assuntos. Os alunos conheciam esses critérios previamente, o que favorecia a apresentação de trabalhos com mais qualidade.

5.4 Encontros e desencontros

A definição de um procedimento pelo tutor para organizar o atendimento virtual era imprescindível, mas somente tive consciência disso quando o caos já havia se instalado.

A mensagem de um aluno que solicitava orientação já continha, às vezes, o trabalho anexado. Depois de responder à mensagem concordando com a sugestão, simplesmente anotava o nome do aluno em uma lista, imprimia o trabalho e apagava a mensagem, visto que chegavam muitas por dia. Ao corrigir os trabalhos, percebi que não tinha mais a forma de contato dos alunos, pois havia apagado a mensagem – e buscar os *e-mails* com os endereços de contato não foi fácil.

Finalmente, a necessidade me levou a construir uma lista com as informações necessárias, como nome, *e-mail* e um breve histórico de data de envio e recebimento de mensagens. Foi por meio dos registros que começou a surgir certa organização. Posteriormente, organizar os registros por sinopses, trabalhos e mensagens possibilitou localizar cada aluno e seu caminho a qualquer momento. Parece simples, não? Para mim não foi. Fiz várias tentativas: envelope, pasta sanfona, plásticos e registros digitais em planilhas, até que aos poucos fui me acertando. Para alguns, isso não é importante, mas, para mim, foi fundamental montar um histórico de contato e de evolução no trabalho de orientação. Dessa maneira, nenhum telefonema me pegava desprevenida. Ao contrário: eu conseguia, rapidamente, localizar com quem estava falando e qual era sua história no curso.

Paralelamente a esse ir e vir de mensagens por *e-mail*, havia o ambiente de gestão virtual responsável por centralizar o controle do processo em todos os estados e de todos os tutores. Havia informações organizadas para inscrição de alunos por instrutor, resultados das avaliações do trabalho, contatos realizados etc. Para mim, esse ambiente foi uma abstração por muito tempo. Era impossível acessá-lo, pois havia problema de senha, sistema fora do ar e uma tela em que sempre aparecia a mensagem "Não foi possível acessar o sistema". Só conseguia contatar por *e-mail* pessoas gentis responsáveis pelo sistema e que tentaram várias vezes me orientar – cujas tentativas, por centenas de vezes, não deram certo.

O compromisso inicial assumido era o atendimento a 15 alunos. No entanto, trabalhos e mais trabalhos foram chegando e fui contatada por vários participantes que, ao me contarem suas histórias e expectativas, me sensibilizavam, o que me fazia assumir novos atendimentos. Atendi 50 alunos, quantidade que posteriormente aumentou para 70. Em virtude disso, solicitei por diversas vezes que meu nome fosse retirado do mesmo estranho sistema que eu não conseguia acessar.

Depois de inúmeras tentativas (e a ajuda preciosa da outra autora desta obra), tive acesso ao sistema de gestão, ambiente virtual de acompanhamento de inscrições e avaliação. Tudo resolvido? Doce ilusão! Encontrei uma lista de nomes de educandos aos quais deveria atender e fornecer avaliações. A lista de alunos e trabalhos corrigidos que eu tinha era completamente diferente da que estava no sistema. O que teria acontecido? Havia atendido quem não estava no sistema e não atendido quem estava lá, pois não havia recebido os trabalhos? Em quem confiar? Nos trabalhos concretos que foram corrigidos ou na lista de inscritos no sistema?

A grande questão para mim era o responsável por essa gestão. Quem disponibiliza meu nome para o atendimento e quem o retira de lá? Quem inscreveu os alunos que estão na lista diferente da minha? Qual é o procedimento? Solicitei que me fossem fornecidas instruções detalhadas para que eu pudesse entender todas essas questões e acompanhar esse processo.

A mudança de um ambiente presencial para um virtual exige um período de adaptação, de ambientação ao novo universo e ao papel diferente que se passa a exercer. Além da atividade docente por meio de uma forma diferente de comunicação (somente aprendida na prática), há problemas de gestão de sistemas que nem sempre são facilmente solucionados. Não sei se outros tutores viveram uma aventura como essa, mas eu consegui resolver alguns problemas e levei um tempo para conseguir compreender e resolver outros tantos.

5.5 Qual é o valor desse trabalho?

Para mim, essa experiência teve um alto investimento. Não estou falando apenas da impressora que imprimiu trabalhos imensos, esgotando a tinta, nem das inúmeras árvores que foram derrubadas para servir de suporte a todas as ideias e mensagens – que eu sentia necessidade de imprimir para ter maior controle –, e sim do esforço para que a aprendizagem acontecesse, estabelecendo relações efetivas de confiança para construir uma dinâmica de ideias em espaço e tempo virtuais. A leitura dos textos e das entrelinhas para a construção de pontos de encontro, pontes entre o conhecido e o desconhecido para cada um de nós, exigiu a cada dia reflexões sobre esse momento de atividade educacional.

Essa aventura no espaço virtual, com seus mistérios e lógica próprios, foi um desafio pessoal. Se eu tiver que resumi-la em uma única palavra que leve em conta os aspectos intelectual e afetivo, eu diria que "valeu". Tenho a consciência de que a construção desse caminho tem muitas encruzilhadas e há vezes em que a escolha da trilha pode levar a becos sem saída.

Presença e ausência, tempos e espaços desconhecidos, cruzamentos do virtual com o real. É possível se considerar um educador virtual? É possível encontrar respostas diferentes, mas com os mesmos pressupostos? E os educandos: quais são as percepções deles a respeito dessa nova possibilidade de relação interpessoal? Há algo em comum entre educadores e educandos? É possível construir um coletivo virtual? São muitas as questões e acredito que as respostas serão cuidadosamente garimpadas na nova ecologia cognitiva que surge.

Essa experiência, que envolveu material impresso enviado aos alunos, um sistema de comunicação exclusivamente por *e-mail* (e por telefone, em algumas situações) e um sistema de controle virtual com muitas limitações, foi decisiva para percebermos a necessidade de outras ferramentas de comunicação e interação com os alunos, bem como outras organizações de conteúdos para um sistema *on-line*. Além disso, havia a importância dos aspectos referentes à subjetividade na relação tutor-aluno para a construção de vínculos, a permanência nos cursos e a manutenção dos registros – a ideia era não perdermos a história no processo de comunicação entre tutor e aluno. A prática educativa e os problemas enfrentados se transformaram em objeto de reflexão e orientaram soluções e propostas inovadoras no processo educacional.

6

Cursos *on-line* de Robótica Industrial e Automação Industrial: relato de viagem

A decisão dos antigos navegantes de partir para um mundo novo indicava a necessidade de um transporte adequado para enfrentar o mar, além de instrumentos de navegação, uma tripulação e um mapa. A decisão da partida indica o início de uma aventura.

Bem, nós, no século XXI, também partimos para uma aventura. Preparamos dois cursos *on-line* na área de mecatrônica: Automação Industrial e Robótica Industrial. Saímos para enfrentar não mais o mar, mas o ciberespaço – um desafio que exigiu de nós não apenas coragem, mas também imaginação.

Os navegantes, quando sobreviviam, partilhavam

suas experiências com outros aventureiros, desenhavam e redesenhavam mapas, construíam novos instrumentos de navegação, alteravam o transporte e preparavam melhor a tripulação. A construção dos caminhos foi realizada pela soma das vitórias e dos erros relatados, além das dificuldades e reflexões.

Nosso relato, como possivelmente o dos antigos navegantes que viveram uma aventura, destaca não só a travessia, mas também as dificuldades e as mudanças de rota que, quem sabe, podem contribuir para alterar os mapas ou até mesmo orientar os olhares de outros aventureiros.

••
A viagem é sempre de cada um, mas a experiência de uns pode contribuir para pontuar os mapas com mais precisão, direcionando o olhar do navegante a fim de ajudá-lo na superação dos novos desafios do caminho.
••

No momento de decisão da partida, tínhamos uma certeza: a da importância tanto da boa preparação das condições para a viagem quanto da sua implantação. Ou seja, para o sucesso de um curso a distância, a qualidade deste e a infraestrutura para sua implantação são igualmente importantes. O nosso relato, a partir de agora, apresentará a primeira viagem realizada e as correções de rota em uma segunda tentativa de produção de um curso *on-line*.

6.1 Primeira viagem: Robótica Industrial

A preparação do barco – o curso propriamente dito – exigiu esforço nas diversas decisões a serem tomadas. A qualidade do material didático e a consistência de uma proposta pedagógica deviam ser igualmente contempladas.

Perguntas como "Para quem é o curso?", "Quais serão as competências desenvolvidas?" e "Qual é a proposta pedagógica?" orientaram nossas escolhas.

Assim, decidimos pela área de mecatrônica, com os cursos de Robótica Industrial e, em seguida, de Automação Industrial, ambos para um público que tivesse conhecimentos básicos de eletricidade, escolaridade mínima de 2º grau (atual ensino médio) e noções básicas de utilização da internet.

Para a definição da proposta pedagógica, usamos como referência a *WebQuest*, uma estratégia de ensino que permite o fornecimento de um eixo de estudo ao aluno, orientando-o para a pesquisa na rede. Podemos dizer que a *WebQuest* é uma lição que parte de um desafio para que o aluno encontre caminhos e soluções por meio de pesquisas na internet. Cada lição é construída com base em uma questão desafiadora, que pode demandar pesquisa, análise de informações, integração, vivência de papéis, elaboração de informação e materiais, além de outras tantas formas desafiadoras de aprendizagem. Para responder à questão, são previstas atividades individuais e em grupo que requerem a consulta de recursos indicados, como textos, vídeos e *links* de internet. A avaliação é feita por meio de rubricas com a definição das competências e dos critérios esperados na realização das tarefas. O aluno tem acesso ao que se espera dele com relação a esses aspectos, bem como de suas respectivas pontuações. Por fim, há a conclusão dessas atividades, que pode sintetizar o conteúdo abordado ou então remeter o aluno a novos estudos.

Com esse referencial, fizemos a primeira lição do curso de Robótica e a submetemos a céticos engenheiros/professores que, aos poucos, com muita discussão, convenceram-se da possibilidade de desenvolver um curso a distância por meio da internet.

A primeira lição se chamava *Esses homens criativos e suas máquinas maravilhosas* e a questão mobilizadora era "O que é um robô industrial?". Depois dela, foram criadas outras lições com as seguintes questões: "Como funciona um robô industrial?", "Como operar um robô industrial em segurança?" e "Como programar um robô?".

O desenvolvimento dessas lições provocou uma mudança de paradigmas no ambiente de ensino presencial, como a busca de situações que estivessem relacionadas ao uso de robôs nas indústrias; a seleção, a adaptação e a produção de alguns textos e *links*; o estudo de possibilidade de animações; a forma da avaliação por rubricas para cada uma das lições.

Os engenheiros insistiram na realização de uma parte prática presencial visando à operação de um robô, a qual também foi organizada sob a forma de *WebQuest*. A prática presencial mostrou-se, após uma primeira experiência, ser dispensável para a atividade de programação de robôs, que passou a ser o foco do curso.

ROTA 1: os humanos e suas máquinas maravilhosas no espaço virtual

Para o desenvolvimento de algumas habilidades, operar uma máquina é um fator indispensável. Por exemplo: para aprender a dirigir um automóvel, é necessário praticar as habilidades referentes ao uso de freios, embreagem e volante da própria máquina. Essa atividade pode ser realizada, inicialmente, em um simulador ou na própria máquina com a orientação de um instrutor. Como dissemos anteriormente, para desenvolver as habilidades necessárias à direção de um veículo, como operar o pedal, o volante e as marchas, a prática é indispensável. Por outro lado, não é necessária a prática no automóvel para identificar sinais de trânsito. Esse é um processo que exige o domínio de uma linguagem visual. É possível conhecer todos os sinais de trânsito e não saber dirigir; essas são competências diferentes, ainda que, para dirigir, seja também necessário dominar sinais de trânsito.

Esse fato também é verdadeiro na operação de um robô, uma vez que essa ação exige habilidades como movimentação no espaço, acionamento de botões, identificação da posição de mecanismos de segurança e acompanhamento dos movimentos. Entretanto, para programar um robô em determinada linguagem, é preciso apenas dominar essa linguagem de programação e associá-la aos movimentos desejados do robô. Dominar essa linguagem exige uma prática que pode ser realizada em situações geradas por um simulador que indique quando os comandos da linguagem foram usados de forma adequada. Programar um robô em determinada linguagem é uma competência diferente de operar um robô. Assim, a prática na máquina não é necessária para se aprender como programá-la, mas, para operá-la, essa vivência é fundamental.

Decidimos ainda que havia a necessidade de o aluno ambientar-se, adaptando-se ao ambiente de ensino e à dinâmica de um curso virtual. Para isso, criamos uma unidade especial, à qual chamamos de *Estação Teste*. A preocupação era proporcionar maior conforto ao participante na dinâmica do curso antes de ele ter de se preocupar com o conteúdo a ser estudado.

Lembramos que Dodge (2013), o educador responsável pelo desenvolvimento da metodologia *WebQuest*, sempre a associa a atividades presenciais, e não a atividades a distância. Assim, o uso dos princípios desse recurso para uma situação relacionada a essa modalidade de ensino foi mais uma ousadia da nossa aventura na preparação do curso pela rede.

6.1.1 Instrumentos de navegação

Da mesma maneira que nossos antepassados navegantes usavam a bússola para a navegação, utilizamos o *LMS Universite*, uma ferramenta para o acompanhamento e a gestão do curso. Esse *software* nos causou muitos problemas, pois seus limites impediam a possibilidade de concretizar alguns princípios pedagógicos, levando-nos a criar alternativas paralelas que compensassem as restrições.

Talvez nossos antepassados também tenham encontrado dificuldades no uso das ferramentas pelas limitações destas ou, então, pelas próprias dificuldades em usá-las.

Na sequência, passamos a utilizar em nossos cursos o *Web Ensino*[1], cuja possibilidade de customização de recursos nos

---

1 Para saber mais, acesse: <http://www.ilog.com.br/novosite/institucional/nossa-historia/>.

auxiliou a superar as dificuldades que havíamos enfrentado anteriormente. Não teríamos lutado tanto pela customização necessária se não tivéssemos vivido tantas dificuldades na primeira viagem e insistido nos princípios pedagógicos da proposta de curso, apesar dos limites do Sistema de Gestão da Aprendizagem (LMS). Uma lição fundamental no uso dos instrumentos de navegação foi: não devemos submeter nossa viagem a eles e às suas limitações, mas buscar adaptá-los e/ou desenvolvê-los de acordo com nossas necessidades.

6.1.2 Tripulação e passageiros

Éramos todos, tripulação e passageiros, marinheiros de primeira viagem e não sabíamos se enjoaríamos ou mesmo se o barco resistiria. Mesmo assim, içamos vela e partimos: na tripulação, dois engenheiros céticos e duas educadoras teimosas.

Podemos, em um primeiro olhar, achar que essa descrição é negativa. Entretando, o ceticismo dos engenheiros foi bom, pois tivemos de comprovar, a cada passo, que um curso profissionalizante a distância na área de mecatrônica era possível. A teimosia foi o que garantiu que não abandonássemos nem déssemos meia-volta no percurso. Mais que um compromisso, seguir em frente era um desafio que só a teimosia e a persistência puderam dar conta. A tripulação foi sendo preparada na própria viagem.

Os passageiros foram 20 professores do Serviço Nacional de Aprendizagem Industrial de São Paulo (Senai-SP) convidados para um curso de 12 semanas. Esses profissionais nos ajudaram a avaliar o conteúdo, sua organização e a proposta de ensino apresentada.

A primeira viagem teve muitos tropeços, mas também muitas recompensas. Aprendemos algumas lições importantes:

→ Para ocupar um lugar no espaço virtual, a maioria dos passageiros precisa se habituar a uma rotina de acesso e de estabelecimento de relações.
→ O telefone é um instrumento fundamental, uma "boia" que nos ajuda a resgatar os que, por descuido, caem ao mar.
→ As duas primeiras semanas são fundamentais para garantir a tranquilidade dos passageiros na viagem.
→ "Quem sou?" e "Onde estou?" são questões fundamentais para passageiros e tutores dos cursos *on-line*.
→ O apoio, a orientação e o acompanhamento adequados resultam do ato de aprender a observar e a propor e de aceitar diferenças na relação com os alunos.

6.1.3 Encontro em terra firme

Quando o curso envolve prática presencial, encontrar os passageiros traz muitas alegrias. No convívio virtual, as relações são completadas pelo nosso imaginário, e estar diante das pessoas, ao vivo e em cores, traz muitas emoções que vão desde a surpresa pela semelhança à diferença construída por nossa imaginação.

Essa prática serviu para evidenciar a aprendizagem obtida na fase *on-line* e também para reavaliarmos a necessidade do contato presencial, considerando-se que a intenção era programar robôs. Em função disso, foi decidido que os próximos cursos de Robótica seriam exclusivamente virtuais, sem qualquer contato presencial.

"Ou isto ou aquilo", como disse Cecília Meireles (1969). Optamos por abrir mão do contato presencial, apesar de muito prazeroso para todos, em função da possibilidade de atender pessoas de locais mais distantes, que não teriam condições de ir até determinada escola da instituição. Pudemos também abrir mão das atividades presenciais, visto que elas não eram essenciais para a aprendizagem de programação. Para a substituição da atividade presencial, foi construída uma unidade que tinha como foco a programação de um robô virtual.

6.2 Segunda viagem: Automação Industrial

Para a preparação do curso de Automação Industrial, a experiência da primeira viagem serviu, e muito, para as correções de rota. Os princípios pedagógicos permaneceram, como a preocupação de fornecer um ambiente contextualizado, a organização por unidades que permitisse a realização de atividades interativas individuais e em grupo, a avaliação por rubrica, além da autoavaliação e da avaliação de participação em atividades em grupo. Apesar das mudanças realizadas nas unidades, já não era possível reconhecer nelas as lições da *WebQuest*, embora fosse possível ver que a organização das unidades seguia seus princípios.

A introdução de uma ferramenta que possibilitasse um apoio maior ao tutor e que oferecesse um ambiente de maior interatividade e conforto na organização e na gestão das turmas também favoreceu o desenvolvimento do curso.

Em relação às atividades em grupo, já havíamos percebido em nossa primeira viagem que precisávamos ser mais flexíveis. A insistência nesse tipo de atividade era o reflexo da crença na aprendizagem cooperativa; no entanto, sabemos que lidamos com uma realidade em que as pessoas não sabem realizar atividades em grupo ou têm dicifuldade em fazê-lo. Talvez esse problema esteja relacionado às experiências vividas em atividades em grupo presenciais. Muitas vezes, as pessoas conseguem ludibriar sua participação, algo difícil em um curso como este, no qual os companheiros de atividade são responsáveis pela avaliação uns dos outros e o papel de relator (responsável pela consolidação do trabalho do grupo a ser encaminhado ao tutor) é exercido por rodízio, sendo possível assumi-lo, em qualquer unidade, por indicação.

Constatamos, ainda, que em um cronograma "apertado" como o que temos nos cursos, o tempo virtual e o prazo estipulado para a entrega das atividades tornam-se um limite, pois qualquer variável (como uma viagem a trabalho de um dos participantes ou uma doença) pode comprometer o desempenho de todo o grupo. Nesse quadro, nossa opção foi oferecer a possibilidade de realização individual do trabalho, ainda que insistíssemos nas tarefas em grupo pelas suas vantagens, ou seja, continuamos a respeitar a decisão da pessoa de querer caminhar sozinha por todas as atividades do curso, desde que ela discutisse essa alternativa com o tutor.

••

Após a experiência do segundo curso, revimos nosso mapa e fizemos novas anotações em função da viagem:

[continua]

(conclusão)

- → A contratação de serviço de terceiros para a produção do segundo curso introduziu novos olhares e novas possibilidades para a estética deste e a produção de atividades interativas *on-line* sob a forma de jogos, o que enriqueceu o curso. Foram as atividades mais elogiadas.
- → O LMS deve contemplar a possibilidade de ambientes especiais para trabalhos em grupo com o objetivo de facilitar a interatividade. Contudo, não basta dispor apenas do ambiente: os participantes devem ser incentivados e convidados a ocupar esse espaço. Deixar contribuições às atividades em grupo para os companheiros ou submeter o trabalho final às observações destes são atitudes que, em muitos grupos, necessitam ser estimuladas e orientadas pelo tutor. Pudemos observar a significativa diferença da ocupação do espaço dos grupos na primeira e na penúltima unidade; isso nos levou a supor que a aprendizagem de colaborar ou cooperar nas atividades em grupo também ocorre com a maioria dos participantes.
- → O treinamento de tutores realizado antes do curso, para domínio da ferramenta e do curso, facilita a realização de seu trabalho. Como trabalhamos uma primeira vez no curso de Automação Industrial com tutores de locais diferentes em uma mesma turma, pudemos observar que a formação dos tutores para o atendimento aos alunos também ocorreu de forma cooperativa. Eles discutiam e tomavam decisões em conjunto para realizar a tutoria do curso.
- → Para que o tutor possa exercer um acompanhamento mais efetivo, a turma não pode ser muito grande, não devendo ultrapassar 30 alunos. Uma hipótese é que a formação de tutores

para as atividades do curso seja realizada com o acompanhamento de um tutor inexperiente como assistente de outro, mais experiente.

6.3 Novas viagens

Observamos que a viagem se altera segundo os passageiros. Encontramos alunos animados, contidos, solidários, individualistas, presentes e ausentes. Em um grupo, a presença de passageiros autônomos, solidários e comprometidos com a aprendizagem pode alterar a configuração da turma como um todo. Eles animam, incentivam e desafiam os demais companheiros e a aprendizagem torna-se mais ampla, com a solicitação de novas informações para conhecimentos que ultrapassam o esperado. A tripulação (tutoria) vibra com esses passageiros e se sente desafiada a conseguir a mesma atitude de todo o grupo.

Para incentivar a interatividade com o grupo, inserimos o fórum dentro das atividades previstas. Inicialmente, propusemos para discussão assuntos como "Eu odeio trabalho em grupo", "Eu amo trabalho em grupo", "Comentários gerais sobre o curso" e "Comentários sobre os trabalhos em grupo". Buscamos, com essa iniciativa, abrir novos espaços de expressão para melhor compreender as dificuldades dos passageiros e encontrar uma forma de tornar a viagem mais confortável para eles.

Outro caminho para novas viagens foi buscar alternativas para que a turma toda pudesse interagir mais em relação ao conteúdo desenvolvido nos pequenos grupos. Para isso, oferecemos como alternativa a discussão coletiva dos trabalhos em grupo publicados e já comentados pelo tutor.

Enfim, em relação a essas viagens, buscamos sempre repensar e introduzir aspectos que pudessem torná-las mais interessantes do ponto de vista do ambiente de ensino, encontrando especiarias que melhorassem o sabor.

6.3.1 Preparação para novas rotas

A experiência adquirida como navegantes, nessas viagens, mobilizaram-nos para novos caminhos: outros cursos e a ousadia para novas mudanças. Não temermos mais sair da terra firme para enfrentar o ciberespaço, mas temos consciência das nossas limitações e de que não podemos pôr em risco a segurança dos nossos passageiros. Não resistimos ao desejo de experimentar novos caminhos, fazer de nossas frustrações um estímulo para a mudança e dos erros, uma possibilidade de novos acertos.

Enfrentamos uma alta evasão nos cursos, apesar dos "salva-vidas" que distribuímos como diversas possibilidades de contato, da flexibilidade de horários e do atendimento individualizado. Investigar o que leva ao abandono do barco e como ajudar aos náufragos passou a ser um dos nossos objetivos mais importantes.

Para novos cursos, pensamos em desenvolver atividades mais interativas, não só na avaliação, mas na obtenção das informações. "Como fazer" é, para nós, um desafio, mas continuamos buscando respostas a uma questão que nunca nos deixa em paz: Mais atividades interativas e menos textos podem contribuir para uma aprendizagem mais efetiva? Essa escolha exige repensar conceitos, hierarquizar informações e buscar novas generalizações. Pensamos, além do hipertexto, em hiperimagem, entre outras possibilidades de interatividade. Certamente estudaremos esses aspectos para as novas produções. Naturalmente, não somos contra a palavra escrita e não pretendemos eliminar os textos; a busca será oferecer, também, outras oportunidades para a aprendizagem, explorando as possibilidades de linguagens oferecidas pelo computador.

••

O prefixo *hiper-*, do grego, significa "sobre", "além". O hipertexto, como vimos anteriormente, remete à ideia de superação da linearidade, ou seja, à ação de ir além do texto, estabelecendo conexões com outros textos. Esse recurso, embora contemplasse as ideias do verbal, do sonoro e do imagético, inicialmente era produzido mais em função do texto. O desenvolvimento de hipermídias – ligações não somente entre textos, mas entre outros elementos sonoros e visuais – introduziu o conceito de *hiperimagem*, explorado em várias dimensões por Éric Eroi Messa em "A imagem sensível" e em "Hiperimagem: a imagem em hipermídia aplicada no conhecimento científico". Para saber mais, acesse esses textos pelos *links* disponibilizados a seguir.

MESSA, É. E. A imagem sensível. **Facom**, n. 15, p. 20-29, 2005.
   Disponível em: <http://www.faap.br/revista_faap/revista_facom/facom_15/_eric_messa.pdf>. Acesso em: 19 fev. 2014.

_____. **Hiperimagem**: a imagem em hipermídia aplicada no conhecimento científico. 126 f. Dissertação (Mestrado em Comunicação e Semiótica) – Pontifícia Universidade Católica de São Paulo, São Paulo, 2007. Disponível em: <http://www.messa.com.br/eric/artigos/hiperimagem_2007.pdf>. Acesso em: 19 fev. 2014.

••

O tempo de nossa viagem foi de 62 dias – a duração de cada um dos cursos. A questão de tempo também está sendo avaliada por nós. Nossas perguntas a esse respeito têm sido: A rota de curso para o tempo utilizado é adequada? Viagens inicialmente curtas, mas ampliadas posteriormente, são melhores? Temos analisado esse aspecto, visto que muitos participantes discutem a questão do tempo nos cursos. Nesse sentido, como lidar com a vida real e o tempo virtual?

Outras de nossas preocupações se referem às competências mais adequadas a serem desenvolvidas a distância: Em quais delas a parte presencial se apresenta indispensável? A parte presencial, mesmo em competências que não a exijam, deve ser introduzida ou não?

Enfim, essas são algumas das questões que nos têm desafiado e para as quais buscamos respostas. Novas viagens podem nos levar a traçar novos mapas e identificar fenômenos escondidos que passaram despercebidos a outros cartógrafos.

6.3.2 Navegar é preciso

Nossos navegantes antepassados, diante do mar, não resistiam aos seus encantos e enfrentavam os desafios para encontrar o mundo novo. Nós, diante da grande rede, também nos sentimos desafiadas. O infinito das informações serve de alimentação para uma curiosidade sem limites: palavras, sons e imagens combinando-se como um caleidoscópio, oferecendo possibilidades incontáveis. Como no mar, podemos nos sentir perdidos e isolados no ciberespaço, questionando-nos a respeito do local onde nos encontramos e o que estamos buscando.

Assim, enfrentamos os riscos dos nossos erros, encontrando respostas provisórias a uma infinidade de questões e, aos poucos, desenhando nossos mapas. Que eles possam ser partilhados por outros navegantes com a vivência de outras viagens e sejam corrigidos com novos cursos, instrumentos mais precisos de navegação, novas terras e novos povos.

Todos nós, navegantes e passageiros, ajudamos a construir a história de quem vive e faz de seu olhar um registro. Nossa emoção aqui de baixo não foi também intensa quando ouvimos o distante astronauta nos dizer, ao contemplar o infinito, que "A Terra é azul"?

> Iuri Gagarin (1934-1968) foi o astronauta russo que realizou, em 1961, o primeiro voo espacial tripulado por um ser humano. A frase "A Terra é azul" foi creditada a ele como registro da primeira observação da Terra feita do espaço.

Земля — голубая. Как удивительно!

7
Características dos cursos on-line: o surgimento de uma metodologia

A capacitação profissional a distância tem uma longa história em nosso país e no exterior. Desde o início, as iniciativas empreendidas têm apresentado, em sua maioria, uma forma de instrumentação para o exercício de uma atividade profissional – de caráter mais genérico ou específico.

Ao longo do tempo, os esforços dedicados ao desenvolvimento dessas iniciativas vinham alternando sua ênfase entre diferentes aspectos: ora a preocupação incidia sobre o desenvolvimento da prática (deveria ser presencial ou a distância?), ora o foco estava nas características da comunicação entre educador e educandos (como superar o intervalo de tempo entre as respostas às consultas feitas pelos alunos ao tutor?). Em outras oportunidades, o interesse se concentrava na abordagem pedagógica com a qual se trabalharia nos cursos (eles terão uma perspectiva comportamentalista, cognitivista ou sociocultural?).

Assim, de foco em foco, a história da educação a distância (EaD) foi sendo estruturada e, junto com ela, uma linguagem própria que, de certa forma, correspondia à linguagem dos meios com os quais ela contava em cada uma das fases de seu desenvolvimento.

••
Com o surgimento da internet, a EaD recebeu um incontestável impulso e tornou-se alvo das mais diferentes iniciativas. A intervenção de recursos tecnológicos de informação e comunicação, inovadores nessa modalidade educacional, está exigindo dela o desenvolvimento de uma linguagem própria, que possibilite a compreensão e a exploração de todo seu potencial de contribuição para a educação e, em especial, para a educação profissional.
••

É justamente nesse contexto que se enquadra a experiência que deu origem ao Apoio Educacional Colaborativo (Aeco). A busca foi empreendida no intento de desenvolver uma linguagem de EaD que conjugasse competências profissionais – desde aquelas mais simples e individuais até as mais complexas e coletivas – a uma pedagogia que não se reduzisse ao adestramento para a realização de tarefas de baixo nível de exigência intelectual e a uma construção coletiva do conhecimento.

É nessa conjugação que emerge o caráter inovador da experiência aqui relatada. A Aeco envolveu o desenvolvimento de uma linguagem para cursos na modalidade a distância via internet que reuniu um modo especial de abordar o conteúdo e o processo de aprendizagem. Aqui, todo o processo era desencadeado por uma pergunta instigadora, uma situação-problema a ser superada ou um estudo de caso a ser analisado e compreendido. A característica voltada à **autenticidade do desafio** fornecia ao participante um contexto significativo para o processo de aprendizagem, buscando um referencial para a construção do conhecimento.

Nessa metodologia, havia também a preocupação com **o uso e a disposição dos recursos verbais na tela do computador**. O participante dispunha de uma série de recursos para chegar aos conteúdos necessários à superação dos desafios que lhe eram postos. Entre esses recursos, havia textos de diferentes naturezas, disponibilizados na tela do computador: orientações sobre procedimentos relacionados à realização das diferentes atividades propostas; textos teóricos que deviam ser impressos para estudo; resumos, esquemas, diagramas de fluxo etc. que permitiam informação rápida que não precisava ser memorizada; palavras-chave que se constituíam em hipertextos ou *hiperlinks*. Para cada tipo de texto, buscava-se encontrar a linguagem e o *design* adequados. O princípio era o de evitar a mesma disposição do texto impresso; entretanto, quando isso não era possível, recomendava-se que o texto digital fosse impresso.

Outro recurso utilizado foi a inclusão de **animações**, sempre que o movimento era uma característica intrínseca do que estava sendo abordado. A nossa experiência iniciou-se em dois cursos da área de mecatrônica – Automação Industrial e Robótica Industrial. Nesses cursos, a compreensão da relação entre os componentes de um sistema mecânico ou eletrônico era fundamental. Por exemplo: a animação ajudava a compreender a relação entre os componentes sensores e atuadores no curso de Automação Industrial e os riscos de desobediência às normas de segurança e funcionamento de robôs no curso de Robótica Industrial. Com recursos tão poderosos como os disponíveis, tanto nos computadores como na ferramenta escolhida (Sistema de Gestão de Aprendizagem – LMS), não era admissível usar apenas imagens estáticas; buscou-se, então, sempre que possível, a representação da dinâmica existente no mundo real.

A **simulação** de operações simples e complexas também era essencial. Ela oferecia aos alunos a possibilidade de vivenciar experiências e facilitava a aprendizagem, uma vez que permitia a aplicação dos conhecimentos. Podemos citar uma das situações problematizadas no curso, em que uma planta automatizada apresentava determinado defeito na separação de peças. Essa informação era apresentada por meio de animação e com um enunciado explicitando detalhes do problema. Em seguida, a planta era transformada em um esquema com a possibilidade de o aluno selecionar e posicionar sensores adequados a fim de evitar o problema apresentado. Nessa situação, os educandos podiam acompanhar o que acontecia com as alterações realizadas na simulação e, consequentemente, observar as mudanças no funcionamento da planta. Esse é um exemplo de simulação simples em que os alunos realizavam escolhas por meio de respostas previamente definidas, com combinações preestabelecidas na programação. Para tanto, eram determinados, por exemplo, os acertos e também os erros mais prováveis, além de suas consequências no funcionamento da planta.

Há, no entanto, simuladores mais complexos, que oferecem muitas possibilidades de respostas e de análise de suas consequências. O limite para o uso desses recursos era o alto custo de sua produção. A inclusão desses simuladores exigiria que se aumentasse o custo das matrículas, tornando os cursos pouco acessíveis aos públicos que se pretendia atingir. Assim, nos cursos em que contávamos com verbas limitadas, utilizávamos simuladores oferecidos gratuitamente. Estes, no entanto, também apresentavam limites. Por exemplo: o simulador que era usado no curso de Automação Industrial não permitia que o programa fosse gravado, e o aluno dispunha apenas de 25 minutos para usá-lo. Caso o tempo excedesse, era necessário reiniciar a programação.

Para que pudéssemos utilizar essa ferramenta, foi necessário preparar uma orientação de uso que facilitasse a compreensão e permitisse que o tempo também fosse um desafio na resposta. Para a avaliação, também foi necessária a criação de outra estratégia. Em uma situação normal de simulação, a resposta "acertou" ou "errou" se dava *on-line*, podendo ser computada como acerto ou erro na hora do teste do programa. Nesse caso, não era possível salvar o programa realizado. Assim, para avaliar a programação realizada pelo aluno, era solicitado que o programa fosse enviado ao docente, que deveria testá-lo. Apesar dos limites que esse tipo de simulador oferecia, ele enriqueceu as possibilidades de aprendizagem dos alunos. Para o curso de Robótica Industrial, também foi utilizado um simulador em sua versão *demo*[1] gratuita, que possibilitava aos educandos gravar algumas tentativas de programação e observar os resultados na ação do robô. O aluno tinha como tarefa programar uma ação do robô utilizando uma linguagem específica. Ao realizar a programação, o estudante podia observar no simulador se ela gerava ou não o movimento do robô.

---

1 *Demo* é um recurso eletrônico, que remete ao termo *demonstrativo*, e, como tal, demonstra as potencialidades de um *software*, de forma que possa ser analisado previamente por um interessado em adquiri-lo.

••
O uso do simulador necessita do apoio e da orientação do tutor, em virtude das dificuldades específicas dos alunos, mas contribui para uma aplicação mais efetiva dos conhecimentos adquiridos.
••

A construção de simuladores virtuais será uma constante no futuro, o que deverá torná-los mais acessíveis financeiramente. Essas ferramentas se tornarão indispensáveis à formação de futuros profissionais para o desenvolvimento de diversas competências, como operação de máquinas que ofereçam grandes riscos, diagnósticos e manutenção de peças e equipamentos e desenvolvimento de atitudes específicas para cada caso. Na área médica, as possibilidades também são ampliadas com o uso de robôs que respondam a estímulos e auxiliem na prescrição de remédios e em procedimentos cotidianos, colaborando com a ação dos médicos.

O uso desses recursos nos cursos de EaD enriquecerá significativamente a aprendizagem. Naturalmente, os simuladores não substituem (pelo menos até hoje) a operação real da máquina ou do equipamento, mas seu uso pode ser muito útil na formação dos alunos. Acreditamos ainda que a sofisticação dos simuladores crescerá com o desenvolvimento tecnológico, mas sempre será indispensável pensar no objetivo de sua utilização e quais são as competências a serem desenvolvidas ao inseri-los em um curso.

É necessário também estabelecer uma comunicação informal e próxima do aluno. A introdução do computador tem alterado a comunicação entre os envolvidos em um curso. Nos primeiros LMSs, a comunicação se efetivava principalmente por meio de textos escritos. Era com eles que os alunos conectados pediam esclarecimentos aos facilitadores, expunham suas dúvidas e participavam de *chats* com os companheiros e o tutor. Era também por meio de textos que os alunos recebiam esclarecimentos, orientações, avisos e cobranças de atividades. Observou-se que o tom informal era, em geral, dado pelos tutores e facilitadores, que procuravam uma relação mais próxima e estreita com os educandos. Hoje há recursos que permitem a interação também por som e imagem, como o Skype, mas, quando iniciamos nosso trabalho, eles ainda não estavam disponíveis.

Ao escrevermos um texto, visualizamos um leitor imaginário. Inicialmente, no curso, não sabemos exatamente com quem estamos nos comunicando, mas a relação se constrói no decorrer das atividades. A preocupação de tutores e facilitadores é permitir que cada aluno se sinta confortável no curso para que o aprendizado ocorra de modo mais adequado. Em alguns momentos, o tutor responde a questões, mas, em outros, ele pode entrar em contato para estimular uma conversa. Há situações em que o tutor também tem de intervir nas dinâmicas dos grupos em razão das dificuldades que surgem e são encaminhadas a ele.

Alunos que tinham experiência com *chats* na internet já dispunham de um repertório que facilitava a interação com os companheiros. Outros, com maior dificuldade, encontravam nos mais experientes um modelo para a comunicação. Como hipótese, poderíamos dizer que a distância física acaba favorecendo a possibilidade de estreitamento das relações – permite a comunicação entre os mais tímidos, bem como facilita atendimentos e conversas individuais. Ao mesmo tempo, amplia a possibilidade de contatos com pessoas de cidades, estados e países distantes. Os preconceitos que acabam interferindo nas relações, como aparência física, expressão facial, idade e antipatia, são quebrados pela comunicação a distância, que passa a ser o parâmetro determinante da relação.

Observamos que algumas pessoas que se conheceram no curso e desenvolveram atitudes colaborativas nas atividades de aprendizagem acabaram estreitando relações. É possível dizer que a comunicação adequada favoreceu a aprendizagem e a colaboração, eliminando, assim, a sensação de solidão dos participantes.

Houve algumas situações em que a comunicação escrita poderia ser rompida por um evento que, embora independente do curso, inviabilizava a permanência do aluno nos estudos. Nesses casos, o uso do telefone era fundamental para tentar reverter uma desistência.

Por meio da comunicação telefônica, foi possível identificar os alunos que ficaram doentes, tiveram problemas familiares, ficaram desempregados ou tiveram de fazer viagens inesperadas. Nesses casos, conhecer e se interessar pelos problemas dos alunos fazia a diferença. No entanto, mesmo que os alunos não possam permanecer, acreditamos que o respeito a sua individualidade e a atenção a suas dificuldades são questões que vão além do curso. O tratamento de cada um como pessoa, e não como um mero número de matrícula, é essencial – e isso fazia parte da colaboração e da solidariedade que tínhamos como princípios pedagógicos.

Quando a comunicação é por escrito, ela desperta nos alunos, durante todo curso, a curiosidade em conhecer pessoalmente mediadores, tutores e companheiros de estudo. Houve casos em que alguns dos alunos fizeram visitas presenciais a fim de conhecer o pessoal envolvido. A videoconferência pode ajudar, no início do curso, para que alunos e educadores possam se ver, facilitando as relações.

Um dado importante é que, ao entrar em contato com os alunos por escrito, também se percebe o estilo de cada um se comunicar. Assim, quando o diálogo acontece, é possível identificar os educandos mesmo sem nunca tê-los visto. Esse fato foi confirmado em uma situação de conversa *on-line* com um aluno em que as respostas e brincadeiras deixavam claro que não era o aluno conhecido. O mediador perguntou se era ele mesmo, pelo intercomunicador – recurso de troca de mensagens instantâneas –, e a resposta foi "não": ele era um colega desse aluno e havia utilizado sua senha a fim de conhecer o curso. Portanto, o conhecimento e o acompanhamento estreito do caminho traçado pelo aluno eliminam um dos fantasmas da EaD, que é não se saber se ele é quem diz ser.

7.1 Proposta pedagógica e ferramenta de gestão de cursos a distância

A proposta pedagógica para um curso a distância é anterior à escolha de um LMS. No caso dos cursos na Aeco, alguns princípios foram obedecidos em sua organização, por exemplo:

→ a ambientação do aluno ao curso, etapa necessária que deveria ser construída por meio de situações de ensino que favorecessem a compreensão da ferramenta, seus recursos e a metodologia do curso;

→ a possibilidade de acesso de todos os participantes da turma a cada um dos perfis dos alunos e tutores;
→ a inclusão de atividades individuais, em pequenos grupos e com toda a turma;
→ a inclusão de uma avaliação que contemplasse aspectos de aprendizagem de conteúdo, atitudes colaborativas e autoavaliação.

Para operacionalizar esses princípios, como já foi apontado, utilizamos inicialmente uma ferramenta LMS que não permitia customização, fato que representou alguns obstáculos para a concretização da proposta pedagógica: além de não contemplar um ambiente de apresentação e de trabalhos em grupo, impunha a realização de avaliações somente dentro de propostas de múltipla escolha e com limites de variáveis (fácil, média e difícil) na montagem do banco de questões. Enfrentamos muita dificuldade para desenvolver questões com mais de três variáveis. Os limites apresentados para operacionalizar os princípios e a organização do curso sobrecarregavam o tutor e dificultavam o acompanhamento, o que nos levou a buscar outra ferramenta no mercado.

A troca para o LMS *Web Ensino* permitiu que desenvolvêssemos o segundo curso e adaptássemos o primeiro para um contexto associado às competências exigidas. Além disso, foi desenvolvido um ambiente específico para a apresentação dos participantes, com a possibilidade de consulta por todos da turma.

As atividades individuais foram reformuladas e passamos a aproveitar melhor a possibilidade de interatividade oferecida pelo computador, o que nos levou a substituir as questões de múltipla escolha por jogos que permitiam maior interatividade ao participante. As atividades individuais passaram também a ser avaliadas *on-line*, com disponibilização imediata do resultado ao participante. Para cada uma delas, o participante dispunha da possibilidade de realizar cinco tentativas, perdendo, a cada uma delas, cinco pontos. Em situações em que havia mais de um exercício a ser resolvido pelo aluno, foi adaptada uma avaliação em que ele deveria refazer apenas o que errava, e não toda a atividade.

    A formação dos grupos estava associada à realização das atividades individuais. O próprio sistema os formava automaticamente e enviava um *e-mail* aos membros do grupo comunicando esse arranjo. Ou seja, os quatro primeiros alunos que realizavam a avaliação individual eram agrupados pelo sistema no ambiente do Grupo 1, por exemplo, e era escolhido aleatoriamente, entre eles, o relator dessa equipe; na sequência, os próximos quatro participantes no ambiente eram agrupados no Grupo 2, e assim sucessivamente. Com a implantação dos cursos, verificamos que alguns alunos preferiam trabalhar individualmente e que, em função de algumas dinâmicas, o tutor poderia montar o grupo intencionalmente, resolvendo algumas dificuldades de relacionamento detectadas. Assim, uma nova adaptação foi feita na ferramenta e a formação de grupos passou a ser feita pelo tutor.

    A inserção do ambiente de grupo facilitou a realização das atividades pelos educandos e o seu acompanhamento pelos educadores, bem como a interação resultante da indicação de nomes e *e-mails* dos participantes de cada grupo. Além disso, a inclusão de um local para a publicação de mensagens dos alunos e a criação de salas especiais de *chats* para cada grupo diversificaram a possibilidade de interação. Em relação à autoavaliação e à avaliação de participação, os alunos passaram a realizá-las *on-line* sem qualquer dificuldade. A autoavaliação consistia em uma nota que eles atribuíam a si mesmos em relação a sua aprendizagem, variando de 0 a 10; nesse processo, havia ainda um espaço em que poderiam realizar comentários sobre a nota atribuída. A nota de participação era dada pelos outros três membros do grupo, em uma escala de 0 a 10, e o resultado era a média simples das notas atribuídas.

Um aspecto que se mostrou muito importante na ferramenta foi a identificação dos companheiros de turma e dos tutores, mediadores e coordenadores que se encontravam *on-line* e podiam ser convidados para um *chat*. Com esse recurso, foi possível identificar as dificuldades que os alunos estavam tendo e resolvê-las quase que imediatamente.

Para apoiar a tutoria, foram criados modelos de relatórios (por turma e por aluno) que permitiam a verificação do andamento da aprendizagem dos alunos. Além disso, viabilizou-se, no LMS, o acompanhamento estatístico do acesso dos alunos, o que ajudava a saber quando era necessário entrar em contato para a verificação das dificuldades que esses alunos estivessem enfrentando.

Em síntese, podemos dizer que o LMS pode auxiliar consideravelmente o trabalho de organização e implantação do curso. O trabalho colaborativo entre os responsáveis pelo LMS e os que desenvolvem e implantam os cursos pode aperfeiçoar as ferramentas.

O aluno deve ser o foco da criação do ambiente de ensino, da organização dos recursos e do acompanhamento da implantação do curso. O cuidado com cada um desses aspectos é de extrema importância para a facilitação da aprendizagem dele.

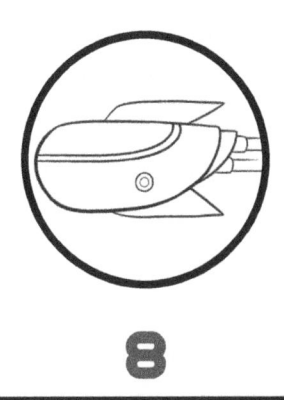

8
O desafio de compreender e de ser compreendido nos cursos on-line[1]

Refletir sobre como manter contato com quem está longe é algo recorrente na educação a distância (EaD), afinal, nessa modalidade educacional, educadores e educandos não ocupam o mesmo espaço físico e, portanto, necessitam de recursos de comunicação para permitir a concretização do processo educativo.

Para nós, educadores, educar depende diretamente da comunicação. A educação nada mais é que um processo comunicacional que pressupõe que alunos e professores estabeleçam entre si uma relação educativa dialógica e plural (Porto, 2006).

Em suma, se o diálogo é uma preocupação no universo educacional, urge conhecer o outro, seu universo e sua cultura para que se efetive a interação, considerando, em especial, o que diz Paulo Freire (1979, p. 28):

---

[1] Alguns trechos deste capítulo foram extraídos e adaptados de Fernandez e Palange (2006).

Ser dialógico, para o humanismo verdadeiro, não é dizer-se descomprometidamente dialógico; é vivenciar o diálogo. Ser dialógico é não invadir, é não manipular; é não sloganizar. Ser dialógico é empenhar-se na transformação constante da realidade. Esta é a razão pela qual, sendo o diálogo o conteúdo da própria forma de ser da existência humana, está excluído de toda relação na qual alguns homens sejam transformados em "seres para o outro" por homens que são falsos "seres para si". É que o diálogo não pode travar-se numa relação antagônica.

Ao preparar um curso, o educador organiza a estrutura pedagógica com base em sua visão de educação. Assim, se o diálogo é seu foco, é necessário construir a possibilidade de que o outro fale e seja ouvido, ou seja, de que se expresse nas situações educacionais nas quais se encontra e receba resposta ao que expressou, mesmo que haja uma distância que os separe.

8.1 O diálogo é possível na educação a distância (EaD)?

Desenvolver EaD com a mediação de recursos de comunicação é manter o foco da situação presencial: o sujeito da aprendizagem. Esse pressuposto norteou o trabalho de produção dos cursos e o sistema de acompanhamento aos alunos dos cursos a distância, dando origem à Aeco (Apoio Educacional Colaborativo).

Essa metodologia, aplicada nos projetos de EaD elaborados, está estruturada em vários eixos, entre os quais ressaltamos o estabelecimento de um processo de comunicação que privilegia o diálogo. Nesse sentido, buscamos, em todos os cursos *on-line* oferecidos, encontrar formas ou canais para que o sujeito da ação educativa pudesse se expressar.

Quando pensamos no desenvolvimento de um curso a distância em que o diálogo é considerado um elemento fundamental, a questão que surge é: Como considerar a possibilidade de interação entre interlocutores que não compartilharão os mesmos tempo e espaço? Tendo essa pergunta em vista, para efetivar o diálogo foi necessário aprofundar e ampliar nosso olhar sobre a questão da comunicação mediada.

••

A mediação da comunicação educativa nos cursos *on-line* se desenvolve mediante diferentes recursos pedagógicos e exige um estudo constante das diversas linguagens dos meios e de suas características a fim de possibilitar as condições de concretização do diálogo.

••

O desenvolvimento da tecnologia também influi no diálogo, uma vez que ela influencia a percepção humana, pois altera o modo de pensar, agir e sentir, bem como modifica as formas de comunicação e aquisição de conhecimentos (Kenski, 2006). A escrita, por exemplo, sucedeu à oralidade e trouxe a possibilidade de registro e circulação de informações para um número maior de pessoas. O registro era feito inicialmente em argila e permitiu, em relação à oralidade, a ampliação do acesso às mensagens transmitidas. Mais tarde, com a utilização dos papiros, esse trânsito se ampliou ainda mais. Posteriormente, com a invenção do papel, a escrita tornou-se mais simples – visto que nos papiros era desenhada – e mais portátil, o que permitiu expandir a distribuição das informações muito rapidamente. Em seguida, com a invenção da imprensa, ampliou-se também o acesso aos textos e às informações para um contingente ainda maior de pessoas. Em outras palavras, ao longo de algumas centenas de anos, o acesso à informação foi-se modificando em virtude das novas invenções.

Analisando, na atualidade, a influência da tecnologia na vida das pessoas, podemos imaginar que, na época dos papiros, poucos tinham acesso aos registros, tanto para consumir quanto para produzir informações. O papel e, posteriormente, a imprensa, tornaram universal o registro e o acesso aos textos. Com o desenvolvimento tecnológico, a escrita, antes restrita aos mosteiros, passou a circular amplamente e as pessoas passaram uma ter nova fonte de registro e acesso às informações.

Além disso, a produção de textos com variadas funções culturais provocou o desenvolvimento de diferentes estratégias de leitura. Percebe-se facilmente que há diferenças significativas nas estratégias que usamos para realizar a leitura de um romance, de uma enciclopédia, da embalagem de um produto, de seu anúncio ou de uma revista. A escrita, no mundo urbano, é fundamental para a vida dos cidadãos, visto que ela é inerente à organização das cidades. A locomoção em ônibus e metrôs exige leitura das informações, assim como a identificação de ruas, construções e logradouros. Ser analfabeto numa cidade grande dificulta, consideravelmente, a vida das pessoas.

O computador transformou ainda mais as estratégias de leitura. A dispersão da atenção é fortemente presente durante a leitura nesse meio, pois, por exemplo, ao mesmo tempo que lemos um texto, recebemos uma informação vinda por um *e-mail*, falamos ao telefone e atendemos alguém que está próximo, sem deixar de observar o que está acontecendo em volta.

Além da palavra escrita, outro recurso para o estabelecimento do diálogo com o sujeito da aprendizagem, em um curso a distância, é a imagem. Diante desse fato, surge a questão: Como a imagem mobiliza o diálogo? Partimos da ideia de que, assim como em textos verbais, em que o leitor atribui sentido ao conteúdo, na leitura de recursos imagéticos é necessária a percepção do interlocutor para que a construção de significado seja propriamente estabelecida.

A leitura de um texto depende de concentração, pois as palavras diferem do que elas representam. Uma palavra pode estimular nossa memória ao remeter às experiências que tivemos com os objetos representados por ela. Por exemplo: ao lermos a palavra *árvore* em determinado texto, passam na nossa mente, em fração de segundos, centenas de árvores que conhecemos até chegar à que registramos como sendo a que faz sentido naquele contexto.

> O texto crítico coloca o leitor em alerta, desperta e exige atenção. Podemos dizer, de forma metafórica, que nos mantemos em pé diante de um texto.

A imagem é narcísica, espelha a realidade e traz a descontração; ela nos confunde, assemelha-se ao real e é também uma representação da realidade – o que vemos é um recorte selecionado e registrado por outro olhar que não é o nosso.

A produção da imagem trouxe mudanças nos referenciais de tempo e espaço, pois entramos em contato com um registro realizado em outro momento e lugar. Da mesma forma que a tecnologia alterou nossa relação com o registro da escrita, modificou também nossa relação com o tempo. Este pode ser entendido como uma construção humana, sendo inicialmente medido pelas necessidades do corpo, depois pelos movimentos da Terra (dia e noite, estações do ano, fases da lua etc.) e, finalmente, com base na urbanização, na comercialização e na mecanização, a fim de atender à necessidade de sincronizar o crescente número de atividades encadeadas umas às outras. A necessidade de sincronização, aliada ao aumento da dependência dos homens na construção das relações sociais, exigiu o estabelecimento de um denominador comum regulador dessas relações, que passou a ser chamado de *tempo* (Martins, 2000).

O tempo modifica-se à medida que novas referências humanas são criadas: no tempo biológico, o homem responde às necessidades determinadas por seu corpo (a fome indica o tempo de comer, por exemplo); o tempo ditado pela natureza é o de espera dos ciclos, do dia e da noite, das estações do ano; o tempo físico vem acompanhado da invenção do relógio e, entre outras atribuições, estabelece a divisão entre trabalho e lazer; a invenção do computador, por sua vez, é a responsável pela configuração do tempo virtual.

A velocidade do tempo é alterada de acordo com as circunstâncias. Se estivermos diante de uma foto ou de uma pintura, por exemplo, o tempo é mais lento, pois não há limite determinado para a observação das imagens: o tempo é o de análise, interpretação, deleite e fruição. Em contrapartida, o cinema introduz as imagens em movimento e define um tempo para contar uma história, delimitado pela duração da projeção. Esse período, que nos primeiros filmes era bem menor, ampliou-se gradativamente em virtude da evolução da linguagem e dos recursos tecnológicos utilizados nessa manifestação artística.

Com a televisão, a imagem deixa de existir fisicamente – torna-se um sinal, que entra nas casas e faz tudo parecer muito próximo. Não há mais diferença entre símbolo e imagem, e muitos acreditam que o que "passa" na televisão é o que realmente aconteceu. A concepção estética torna-se econômica: a estética nos leva à observação da imagem para fruição; já a econômica traz a ideia de que, se já vimos uma imagem, não devemos perder tempo revendo-a ou analisando-a para identificar novas possibilidades de leitura. A substituição da visão estética pela econômica torna tudo efêmero, passageiro, pois a imagem, quando confundida com a realidade, leva-nos a acreditar que estamos vivendo algo que não irá se repetir; rever essa imagem é ter a sensação de algo já vivido. Para o espectador, interessa saber se a imagem já foi vista ou não, não importando mais a observação e a fruição. Outro componente é o controle remoto, que possibilita a prática do "*zap*", tornando as imagens frenéticas no mundo todo.

Com o aparecimento do computador, há uma ruptura da imagem, que passa a ter uma representação matemática: o sistema binário começa a se impor. Com a internet, o usuário do computador deixa de ser espectador e torna-se editor das informações, organizando as que lhe interessam. Ao modificá-las, o usuário torna-se, então, um produtor.

Na contemporaneidade, estamos observando uma nova revolução na produção de informações: todos querem ser ouvidos e vistos. O YouTube[2] tornou-se um sucesso com o compartilhamento de infinitas produções de vídeos, *vlogs* e até mesmo curtas-metragens.

Em tempos de internet, cada um pode se tornar um produtor. As pessoas que navegam nessa rede são influenciadas pelos meios de comunicação de grande massa; contudo, uma vez que também são produtoras, passam a influenciá-los.

Todas essas questões foram brevemente abordadas tendo em mente que, quando pensamos em cursos a distância – em particular, em cursos *on-line* –, ao definirmos os recursos de comunicação, consideramos a importância de analisar como as mudanças tecnológicas modificaram a percepção das pessoas na relação com o espaço, o tempo e a leitura de textos e imagens, bem como a interferência desses elementos no estabelecimento do diálogo entre alunos e educadores.

8.2 Conversa na telinha

No planejamento de cursos *on-line*, o diálogo é o principal elemento para a produção dos recursos e o acompanhamento efetivo do desempenho dos alunos. A interação e a interatividade orientam a seleção de animações, simulações, vídeos, textos de diferentes

---

2 *Site* que permite que seus usuários carreguem e compartilhem vídeos e os assistam em formato digital.

naturezas etc. Nesse mundo virtual, o uso de diversos recursos para fins didáticos é possível.

A seleção desses recursos necessita de uma reflexão acerca de aspectos focados no sujeito da aprendizagem. O aluno desenvolve diferentes estratégias para a leitura por meio da multiplicidade de estímulos que podem ser oferecidos, como ler textos impressos ou digitais, assistir a programas completos ou fragmentados e interagir com animações e simuladores ou imaginar como ocorreria tal interação.

É importante conhecer o contexto em que vive o sujeito e a situação profissional em que ele pode atuar, bem como imaginar situações de desafio que esse indivíduo possivelmente vivenciará na realização de suas atividades. Esse conhecimento facilita as tomadas de decisões exigidas nas etapas de planejamento e implementação de um curso *on-line*. Nossa busca consiste em encontrar os melhores caminhos para vencer a imposição da linearidade e os sentidos na apresentação das informações. O planejamento de um curso *on-line* é um verdadeiro quebra-cabeça, em que é preciso completar cada parte sem perder de vista o todo.

No desenvolvimento de nossos cursos, procuramos criar virtualmente ambientes que lembrassem o contexto de trabalho de um profissional da área, em que as situações-problema e as simulações exigissem o envolvimento do aluno, com o objetivo de que ele interagisse de modo cooperativo e estabelecesse um constante diálogo com colegas de cursos e educadores envolvidos.

A interatividade era profundamente considerada em cada uma das situações do curso e o constante uso de metáforas era elemento integrante da criação do ambiente virtual. No curso de Formação de Tutores e Mediadores, por exemplo, utilizávamos a metáfora de um teatro, no qual os alunos vivenciavam os papéis de mediadores e tutores. Em Controle de Emissões Atmosféricas, o ambiente era uma cidade fictícia, chamada *Aragem*, que apresentava todos os problemas ligados à poluição do ar. O objetivo era que o aluno ajudasse a solucionar os problemas desse local. Já no curso de Redes e Sistemas Supervisórios, o ambiente era uma sala de controle que remetia à uma rede industrial de comunicação informatizada, cuja necessidade era programar os controladores lógicos nela inseridos e realizar a supervisão deles. Cada situação se referia a um contexto específico e dizia respeito à interatividade do sujeito no ambiente em que atuaria.

A interação do sujeito nos cursos era outra grande preocupação. A possibilidade de interagir com colegas, tutor e mediador pedagógico torna-se indispensável se o foco desse processo for o diálogo. A escolha do Sistema de Gestão da Aprendizagem (LMS) adequado contemplou essa possibilidade. Nesse caso, optamos por uma ferramenta que pudesse ser personalizada de modo a atender a nossa proposta pedagógica.

Com o objetivo de garantir um diálogo efetivo e um atendimento mais cuidadoso no que se refere às necessidades dos alunos em seu processo de aprendizagem, nossa proposta foi a de trabalhar com turmas pequenas (40 alunos, no máximo). Para tanto, considerávamos que, quanto melhor o aluno fosse atendido e orientado, menor seria a possibilidade de evasão.

A contribuição tecnológica do computador, da internet e da ferramenta LMS favoreceu a concretização do diálogo com a participação do aluno. O acompanhamento nos cursos *on-line* por meio das ferramentas do LMS possibilitou a formação de vínculos que criaram maior proximidade com os alunos. Esses fatores permitiram ao tutor orientar e responder prontamente às dúvidas, superando, assim, a existência de lacunas que os recursos pedagógicos poderiam apresentar. Além disso, a interação do aluno com colegas da turma – que podem ou não ter os mesmos interesses, vivenciam outras experiências e moram em locais geograficamente distantes – favoreceu a criação de novos vínculos e a formação de uma comunidade virtual que contribuiu significativamente para a construção de conhecimento.

Nesse sentido, podemos dizer que estamos construindo, nos cursos a distância, um diálogo diferente, com um novo conceito de interlocutores, espaço e tempo. Nesse contexto, os alunos podem assumir as diferentes posições de "colega", "profissional" e "aluno", uma vez que se encontram presentes em um espaço no qual a geografia não impede a convivência e o tempo supera fusos horários e limites de disponibilidade de acesso.

Acreditamos que o importante é nunca perder o olhar estético que convida à fruição. Sabemos da importância de considerar os múltiplos pontos de vista, testar e incorporar mudanças tecnológicas nos cursos e observar os resultados a fim de propor melhorias. Se estivermos sempre preocupados em ouvir a voz dos alunos, acolheremos suas sugestões – as quais nos ajudam, a todo o momento, a recriar e a mudar rumos e direções. Ao ensinar, aprendemos (e aprendemos muito).

É preciso analisar, sem resistências, possibilidades de mudanças tecnológicas e recursos de ensino a cada novo curso, mas sem deslumbramento, avaliando a efetividade dos resultados. É um caminho que seguimos devagar, pois quem tem pressa, às vezes, precisa entender que o melhor é caminhar mais lentamente.

8.3 O que reserva o futuro para os novos projetos de educação a distância (EaD)?

É possível que os cursos *on-line* venham a se tornar obras abertas a serem completadas e também ampliadas pelos usuários, concretizando assim um diálogo mais efetivo.

Assim como Hélio Oiticica[3] criou os parangolés[4], criaremos "parangolés virtuais" – cursos que cada um "veste", transforma e dá sentido dentro de seu contexto de vida. Em outras palavras, os cursos não existirão se sua organização, seleção de aspectos relevantes e inclusão de recursos pretendidos não puderem contar com a participação de seus usuários.

Com a chegada da TV digital, talvez tenhamos a possibilidade de incluir todos os meios necessários à interação na EaD. A falta de acesso e de domínio do computador deixará de representar limites à participação nos cursos? A interação via TV será acessível a todos? O som (que anda tão esquecido nos cursos), o texto, a imagem fixa ou em movimento e a interação irão compor, juntos, o novo eixo que substituirá o das informações escritas?

---

3 Nascido em 1937, no Rio de Janeiro, Hélio Oiticica foi um artista visual cuja obra é considerada extremamente revolucionária e inovadora. Ele faleceu em 1980, aos 52 anos.
4 Capas que adquirem sentido com o uso e a participação dos observadores, pois suas cores, tons, formas e texturas, bem como os materiais com que são produzidas (tecido, papel, borracha, tinta, palha, vidro etc.) interagem com movimentos do sujeito que a vista. Por isso, são consideradas *esculturas móveis* – pois a arte tem a possibilidade de ser "vestida".

As redes sociais, os *blogs* e os *vlogs* – além dos miniblogs, como o Twitter – também são laboratórios com milhares de soluções possíveis interessantes. Os usuários desses recursos, muito criativos, têm influído nas produções culturais e, consequentemente, na inovação da educação. Existe a possibilidade de termos futuramente cursos em ambientes metaversos como o Second Life? Talvez seja construído um ambiente educativo tridimensional em que os interessados tenham a possibilidade de dialogar com todos os recursos e colegas em uma forma de aprendizagem absolutamente criativa e inovadora.

Os Moocs (*Massive Open On-line Courses*) são outra maneira de organizar conteúdos e cursos para uma grande quantidade de alunos – centenas, milhares e, quem sabe, milhões. A colaboração se efetivará nesses cursos? Para que essa questão seja respondida, deverão ser realizados estudos que demonstrem a eficiência e a eficácia de novas alternativas de organização e acompanhamento dos cursos.

Como não temos uma bola de cristal para decifrar esse futuro desconhecido, fica aqui uma intuição presente: em um *chip* implantado no corpo ou em outro suporte qualquer, a convergência das várias linguagens sempre estará presente e em busca do diálogo e da compreensão.

Rota 2

Os desafios do crescimento

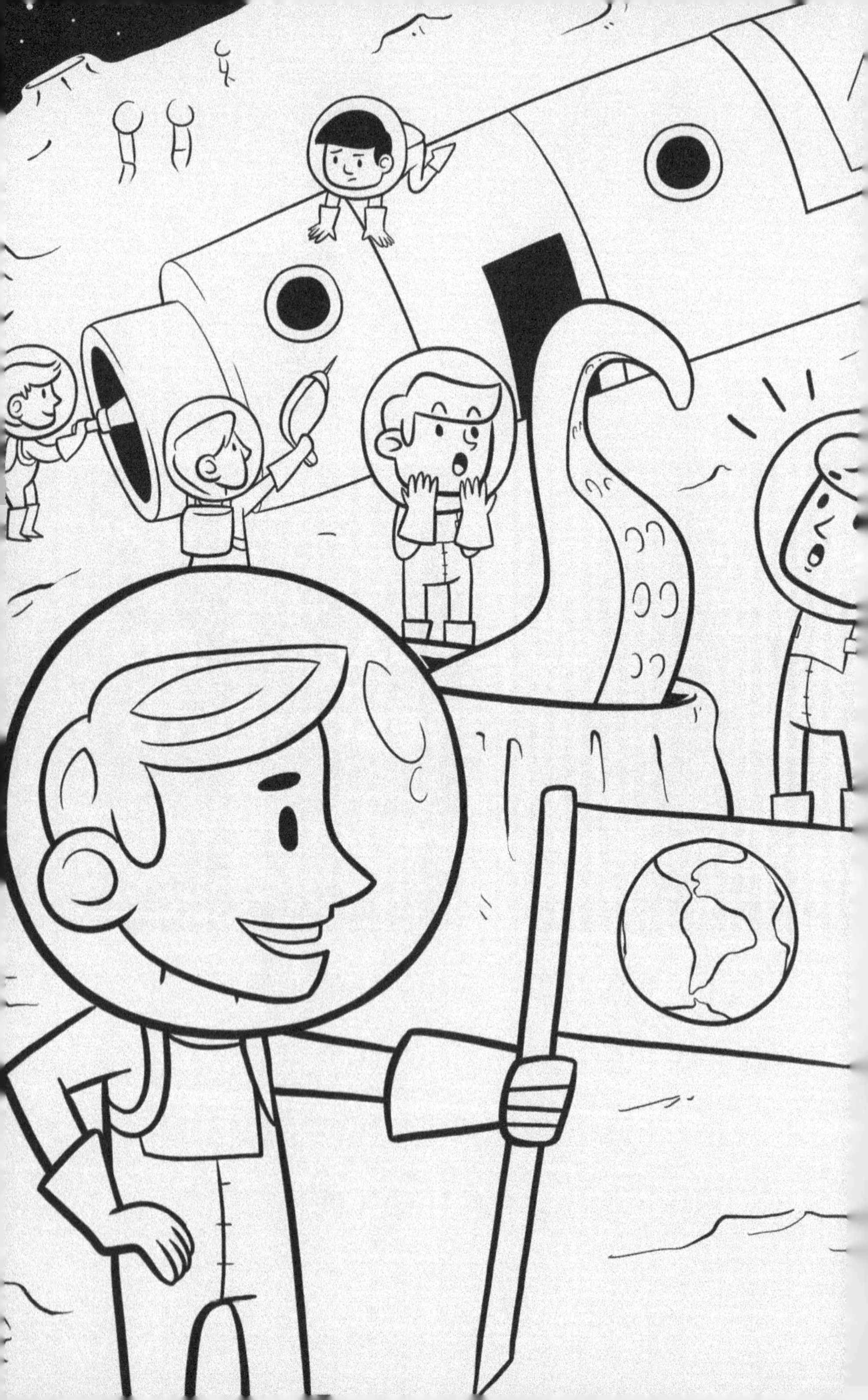

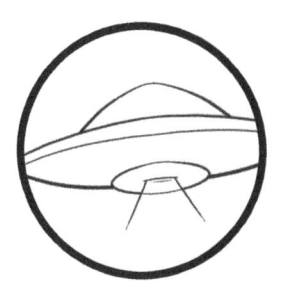

> *Não vinga o sonho da folha*
> *se não crescer incrustado*
> *no sonho que se fez árvore.*
>
> THIAGO DE MELLO

Se, na primeira rota, o desafio foi criar a carta de navegação, na segunda foi manter os instrumentos funcionando, continuar obedecendo aos princípios educacionais e às referências determinadas pelo mapa e, ao mesmo tempo, atender com flexibilidade às necessidades que surgiam.

Padronizar ou não as produções, tornar o curso dialógico na prática, refletir sobre o que significa a prática na aprendizagem e como ela pode ser contemplada nos cursos *on-line*, preparar a tutoria, efetivar a interação com os alunos por meio dos recursos da ferramenta de aprendizagem e da gestão e decidir os métodos de avaliação serão as paradas obrigatórias dessa rota.

Para iniciar esse caminho, em "A rebelião contra os *templates* na batalha pela criatividade nos cursos *on-line*", discutimos as desvantagens de conferir a mesma aparência para todos os cursos. Tratar o ensino como receita, com a repetição de seus componentes, leva os alunos a aprenderem padrões, e não o que se pretende ensinar. Com um tom provocativo e questionador, pretendemos refletir sobre a padronização e o seu custo (a perda da criatividade).

No capítulo "Conversas e saberes: a interação nos cursos *on-line*", exploramos a importância e as possibilidades de interação nos cursos *on-line*, indicando como usar os recursos disponíveis e como eles podem tornar os trajetos mais dialógicos.

Em "Cursos *on-line*: um jogo de 'faz de conta'?", abordamos a questão da prática na aprendizagem. É um olhar sobre as condições de ensino, da aprendizagem e de sua aplicação na elaboração de cursos *on-line*.

Para discutir a necessidade de formação de profissionais que atuarão como tutores, mediadores ou facilitadores em cursos *on-line*, apresentamos, no capítulo "Formação de tutores e mediadores: uma história em três atos", o relato de uma experiência: a construção de um curso que tem como metáfora um teatro para que os docentes treinem os papéis dos diversos atores de um curso *on-line*. O significado de cada etapa da criação busca explicitar os princípios educacionais envolvidos nessa fase.

Nem sempre conseguimos colocar em prática o que acreditamos na elaboração de um curso *on-line*. Nesse contexto, no capítulo "O difícil dilema entre dizer e fazer", abordamos uma investigação realizada com alunos do curso de Formação de Tutores e Mediadores para conhecer seus pontos de vista em relação aos princípios educacionais presentes nas etapas de elaboração e acompanhamento do curso.

No capítulo "Educação a distância (EaD): uma questão de olho por olho ou olho no olho", discutimos a questão da cooperação e da competitividade como princípios educacionais que orientam o desenvolvimento de um curso *on-line*. Por meio de exemplos, pretendemos estimular o uso de recursos de interação para a cooperação e a solidariedade entre alunos, bem como entre alunos e docentes.

Na sequência, no capítulo "Avaliação a distância: pela balança ou pela peneira?", exploramos as escolhas que condicionam a orientação da avaliação da aprendizagem em cursos *on-line*. É preciso escolher entre avaliar quem passa pela peneira ou ponderar e comparar a evolução de um desempenho. A avaliação compõe o todo, faz parte da metodologia utilizada e reflete os princípios educacionais que a constituem. Realizar escolhas em relação ao que e como avaliar é um grande desafio quando se trata de um curso *on-line*.

Esta rota é finalizada em "Uma informação na cabeça e uma tela e um *mouse* nas mãos!", capítulo em que apresentamos todos os passos para a criação de um curso dialógico. Diante de uma tela em branco, muitos se sentem inibidos, sem saber por onde começar ou quais os passos para compor um curso contemplando todos seus aspectos, suas competências e seus conteúdos. É uma reflexão sobre o processo de produção de um curso *on-line* e como traduzir na prática os compromissos educacionais.

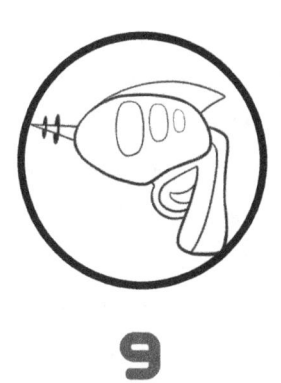

9
A rebelião contra os *templates* na batalha pela criatividade nos cursos *on-line*

Muitos anos atrás, ouvimos falar pela primeira vez em *tecnologia educacional*. O que vinha a ser isso? Algum modismo? Eliminaria a lentidão humana? Poderia ajudar a compreender melhor como se aprende? Alguns educadores afirmavam que não tinham dúvida de que, então, seria possível ensinar com mais eficiência e ter maior eficácia nos resultados. Por meio dessa inovação, os alunos iriam adquirir os conhecimentos e as habilidades para o seu fazer profissional de forma rápida e garantida.

E o que dizia o catecismo em relação a nossa fé nessa modalidade de ensino?

→ **Dogma n. 1** – Aprender é adquirir informações para aplicá-las em determinadas situações. (Quer algo mais geral que isso?)
→ **Dogma n. 2** – A pedra filosofal da educação consiste em desenvolver um modelo instrucional a ser aplicado em qualquer

situação. A intenção é produzir cursos rapidamente e com baixo custo, com base em modelos estruturados e bem definidos. (Se você está pensando que é necessário muito tempo para desenvolver esses modelos, esqueça; o importante é o resultado, e não o processo.)

→ **Dogma n. 3** – No fim do arco-íris, há um tesouro: uma sequência instrucional perfeita e adequada a todos que aguardava ser descoberta e, para isso, dependia de esforço e dedicação dos educadores aventureiros. (Está disposto a empreender suor e estudo nessa aventura?)

→ **Dogma n. 4** – Para quem é martelo, tudo é prego. Para garantir uma avaliação imparcial e instrumentos precisos e fidedignos, a medição da aprendizagem do aluno deve ser feita somente por meio de comportamentos observáveis. O que não se pode observar no comportamento final do aluno não faz parte do ensino; é considerado supérfluo. (Simples, não?)

Se você ainda segue esse catecismo, sugiro que pare a leitura por aqui. Se você questionou os dogmas, siga em frente. Eles orientaram a produção de cursos, principalmente na modalidade a distância, por um bom tempo. Em algumas instituições de formação profissional, eles ajudavam a acelerar a produção dos cursos, como em uma linha de montagem fabril. Os docentes, operários do ensino, dominavam bem o conteúdo e a operação das máquinas e não precisavam se preocupar com a preparação pedagógica. Recebiam tudo pronto – fichas, atividades, demonstrações, informações tecnológicas, avaliações, sempre do mais simples para o mais complexo.

O tempo passou e os dogmas perderam sua força. Afinal, a aprendizagem era concebida como uma mera repetição de forma automática e acrítica. Qual é a diferença de condicionar a saliva de um cão na presença do pesquisador ou do bicar de uma pomba em um botão para receber alimento?[1] Justamente: o problema é que a repetição do comportamento não se sustenta quando se mudam as condições. Na vida, foi impossível garantir sempre as mesmas circunstâncias nas fábricas; as máquinas mudavam e se aperfeiçoavam e os patrões começaram a reclamar que não havia criatividade por parte dos funcionários – ou seria flexibilidade?

Os educadores perceberam que se, por um lado, a aprendizagem era sólida e importante para os alunos, por outro ela se transformava em uma prisão difícil de escapar. A modernização nos sistemas produtivos e a mudança nos processos de trabalho rapidamente tornaram obsoletos diversos conhecimentos e técnicas aprendidos, desqualificaram os trabalhadores e os expulsaram de seus postos de trabalho.

Foi preciso mudar, abandonar antigas crenças e buscar um caminho oposto na abordagem pedagógica. Como costuma acontecer quando nos frustramos em um caminho: para esquecê-lo ou negá-lo, buscamos a direção completamente oposta.

9.1 Atenção: meia volta, volver!

No fim da década de 1960, os educadores desse novo caminho supervalorizavam a liberdade de escolha do aluno e o ensino era

---

1 Para compreender melhor as teorias comportamentalistas, sugerimos a leitura da obra *Ciência e comportamento humano* (2003), do psicólogo americano B. F. Skinner.

não dirigido. Planejar antecipadamente os cursos era um desrespeito ao direito de escolha do educando. Para que o trabalhador se tornasse criativo, capaz de solucionar problemas de forma independente, era necessário prepará-lo para realizar escolhas de forma crítica e responsável.

Como nesse tempo não havia computadores e, muito menos, internet, é possível imaginar a situação da educação a distância (EaD) e as pedras em seu caminho. Como oferecer cursos sem planejamento antecipado? Que materiais poderiam dar ao aluno o direito de escolha e ser adequados às suas características pessoais? Como propor atividades de aprendizagem que não se caracterizassem como diretivas e autoritárias? Como atender às necessidades de cada aluno em particular se não era possível conhecê-los antecipadamente?

Apesar das numerosas pedras à frente, nós, educadoras preocupadas com a EaD, procurávamos alternativas e continuávamos a produção de cursos para atender às diferentes necessidades de formação dos trabalhadores em particular.

Contudo, não há mal que dure para sempre, e algo diferente surgia no horizonte acima das pedras, parecendo ter um enorme potencial para a expansão da EaD. Nascia o **espaço virtual**, um universo desconhecido que surgia quando um computador era ligado. Que tesouros se escondiam nesse mundo desconhecido?

9.2 Como é aprender em tempos de internet?

À medida que a rede formada pelos computadores interligados era ampliada, o espaço virtual ia se tornando um terreno fértil para o desenvolvimento e a expansão da EaD.

Essa rede foi sendo povoada por hipertextos, *sites*, *e-mails*, conexão por via discada ou banda larga, velocidade de transmissão de dados, *downloads* e *uploads*, *links*, Sistema de Gestão da Aprendizagem (LMS) e uma infinidade de outros novos processos e recursos.

O *e-learning* conquistou uma parte importante e significativa da rede. Essa conquista desencadeou uma nova busca, pois o referencial de EaD se alterava rapidamente, exigindo reflexões profundas e decisões cuidadosas.

Foi necessário reinterpretar o que é qualidade em EaD no espaço virtual. Para produzir cursos *on-line*, foi necessário mergulhar nesse novo universo. A tecnologia despertou a necessidade de aprender a produzir cursos para o desconhecido espaço virtual. Para aproveitar melhor o que o ciberespaço podia oferecer, foi necessário explorar e aprender a navegar nele.

O *e-learning*, entendido como uma abordagem pedagógica que contempla o uso do computador e das tecnologias da comunicação para facilitar a aprendizagem, entrou em nossas vidas rapidamente e permitiu inovar a EaD.

Com o *e-learning*, problemas como a comunicação unidirecional entre educador e educando foram deixados para trás. Essa modalidade trouxe a possibilidade de comunicação em tempo real (síncrona) ou não (assíncrona), e educador e educando, apesar da distância, passaram a ocupar um mesmo espaço virtual. O conceito de *tempo* foi alterado. Tornou-se possível responder às questões e interagir com o aluno em função da agilidade do educador. A linearidade deixou de ser necessária, sendo possível, hoje, trilhar caminhos plurais. A multiplicidade de recursos de ensino permite atender a diferenças e preferências individuais de aprendizagem. Foi possível, então, planejar e replanejar situações de ensino sempre que as circunstâncias e características do educando exigiam. Parecia não haver limites para as possibilidades de realização dos processos de ensino e aprendizagem, mas, no contraponto, surgiram os *templates*[2].

9.2.1 *Templates*: heróis ou vilões?

A desacreditada EaD – com seus, até então, inúmeros limites – passou a ter seu momento de celebridade graças ao computador e à internet.

A demanda inesperada trouxe a ampliação e a criação de novas ofertas de trabalho e a procura por novos profissionais: *web designers*, desenvolvedores de plataformas de gestão e aprendizagem, especialistas em programação para internet ou intranet e

---
2 *Template* é uma palavra inglesa que pode ser traduzida como "modelo" e refere-se à apresentação visual de um *site*. Tem sido utilizado em cursos *on-line* de qualquer conteúdo, atendendo aos mais diferentes tipos de aluno e ao desenvolvimento de quaisquer competências profissionais pretendidas.

designers instrucionais, especialistas em preenchimento de telas com indicação de textos, imagens e animações de determinado conteúdo.

A pressão para a produção de inúmeros cursos, em pouco tempo, levou esses profissionais a sugerirem e a adotarem os *templates*, e lá fomos nós de volta para os antigos dogmas.

Em grande parte dos cursos *on-line*, "penduram-se textos" com algumas perguntas a serem respondidas. O aluno recebe as informações por textos e responde às questões, geralmente de múltipla escolha, e a correção é feita *on-line*. Outro tipo de curso bem comum é aquele em que uma sequência de *slides* apresenta as informações de determinado conteúdo de forma linear e o aluno clica em setas para ir em frente. São propostos alguns exercícios a serem resolvidos *on-line* e o estudante é encaminhado novamente para outra sequência de *slides*. Podemos dizer que é uma apresentação padronizada em PowerPoint®. Esse suporte pode contemplar algumas animações e, em muitos casos, os textos também podem ser ouvidos pelo aluno em uma narração que repete o que há na tela. Pode-se dizer que é uma instrução programada, tão comum na época dos dogmas. O que é mais grave? Trata-se de uma instrução programada simples, linear.

> Se a interatividade, nesses casos, limita-se ao clique em uma seta, a interação é, por sua vez, limitada à participação em fóruns, muitos deles sem o devido acompanhamento do educador.

Utilizados para facilitar o processo de produção de cursos e adotados sem qualquer análise crítica, os *templates* limitam as possibilidades de uso dos recursos oferecidos pelo computador, bem como reduzem o trabalho pedagógico à aplicação de "receitas" fáceis de serem processadas por terem sido bem-sucedidas em uma determinada circunstância. Rebelamo-nos como educadoras contra esses recursos, pois acreditamos em soluções diferentes para a montagem de situações de ensino que possam facilitar a aprendizagem. Os padrões tornam os cursos mais baratos, porém não mais efetivos e eficazes. Usar modelos simplesmente porque eles aceleram o processo produtivo significa deslocar o foco do esforço pedagógico – o educando – para concentrar-se na adaptação do ensino a uma fôrma já existente, retrocedendo no tempo e espaço, como em uma máquina do tempo, a soluções pedagógicas limitadas. Para agravar essa situação, o uso de imagens de *clip arts* torna tudo impessoal, igual e absolutamente tedioso e cansativo, sem nenhum desafio à inteligência, e parece pautar-se pela ideia de que "para quem é, feijão com arroz basta!", ou seja, há certa desconsideração com o aluno do curso, uma vez que, nesses casos, é aparentemente aceitável oferecer o mínimo de recursos e conteúdo para os usuários.

No entanto, os *templates* não são apenas vilões: eles podem agregar valor a uma produção educacional, auxiliar na montagem de calendários de cursos e no desenvolvimento de *softwares*. Alguns desses recursos podem também ser criativos, como os que permitem a construção de uma *WebQuest*. Nesse caso, eles possibilitam ao educador explorar possibilidades por meio de múltiplos caminhos, desafiando-o à construção inteligente de situações de ensino e de abordagem de conteúdos.

9.2.2 Rebeldia iconoclasta

Ser rebelde diante dos *templates* é não aceitar, como educadoras, que eles sejam utilizados para tornar a produção de ambientes de *e-learning* mais fácil, rápida, barata e em massa. As consequências desse uso implicam:

- → desconsiderar as peculiaridades dos educandos;
- → ignorar que o contexto facilita a atribuição de significado ao conteúdo;
- → focar a atenção na forma de uma apresentação padronizada, sem levar em conta as competências e os conteúdos do curso;
- → desconsiderar a engenhosidade e a importância dos desafios para o aprendiz;
- → usar o conceito de *interatividade* de forma absolutamente limitada.

Produzir cursos *on-line* na modalidade EaD focando na rapidez, no baixo custo e no volume de produção representa uma inversão de valores no que diz respeito ao objetivo de iniciativas educacionais dessa natureza.

• •
O princípio que deve orientar a produção de cursos a distância deve ser o mesmo da educação em geral: oferecer condições de ensino que facilitem o aprender a conhecer, a fazer, a ser e a conviver (Delors et al., 1996). A tecnologia deve estar a serviço desses compromissos.
• •

Aqueles que se envolvem na produção de cursos *on-line* – em seus papéis específicos de programador, *web designer*, especialista no conteúdo, *designer* pedagógico etc. – devem incorporar o papel de educador, no sentido de centrar sua preocupação no atendimento às necessidades e às características do educando e na elaboração de situações que facilitem sua aprendizagem.

A prática tem demonstrado que privilegiar o tecnológico e ignorar o pedagógico torna o curso objeto de soluções técnicas, que não são, necessariamente, educativas.

Um *template* criado com base em uma proposta pedagógica específica para diferentes cursos *on-line* referentes a uma mesma área de conteúdo pode ter como resultado um produto educativo de qualidade. No entanto, a proposta pedagógica deve estar focada no aluno, no desafio à sua inteligência, na constituição de competência e nas possibilidades de interatividade e interação que o meio propicia, e não se basear exclusivamente em informações – ou seja, não ser um *fast-food* sem gosto e sem nutrientes.

9.2.3 Quando usamos *templates*

Nós, rebeldes em relação a velhos dogmas e ao uso de *templates* visando apenas à praticidade, já os utilizamos em alguns cursos. Contudo, esse uso foi baseado em uma proposta pedagógica que contemplou os seguintes aspectos:

→ Para cada curso, criávamos um ambiente de aprendizagem específico e particular, que servia de contexto (um palco de teatro para desempenho de papéis, uma moveleira para melhoria de plantas industriais etc.).

→ O foco do ensino e da aprendizagem consistia na interação educador-educando e educando-educando.
→ Havia a possibilidade de o educador assumir diferentes papéis ao longo do curso.
→ O processo de aprendizagem era orientado para a solução de problemas e visando à constituição de competências profissionais.
→ Era possível o desenvolvimento de atividades individuais e em pequenos grupos.
→ Havia a possibilidade da avaliação da aprendizagem ser desenvolvida por meio de rubricas que contemplassem diferentes olhares avaliativos (do educador, do educando e de seus companheiros de curso).

Hoje confessamos nossa rebeldia referente ao uso de *templates*. No entanto, não perdemos a fé e a esperança, pois percebemos que esse tempo, como o dos dogmas, tem seus dias contados, e outras soluções mais criativas certamente surgirão. As redes sociais são nossa bússola como educadoras.

10
Conversas e saberes: a interação nos cursos on-line

Na experiência que desenvolvemos na produção e na implantação de cursos *on-line*, tivemos duas certezas: a de que o conteúdo deveria ser significativo para o aluno e a de que o atendimento deveria ser dialógico, envolvendo interação entre professor e aluno e entre alunos.

Desenvolver um conteúdo significativo começa com a contextualização das informações e a concretização da possibilidade de interação. O aluno deve se sentir capaz de aplicar seus conhecimentos em situações concretas, vivenciando uma prática simulada do cotidiano profissional. A interatividade do aluno na resolução de problemas deve ser uma preocupação constante. Pensar nesses aspectos na produção de um curso é destacar a possibilidade individual de estabelecer relações e integrar novas informações ao conhecimento já adquirido pelos alunos nas suas experiências pessoais e vivências profissionais. Entretanto, somente a interatividade é insuficiente em um curso a distância pela internet. É preciso que haja interação, e esta deve ser contemplada desde a elaboração de um curso até a sua implantação efetiva.

A seguir, abordaremos a interação nos cursos *on-line* por meio do uso de alguns dos recursos tecnológicos disponíveis, que, em geral, estão presentes nas ferramentas de gestão dos cursos. Nosso foco se concentrará no uso desses recursos embasados na metodologia Aeco (Apoio Educacional Colaborativo).

10.1 Os recursos de uma ferramenta

Quando iniciamos a produção dos cursos *on-line*, em 2000, priorizamos a **contextualização** do conteúdo e a **interatividade**. Como já foi indicado, ao implantarmos um curso pela primeira vez no Sistema de Gestão da Aprendizagem (LMS) disponível na época, sentimos muitas dificuldades e, então, partimos para uma nova experiência, buscando um *software* que propiciasse melhor interação.

O **intercomunicador**[1] foi um fator decisivo para essa escolha, visto que esse recurso ampliava as possibilidades de comunicação entre tutor e alunos, permitindo superar um problema histórico na educação a distância (EaD): a rapidez com que se tornou possível tirar dúvidas do aluno para atendê-lo melhor em suas dificuldades.

A possibilidade de customização também influenciou a escolha do novo *software* e, em virtude dessa oportunidade, foi solicitada

---

1 Recurso do sistema de gestão que permitia apenas – na época em que foi utilizado – a troca de mensagens instantâneas escritas, possibilitando interação em tempo real entre duas pessoas.

a inclusão de mais um recurso. Dessa solicitação nasceu o **ambiente especial** para atividades em pequenos grupos, que possibilitava o envio de trabalhos pelo próprio sistema. Esse tipo de envio facilitou a participação dos alunos no curso, pois eles não precisavam se desconectar do sistema para remeter, via *e-mail*, o produto de seu trabalho coletivo. Com um simples clique, o trabalho estava disponibilizado para ser avaliado e comentado pelo tutor. Esse recurso também simplificou a atividade do tutor e da coordenação – o envio pelo sistema "disparava" avisos de que um trabalho havia sido entregue e estava pronto para ser avaliado, tornando mais simples o acompanhamento pedagógico da produção dos alunos.

Inicialmente, como já dito anteriormente, o sistema montava automaticamente os grupos em função do término das atividades individuais; no entanto, ao percebermos que deixar essa montagem a cargo do tutor ou da coordenação permitia maior flexibilidade ao acompanhamento pedagógico, foi solicitada mais essa customização. Mais tarde, detectou-se a necessidade de a coordenação e a tutoria editarem os grupos e alterarem sua composição, pois, assim como em situação presencial, o desenvolvimento de trabalhos em grupo não era uma atividade simples e equilibrada; quando os conflitos provocavam rupturas ou algum membro não participava do trabalho, era necessário reestruturar o grupo ou criar um novo. A possibilidade de edição e recriação dos grupos oferecia mais autonomia nas decisões pedagógicas, pois não era necessário o suporte tecnológico para realizar as modificações solicitadas.

Outro recurso solicitado na customização do sistema foi a possibilidade da realização de atividades individuais interativas (avaliação e exercícios, ambos *on-line*). Para realizá-las, por exemplo, o aluno deveria "arrastar" elementos; interferir em esquemas, acionando-os, interrompendo seu funcionamento e fazendo cessar seus movimentos; ou selecionar, entre diversas possibilidades, por meio dos movimentos do cursor, aquelas que solucionassem determinado problema.

Aos poucos, a partir da constatação dos limites observados no desenvolvimento dos cursos, uma série de recursos foi sendo construída, como os registros da comunicação enviada por *e-mail* aos alunos, a introdução de relatórios de pesquisa de opinião e outros tantos que a memória não consegue recuperar. Também foram inseridos alguns recursos administrativos, como a possibilidade de realizar a inscrição no curso, efetivar a matrícula e emitir boletos para pagamento[2].

Aqui é impossível resgatar as histórias geradas em cada uma das necessidades atendidas, mas o importante é que os recursos foram sendo incorporados sempre com vistas à melhoria da interação com os alunos, a fim de tornar a aprendizagem mais efetiva.

---

[2] Emissao de relatórios do desempenho dos alunos, indicação de acessos ao sistema, fóruns, *chats* (com horários livres e marcados) e sessões de perguntas mais frequentes eram comuns a diversas ferramentas disponíveis no mercado.

10.2 Uma história de papéis

Embora dispuséssemos de muitos referenciais pedagógicos para a produção de cursos a distância, tínhamos pouca ou nenhuma experiência na implantação de cursos *on-line*. Acreditávamos que não poderíamos deixar o aluno sozinho, mas não tínhamos uma ideia clara do papel que teria o especialista no assunto, a quem chamávamos de *tutor*.

Foi solicitado ao tutor que estivesse disponível para atendimento aos alunos (um grupo de 40 participantes) durante 2 horas por dia, incluindo um plantão de 1 hora nos fins de semana. O profissional deveria responder às questões que os alunos deixassem na seção "Tira dúvidas", corrigir os trabalhos, elaborar *chats* temáticos, alimentar as discussões no fórum e interagir com os alunos *on-line* pelo intercomunicador, respondendo às solicitações que eles apresentassem.

Nos primeiros cursos, como queríamos fazer um acompanhamento do trabalho do tutor, percebemos que os alunos necessitavam de maior apoio. Essa constatação nos levou a assumir o papel de coordenação, passando também a atender às necessidades dos alunos. Como coordenadoras, apoiamos os alunos em suas dificuldades e atuamos diretamente na montagem dos grupos e no acompanhamento do desempenho de cada aluno. Além de atender aos educandos, era importante orientar e informar o tutor sobre conflitos e dificuldades específicos dos estudantes e apoiá-lo em suas dificuldades pedagógicas, marcando e acompanhando os *chats*. Essa atividade resultou no exercício do papel de **mediação pedagógica** nos cursos. E foi assim, pela vivência, que verificamos a importância de um mediador pedagógico que estivesse junto ao especialista, apoiando-o e facilitando o seu trabalho, bem como realizasse o atendimento aos alunos em suas necessidades durante ao curso.

Com o crescimento do número de cursos e turmas, o papel de mediação passou a ser exercido por profissionais da área pedagógica, que passaram a apoiar o tutor no atendimento e no acompanhamento dos alunos. A coordenação passou a dar apoio aos tutores e mediadores em relação aos problemas que enfrentavam nos cursos, orientando e acompanhando o desempenho dos educadores ou apoiando os alunos participantes dos cursos.

Em um curso *on-line*, cada um dos papéis existentes – tutor, mediador ou coordenador – é fundamental, pois eles são responsáveis pelo apoio educacional colaborativo aos alunos. Percebemos que esses papéis são complementares, não podendo haver competição entre eles, uma vez que todos devem estar voltados para a aprendizagem dos educandos e comprometidos com ela. Os profissionais que assumem esses papéis devem trabalhar em perfeita sintonia, pois, caso contrário, a dinâmica do curso é comprometida e a aprendizagem, prejudicada.

••
O tutor pode acumular os papéis de tutor e mediador, mas, para isso, deve permanecer muito mais tempo *on-line*. Um curso sem tutor não pode acontecer, pois o especialista no conteúdo é indispensável para as atividades de esclarecimento dos alunos.
••

10.2.1 Os recursos de interação utilizados

A seguir, detalharemos o uso dos recursos durante a nossa experiência em EaD para aprimorar a interação entre tutores e alunos.

10.2.1.1 Intercomunicador

Esse recurso permitia saber quem estava *on-line* no sistema e entrar em contato em tempo real com os alunos conectados. Os participantes eram divididos em instâncias: coordenador, tutor, mediador e alunos. O nome registrado no intercomunicador era equivalente ao que cada um colocava no perfil pessoal.

Cabe lembrar que, hoje, o uso desse recurso é absolutamente comum. Mas, na época, o *Web Ensino* era o único LMS que contava com ele. Os outros disponíveis apenas indicavam que o aluno estava *on-line* e, se o tutor quisesse se comunicar com ele, teria de enviar um *e-mail* para, então, ir para o *chat*. Nesse *software*, bastava clicar no nome de quem estava *on-line* e uma janela se abria, permitindo a conversa.

A escolha de um nome pelo qual o aluno gostaria de ser chamado no curso foi um detalhe importante e respeitado em todas as comunicações, seja no intercomunicador, seja no *e-mail* ou no *chat*. **Se o aluno tem o direito de escolher como quer ser chamado, a tutoria deveria respeitar a escolha realizada.** Esse cuidado na relação indica que prestávamos atenção a cada um e respeitávamos suas escolhas. Alguns preferiam o apelido e outros, o sobrenome, o diminutivo ou o aumentativo de seu primeiro nome.

O nome de cada um de nós é parte da nossa identidade. Quando as pessoas se dirigem a nós pelo nosso nome, há uma sensação de familiaridade, de reconhecimento. É um primeiro passo para o sentimento de pertencimento a um grupo. Se em uma sala de aula nem sempre somos capazes de lembrar o nome de todos os alunos de uma turma, nos cursos a distância que desenvolvemos cada um dos alunos era chamado não só pelo nome, mas pelo nome pelo qual desejava ser chamado.

É bem verdade que já tivemos situações interessantes em relação a isso. Em um curso, por exemplo, vimos na listagem de usuários conectados uma pessoa registrada como "Nome do meu ursinho". Entramos em contato e orientamos a jovem a colocar o nome do ursinho no espaço reservado para isso. Depois do acerto, o nome dela no curso passou a ser "Panda". Em outra situação, verificamos um registro como "Próprio nome", que, depois da orientação, passou a ser "Carlos".

Recomendávamos que, ao início do curso, tanto o tutor quanto o mediador procurassem interagir com cada aluno que se conectasse e que, ao fazê-lo, já na primeira vez, começassem com um cumprimento como "Bom-dia" ou "Boa-noite" e uma pergunta como "Tudo bem com você?" ou "Posso ajudar em alguma coisa?". Essa prática costuma moldar o tom da conversa. Temos observado que, quando um aluno, inicialmente, sem qualquer cumprimento, apenas faz uma pergunta sobre um problema que enfrenta e recebe como resposta um cumprimento, aos poucos passa a interagir mais pessoalmente e de forma mais socializada. Isso demonstra que atitudes também se aprendem.

É preciso que os mediadores e tutores não ignorem os alunos que estão conectados, mas também não invadam o espaço deles. Nem todos os alunos dispõem de muito tempo e quando estão *on-line* costumam estar ocupados em realizar as atividades propostas. Nesses casos, a conversa pode afastá-los em vez de aproximá-los de nós. Assim, o melhor é sempre perguntar se o aluno precisa de algum auxílio e, se a resposta for negativa, colocar-se à disposição para ser contatado quando ele desejar.

Há alguns alunos que interagem mais do que outros; contudo, o direito e a possibilidade de interagir devem ser de todos. Assim, tanto o tutor quanto o mediador devem fazer sempre, no início do curso, o primeiro contato, deixando os alunos à vontade para responderem ou não. No decorrer do curso, o aluno, já familiarizado com o sistema, costuma solicitar ajuda ao tutor ou ao mediador para solucionar suas necessidades ou dificuldades.

Em muitos casos, os alunos iniciam a comunicação pelo intercomunicador com frases longas e formais, como se estivessem escrevendo um memorando, mas aos poucos essa formalidade diminui e a linguagem utilizada traduz a mudança da sensação de conforto no ambiente do curso.

O intercomunicador permitia que a visualização do usuário conectado indicasse se ele estava ou não disponível; contudo, era recomendado a todos que só se colocassem como indisponíveis em situações especiais para não impedir a possibilidade de diálogo.

Além da conversa entre educadores e alunos, o intercomunicador permitia o diálogo entre os próprios alunos, o que facilitava a construção das relações no grupo. Houve casos de alunos que declararam ter medo quando não viam ninguém conectado no sistema e que se sentiam completamente sozinhos e abandonados. Observar que há outras pessoas conectadas no sistema, no ambiente do curso, pode aliviar a tensão e estimular a troca de informações.

A ajuda mútua entre os participantes deve ser sempre incentivada. Tivemos um caso em que um aluno estava com dúvida numa questão de conteúdo e fez a pergunta ao mediador, pois o tutor não estava conectado. Como outro aluno que já tinha resolvido essa questão estava conectado, o mediador estimulou a conversa entre eles, naturalmente, sempre com o consentimento de ambos. É interessante observar o prazer de um aluno que sabe ao ajudar o outro que enfrenta dificuldade e a surpresa e a satisfação com que a ajuda é recebida.

Durante um curso, a conversa diária dos mediadores e tutores com os participantes conectados no sistema acaba estreitando laços e, com isso, permite um conhecimento maior de cada um dos alunos, assim como de suas dificuldades e possibilidades.

Há momentos em que há poucos usuários conectados, mas nos períodos de entrega de atividades ou de abertura de uma nova unidade, o mediador e o tutor devem ser muito ágeis para atender, muitas vezes, a mais de dez alunos que os chamam ao mesmo tempo. Quando a solicitação é muito grande, o tutor ou o mediador podem conversar com todos os alunos em um único *chat*.

As conversas devem ser sempre informais, embora respeitosas; mesmo assim, às vezes, o tutor ou o mediador podem ser incorretamente interpretados por um comentário ou uma palavra mal registrada. Situações como essas são frequentes e podem levar a relação a uma situação desagradável. Em caso de desconforto, o melhor é imediatamente entrar em contato com o aluno por meio do telefone a fim de evitar que um mal-entendido possa comprometer a aprendizagem e a participação deste no curso.

Um problema tecnológico também pode comprometer a atuação do tutor e do mediador. Por exemplo: em virtude da falta de um *software* que deveria ter sido instalado ou pelas restrições do navegador utilizado para a realização do curso, pode ocorrer um bloqueio no intercomunicador ou no *chat*. Nesse caso, o aluno chamava o tutor ou o mediador para uma conversa, mas, caso ele não tivesse recebido a mensagem, não poderia respondê-la. Em casos desse tipo, o aluno pode se sentir abandonado por não receber a atenção dos educadores. Por essa razão, os mediadores e tutores devem testar constantemente o intercomunicador e, se perceberem que um aluno não responde aos chamados deles, devem contatá-lo por *e-mail* ou telefone para verificar se ele não respondeu porque não quis ou se está havendo algum problema que o impeça de receber as mensagens.

10.2.1.2 Chats temáticos

O *chat*, recurso utilizado quando vários usuários conectados têm dúvidas referentes ao conteúdo do curso *on-line*, pode auxiliar várias funções.

Juntar os participantes em um mesmo espaço virtual aprimora a interação entre professor e aluno e facilita o atendimento a todos, visto que a explicação que é dada para um pode ser útil aos outros. Chamamos esses encontros eventuais de *Chats tira dúvidas*.

Nos cursos, pode ser incluído um **chat temático** por unidade de estudo. Ele é assim denominado por abordar um assunto ou conteúdo específico e predefinido. Esse tipo de *chat* é marcado com antecedência e, portanto, requer que o responsável por ele o prepare previamente. Nos *chats* temáticos, o tutor organiza as informações em um texto que funciona como eixo para a exposição da matéria, com a abertura de espaços para momentos de interação com os alunos. Ou seja, ao apresentar os aspectos que o tutor considera mais relevantes acerca do conteúdo, o tutor, simultaneamente, abre espaço para que os alunos apresentem observações, levantem dúvidas, respondam a questões e contestem ideias apresentadas.

Preparar o material previamente, além de auxiliar o tutor, faz com que ele não se perca durante a exposição do conteúdo, assim como propicia melhor controle do ritmo e agiliza a apresentação das mensagens – isso porque, com um texto pronto, o tutor tem a possibilidade de copiar e colar partes dele para o envio da mensagem, eliminando assim o tempo de digitação e, consequentemente, de espera dos alunos pela informação.

É importante destacar que a **apresentação de casos concretos** aumenta a participação dos alunos. É uma estratégia para a aplicação direta do conteúdo estudado e possibilita o envolvimento dos participantes na apresentação de diversas soluções, permitindo que o professor explore aspectos que não tenham sido suficientemente compreendidos no estudo. Para uma preparação mais eficiente do *chat* temático, o professor deve se basear nos questionamentos comumente levantados tanto no "Tira dúvidas" como nas conversas pelo intercomunicador ou por *e-mails*.

Acompanhamos, nos *chats* dos cursos que coordenávamos, discussões interessantes estimuladas pelos tutores ao analisarem problemas reais, relacionados aos conteúdos dos cursos, enfrentados por algumas empresas. Entre eles, podemos destacar a dificuldade de uma empresa em selecionar um sensor para medir o conteúdo de uma pasta de dentes, ou de outra em selecionar atuadores pneumáticos em duas esteiras com pequeno espaço, e como a organização dessa empresa acabou optando por um robô.

Havia situações em que era necessário o uso de imagens para ilustrar determinadas situações, como o manuseio de máquinas ou equipamentos. Em um dos cursos, o tutor criou o personagem Sr. Renato, dono de uma empresa fictícia que enfrentava um problema relacionado ao conteúdo abordado. O tutor preparou um roteiro e combinou com a mediadora que ela participaria do *chat* desempenhando o papel do Sr. Renato, com o objetivo de mobilizar os alunos a solucionar as dificuldades enfrentadas pela empresa em que trabalhava. No curso de Tutores e Mediadores, personagens nos *chats* são comuns – como a "Tutoratriz", a "Mediatriz", o "Diretor", o "Crítico", e assim por diante. **Tutores e mediadores criativos, comprometidos com o ensino, nos surpreendem a cada dia com soluções inusitadas e interessantes para a construção dos *chats*.**

> Como ainda não era possível, por volta do ano de 2006, disponibilizar uma imagem no *chat*, os tutores postavam-na em área específica de publicação ou na biblioteca do curso. Durante o *chat*, os alunos abriam a imagem e acompanhavam a discussão.

> O empenho dos tutores nos ensinou muito no que concerne à organização de casos, à extensão do texto para exploração em um *chat* temático de apenas uma hora e à interação com os alunos nesse contexto.

Os *chats* são previstos para terem uma duração de aproximadamente 60 minutos, mas isso pode ser estendido em virtude da dinâmica da turma. Já tivemos um tutor que permaneceu por duas horas e meia em um *chat*, pois fez os participantes navegarem na internet em *sites* de fornecedores e os ajudou a explorar aspectos que são importantes na escolha de um equipamento.

Os alunos, às vezes, trazem casos que já observaram nas empresas em que trabalham, relacionando-os a outros já vividos na exploração da solução de um caso apresentado pelo professor, destacando semelhanças e diferenças.

A participação nos *chats* varia de turma para turma. Tivemos alguns casos em que nenhum aluno compareceu e outros em que participaram mais de 20 alunos. Os *chats* não eram obrigatórios, pois, em EaD, exigir "presença" de todos os alunos do curso em uma mesma hora diminui a flexibilidade dessa modalidade de ensino. O registro do *chat*, no entanto, fica disponível para posterior consulta ou análise de quem não pôde ou não quis participar. Em caso de dúvida sobre qualquer conteúdo discutido no *chat* que não tenha ficado claro, o aluno pode contatar o tutor por outros meios e solicitar outra explicação.

O esforço para contar com a participação dos alunos no *chat* era grande, com a realização de enquetes para analisar o melhor horário para eles participarem e o envio por *e-mail* de convites indicando a data, o horário e o ambiente em que o *chat* seria realizado. A título de estímulo, esse convite continha sempre um desafio relacionado ao conteúdo que seria abordado. Por exemplo: numa das turmas do curso de Automação, o desafio foi: "Você é nosso convidado especial. Venha conhecer e discutir, juntamente com especialistas, o que provocou um acidente que deixou uma máquina sem funcionar durante três meses".

Hoje há recursos de som e imagem para as videoconferências, assim como a possibilidade de os alunos observarem na tela do computador do tutor o que ele desenha ou rabisca como se ele estivesse em uma lousa. Contudo, infelizmente, esses recursos tinham alto custo e exigiam que os participantes adquirissem e instalassem programas que nem sempre estavam ao seu alcance. Tornar obrigatório o uso desses recursos inviabilizava a participação de muitos interessados. Como já apontamos, nossa experiência permite afirmar que nem sempre o mais importante é dispor de determinado recurso tecnológico, mas sim a forma como um tutor conduz uma conversa substancialmente pedagógica e criativa. De qualquer forma, sempre que for possível, é importante utilizar outros recursos; se os princípios pedagógicos estão claros, é possível vencer os limites tecnológicos, não se submetendo a eles, a fim de descobrir e explorar outras tantas possibilidades. **A tecnologia deve apoiar uma prática pedagógica, e não se sobrepor a ela.**

Coordenar a realização de um *chat* temático exige agilidade, presença de espírito, atenção, rapidez de digitação e, ainda, um bom preparo em relação ao conteúdo que se deseja comunicar. Nas primeiras vezes que os tutores conduzem um *chat*, eles afirmam ficar extremamente cansados ao final do processo e, segundo o depoimento deles, um cansaço maior do que numa aula presencial. O mediador costuma apoiar o tutor, acompanhando a discussão e ficando atento a perguntas que não tiveram resposta, acalmando alunos afobados e orientando os que às vezes não conseguem acessar a sala, seja por não encontrá-la, seja por dificuldades tecnológicas ou pela falta de domínio dos recursos necessários.

Observamos, em alguns *chats*, que os participantes não sabem se comportar, escrevendo o que lhes vem à cabeça, não prestando atenção na dinâmica nem percebendo que não são os únicos que se encontram na sala. Como essas situações acabam criando problemas, inclusive de relacionamento, pensamos primeiramente em redigir algumas regras; acabamos, no entanto, optando por criar um texto para apresentar aos alunos. O texto tratava do aluno, o *Chatô*, que fazia tudo errado no *chat* e por isso recebeu algumas dicas dos companheiros sobre como deve ser a participação nesse contexto de aula virtual. Para evitar que os alunos interpretassem o texto como um "puxão de orelha", ele foi elaborado de forma coloquial, divertida e dinâmica, visto que a ideia era convidar os estudantes a participar de um *chat* para dar dicas que ajudassem o *Chatô* a ser educado nesse tipo de evento. O clima dos *chats* costumava ser descontraído, mas a preocupação de fazer deles uma oportunidade de aprendizagem estava sempre presente.

O último *chat* temático previsto nos cursos era a despedida. A maioria se transformava em uma festa de formatura, cuja responsabilidade da preparação era do mediador pedagógico. Nesse *chat*, costumava-se fazer um balanço do curso e se destacavam aspectos positivos de todos os participantes.

Às vezes, eram fornecidas medalhas virtuais pelo número de acessos no curso, pela constante participação nas atividades, pelo destaque na colaboração de alguns na aprendizagem dos outros, pela alegria e bom humor com que participaram etc. Já houve casos em que, pela dificuldade de reunir os alunos para as despedidas, uma mediadora preparou um churrasco virtual apresentado em

PowerPoint®, no qual destacou a participação de cada um no curso. A apresentação foi disponibilizada no ambiente de publicação e a mediadora, durante todo o dia, ficou atenta à entrada dos alunos para, assim, convidá-los a participar do evento, incentivando-os a fazer comentários sobre o curso em um ambiente especial para isso e a ler as mensagens de despedida dos colegas.

Como a metodologia se baseava no apoio colaborativo, o trabalho da coordenação era o de avaliar e divulgar a todos os tutores e mediadores das turmas as descobertas de cada um e os resultados obtidos com as soluções criativas.

10.2.1.3 Fórum

O fórum consistia em um recurso em que todos os alunos podiam participar livremente e contribuir na discussão de um tema referente ao conteúdo do curso no horário em que desejavam. Dentro da metodologia adotada e em virtude da customização do sistema de gestão da aprendizagem, o fórum não era utilizado para o desenvolvimento de trabalhos em pequenos grupos e a participação nele não era obrigatória, não sendo um critério de avaliação da aprendizagem. A intenção era incentivar a discussão coletiva e o respeito pela diferença de posições e de opiniões, sem que isso interferisse, positiva ou negativamente, na pontuação da aprendizagem.

Pela importância dessa atividade, em cada unidade dos cursos era colocado um tema no fórum. O tutor era o responsável por mobilizar os alunos na discussão dos temas relacionados ao conteúdo abordado na unidade.

Como no *chat*, a participação no fórum era uma opção do aluno. O educando não era punido por não participar, pois, como já foi dito, tratava-se de um recurso que podia ou não ser usado. Para incentivar seu uso, provamos algumas estratégias, como colocar o problema discutido no *chat*, desafiando os alunos a encontrarem novas soluções. O tutor, nesse caso, ficava atento para comentar as colocações, discutindo-as, completando-as e fornecendo novos olhares sobre as contribuições fornecidas pelos alunos.

O personagem Sr. Renato desafiava os participantes a encontrarem soluções para diversos problemas que vivia no cotidiano de sua empresa, provocando um bom estímulo à discussão no fórum. O tutor, em um dos casos, optou por premiar as melhores soluções, acrescentando pontos no trabalho da unidade em que o problema foi discutido.

As contribuições do tutor e dos alunos, nesse espaço, exigiam maior reflexão. Acreditamos que elas colaboraram para o aprofundamento de aspectos do conteúdo, bem como para a exploração de exemplos de vivências de alunos nas empresas em que trabalhavam ou mesmo para a discussão de casos por meio de diferentes abordagens, como a científica, a tecnológica e a política.

10.2.1.4 Ambiente de publicação

Havia no LMS um espaço livre para alunos, professores e mediadores utilizarem. Nesse ambiente, era possível a publicação de um texto, um *link* interessante ou uma imagem. Além de o aluno poder publicar o que desejasse, qualquer outro estudante podia fazer comentários sobre a publicação.

Encontramos as mais diversas contribuições dos alunos nesse espaço. Quando eram textos ou *links* sobre o conteúdo abordado no curso, o tutor sempre emitia um comentário sobre seu ponto de vista referente à publicação ou à sugestão.

O tutor podia usar esse espaço para apresentar uma explicação complementar sobre uma dificuldade específica da turma ou, ainda, imagens que utilizaria no *chat*. Quando a coordenação identificava que uma publicação podia ser útil para todas as turmas do curso, ela era incorporada ao ambiente da biblioteca.

O mediador pedagógico, por sua vez, postava nesse espaço os melhores trabalhos das unidades para que todos pudessem conhecê-los e emitir comentários.

Visto que os trabalhos das atividades em grupo eram automaticamente enviados ao tutor para a correção, o profissional tecia comentários não somente em relação ao produto final, mas também à dinâmica de produção do trabalho e às interações observadas no grupo. Observamos que os melhores trabalhos finais eram aqueles em que os participantes do grupo haviam apresentado maior interação.

A publicação dos melhores trabalhos de uma unidade não era acompanhada das notas atribuídas pelo tutor nem dos comentários por ele feitos. Os apontamentos e a nota ficavam restritos aos participantes do grupo. Em geral, os trabalhos consistiam em um relatório para resolução de uma situação-problema e de algumas questões abertas referentes a ela. A publicação do melhor trabalho visava disponibilizar, para todos os participantes da turma, outro olhar sobre o tema, além de ampliar as referências para posteriores análises. Nem sempre era fácil selecionar o melhor trabalho de uma unidade do curso. Havia casos em que o próprio tutor ficava em dúvida entre dois ou três produções; nessas ocasiões, o profissional publicava os selecionados e a escolha do melhor era feita por enquete destinada aos alunos.

Foi interessante observar que cada turma utilizava o espaço de publicação de uma maneira. Em algumas áreas de publicação, encontramos fotos de filhos nascidos durante o curso, ambientes de trabalho, mensagens de autoajuda e até mesmo reclamações sobre o curso. Em algumas turmas, o mediador pedagógico também usava esse espaço para a postagem de fotos de bolos, salgadinhos e bebidas para a festa de formatura ou homenagens aos aniversariantes do mês.

O ambiente de publicação possibilitava que cada aluno partilhasse informações com todo o grupo e permitia aos educadores a análise da colaboração e dos interesses específicos dos participantes de determinada turma.

10.2.1.5 "Tira dúvidas"

Se o participante não tivesse condições de acessar o curso no horário de plantão do tutor, ele poderia, ao enfrentar dificuldades no curso, utilizar o "Tira dúvidas" e nele apresentar questões que o tutor ou o mediador respondiam o mais rapidamente possível, dentro de um período máximo de 24 horas.

Esse recurso era muito utilizado nos cursos. Ao acessarem uma turma, a primeira coisa que o tutor e o mediador faziam era verificar as questões pendentes e imediatamente providenciar as respostas. As questões eram, em sua maioria, referentes ao conteúdo do curso, mas também havia dúvidas relacionadas ao funcionamento do sistema, a dificuldades pessoais para acessar o curso, a problemas de atraso de tarefas, bem como solicitações para que o tutor passasse no ambiente de grupo para comentar uma contribuição.

As respostas ficavam registradas no sistema e eram encaminhadas por *e-mail* para o aluno. Ao responder às questões, o tutor levava em conta qual era a dificuldade apresentada pelo aluno. Às vezes, a pergunta era clara, mas em vários momentos seu conteúdo trazia dúvidas ao tutor, casos em que o profissional entrava em contato com o aluno por *e-mail* ou por telefone para esclarecer o que estava sendo solicitado. Em outras situações, tentava ir além do que o aluno havia perguntado, uma vez que a dificuldade dele poderia ser maior do que a questão transmitia. O importante é que cada questão era respondida de forma pessoal e levava em conta o acompanhamento do aluno no curso.

O espaço do "Tira dúvidas" também era utilizado para envio de recados entre mediador e tutor e, às vezes, até pelo coordenador. Um aviso registrado sobre uma dificuldade detectada em conversa com os alunos orientava o tutor a dar atenção especial para determinado aluno, assim como uma postagem sobre as contribuições presente em um ou mais grupos indicava a necessidade de o profissional entrar no ambiente de grupo e comentá-las. Ao mediador também era permitido indicar problemas na realização da avaliação individual, pois o sistema permitia que ele identificasse quantas tentativas foram realizadas para acertar uma questão *on-line*. Se vários alunos fizessem mais de uma tentativa, a questão poderia estar com problemas e deveria ser revista. Até mesmo conflitos detectados na elaboração de trabalhos eram relatados no "Tira dúvidas", com as indicações sugeridas para o acompanhamento que estavam realizando. O aluno não tinha acesso às questões e às respostas de outros colegas de turma nem às observações deixadas nesse espaço pelo tutor, pelo mediador e pelo coordenador.

A análise do conteúdo do "Tira dúvidas" de uma turma permitia avaliar a evolução de um aluno e a qualidade do atendimento realizado, das parcerias e das afinidades entre tutor e mediador. Era, de fato, um espaço rico de interação e propiciava um bom acompanhamento do trabalho de atendimento em uma turma. Além disso, questões comuns podiam indicar a falta de um material complementar ou mesmo a necessidade de alterações no curso para que fossem superadas dificuldades enfrentadas pela maioria.

O "Tira dúvidas" era um bom recurso de interação e seu uso adequado no atendimento ajudava os alunos a superarem dificuldades e a estreitarem relações de confiança. A orientação para os tutores e mediadores era para que cada resposta fosse específica para o aluno que formulou a questão, evitando, assim, a todo custo, a utilização de respostas-padrão, uma vez que essa prática é encarada como uma forma de desrespeito ao adequado atendimento personalizado.

O modo como os alunos se expressavam no "Tira dúvidas" contribuía para conhecermos melhor cada um deles, o que facilitou e tornou a interação mais efetiva. Às vezes, a pergunta era feita delicadamente, em outras, rispidamente, e por vezes, ainda, de forma irônica. No caso de perguntas ríspidas, observamos que, em sua maioria, elas se deviam ao nervosismo do estudante por não conseguir superar uma dificuldade no momento de estudo. No caso das irônicas, o esforço era encontrar uma explicação por tal atitude que, muitas vezes, podia ser causada por mal-entendidos que precisavam ser esclarecidos.

> Por isso, o tutor e o mediador devem captar não só o conteúdo, mas também o sentimento presente nas entrelinhas das questões. O tom das respostas deve ser, em qualquer circunstância, respeitoso, sendo necessário demonstrar a tentativa de encontrar a melhor maneira de atender à necessidade apresentada. Desconsiderar a dificuldade do aluno pode levar à quebra do vínculo de confiança, fator de extrema importância para a aprendizagem efetiva. Reconhecemos que isso não é fácil, mas é um caminho que deve ser buscado.

Como exemplo, podemos citar o caso de um aluno que fez um desabafo grosseiro no "Tira dúvidas", pois não conseguia realizar uma tarefa, reclamando ainda do pouco tempo que tinha disponível para o estudo. Nesse caso, foi necessária a intervenção da coordenação, que, por não estar diretamente inserida na situação, tinha maiores condições de entender o que estava acontecendo e poderia mostrar não só o respeito por todos os alunos e suas dificuldades, mas também a compreensão pela frustração ocasionada por dificuldades na realização de uma tarefa quando se tem pouco tempo disponível.

Apesar de acompanhar constantemente o trabalho realizado pelo tutor e pelo mediador, o coordenador somente interferia em questões relacionadas aos alunos se os profissionais solicitassem. O respeito mútuo é condição indispensável para um trabalho colaborativo dentro de um curso. Apesar do ambiente "Tira dúvidas" visar ao conteúdo, a forma de expressão também é importante; isso significa que boas maneiras e sociabilidade são indispensáveis também na EaD, e toda a equipe de acompanhamento deve dar o exemplo e exigir dos alunos o mesmo comportamento.

10.2.1.6 Ambiente de grupo

Recurso tecnológico que atendia à metodologia da Aeco. Acreditamos que, além das atividades individuais, as atividades em pequenos grupos permitem uma interação que propicia a troca de experiências e olhares diferenciados na aplicação dos conteúdos. Assim, esse foi um dos principais critérios na escolha do LMS – no *software* utilizado experimentalmente, a ausência de um ambiente específico para pequenos grupos dificultou significativamente a realização das atividades coletivas pelos alunos.

Como já dissemos, a formação dos grupos era automaticamente realizada pelo sistema e passou a ser manual ao percebermos que o acompanhamento dos alunos por parte dos educadores oferecia melhores condições para a escolha dos componentes de determinado grupo, bem como do relator responsável pela coordenação daquele e pela elaboração e envio do relatório final para o tutor. Com essa decisão, os conflitos nos grupos e a solução de problemas pontuais foram reduzidos e as equipes passaram a apresentar uma interação interna mais tranquila e eficiente. Esse é um exemplo de como a metodologia deve orientar as decisões referentes aos recursos tecnológicos.

Em cada unidade, após estudar, o aluno fazia uma avaliação individual *on-line*. Na sequência, era avisado por *e-mail* sobre a composição de seu grupo e a indicação do relator da unidade; com isso, os quatro alunos que compunham o grupo passavam a acessar o espaço referente a ele. Ao acessarem pela primeira vez o ambiente da equipe, os participantes encontravam uma mensagem do mediador incentivando a participação e dando orientações sobre o trabalho a realizar ou qualquer outra informação que o tutor considerasse importante para a realização da atividade.

Como nem todos tinham experiência de trabalho em equipe, muitas vezes o mediador precisava orientar o desenvolvimento das atividades. As orientações contemplavam a necessidade de contribuir para a realização do trabalho, além de ler e comentar a contribuição dos companheiros e auxiliar o relator na organização da tarefa. Embora as orientações fossem simples, a experiência nos apontou que nem sempre a realização das atividades é intuitiva para o grupo, ou seja, às vezes, os participantes não conseguem compreender imediatamente o que devem fazer. Nesses casos, o mediador deve ajudá-los a realizar o trabalho, incentivando sempre a importância do coletivo.

Havia situações em que o aluno indicado para ser o relator fazia sozinho o relatório completo, enviava-o ao docente e ignorava todas as contribuições dos colegas. Por outro lado, havia alunos que apenas deixavam mensagens de incentivo ao grupo, do tipo "Estou feliz por estar nesse grupo e espero que façamos um bom trabalho" ou, então, "Vamos lá pessoal, vamos em frente... Temos que entregar no prazo", e não forneciam nenhuma contribuição significativa para a solução da situação-problema apresentada.

Nesse caso, o tutor avaliava a contribuição de cada participante e, se um aluno não havia contribuído de modo efetivo, ele era retirado do grupo e passava a realizar o trabalho individualmente.

Dependendo da composição da equipe, ela podia funcionar muito bem ou ser um foco de conflitos. Quando um grupo conduzia seus trabalhos adequadamente, todos os participantes colaboravam, trocavam informações, comentavam e corrigiam observações uns dos outros respeitosamente. O trabalho final, nesses casos, retratava as contribuições de todos. Além disso, eles obedeciam aos prazos e diariamente podíamos acompanhar a evolução do trabalho. Se um membro tinha dificuldade em acessar o curso por alguns dias, deixava mensagem no ambiente para que todos soubessem.

Solicitávamos que as informações trocadas por *e-mail* ou pelo intercomunicador em relação ao trabalho fossem postadas no ambiente para que todos, inclusive tutor e mediador, pudessem acompanhar a realização do trabalho. Nos grupos, a avaliação de participação de cada um dos membros correspondia a dez pontos. Cada membro do pequeno grupo fazia a avaliação da participação dos outros membros. A nota final de participação de cada participante era a média das notas atribuídas pelos demais participantes do grupo.

Modificávamos, a cada unidade, a composição dos grupos – geralmente, em equipes em que a dinâmica fluía bem, a solicitação dos alunos era de que continuassem juntos em outras unidades. O mediador argumentava sobre as vantagens da mudança para conhecerem outros participantes; mas, em alguns casos, acabava por atendê-los e mantê-los juntos, pois, se a relação era confortável para todos, não havia porque impedir que ela se aprofundasse.

Em alguns grupos, no entanto, era preciso mediar conflitos. As desavenças surgiam em razão de comentários agressivos sobre as contribuições ou, então, porque o relator não contemplou as contribuições de algum integrante, ou, ainda, em virtude do desaparecimento dos companheiros que não contribuíram para a realização do trabalho. Quando o relator sumia, a situação era ainda mais grave e causava enorme desconforto no grupo. Nesses casos, o mediador tentava ajudá-los a se organizar, buscando fazer contato com os desaparecidos por *e-mail* ou por telefone, bem como deixava recados no ambiente de grupo para que contribuíssem, elencando formas para facilitar a dinâmica. Quando não conseguia estabelecer contato com o relator, o mediador atribuía esse papel a outro membro do grupo.

> Como é possível observar, o mediador tinha um papel importante na dinâmica do trabalho em grupo, uma vez que orientava as tarefas, esclarecia possíveis distorções de informações e buscava desaparecidos, fornecendo apoio pedagógico na resolução das atividades. O tutor, por sua vez, também tinha um papel fundamental nessas questões: "visitava" os grupos e orientava tecnicamente o trabalho, fazendo correções de rumo e ajudando-os a reverem conceitos; quando os grupos iam além das atividades propostas, introduzia novos desafios a serem solucionados.

No curso de Automação Industrial, um grupo havia encontrado a solução para uma situação-problema proposta, referente à escolha de determinados sensores, do ponto de vista técnico. Como ainda havia tempo disponível para a entrega do trabalho, o tutor desafiou o grupo a encontrar a melhor solução, não somente do ponto de vista técnico, mas também do econômico. Ele orientou o grupo a pesquisar o preço dos componentes em *sites* de fornecedores e ponderar o que se ganharia e o que se perderia com a escolha realizada.

Nos primeiros cursos desenvolvidos, não era possível alterar os grupos formados para as atividades, a não ser que solicitássemos ao suporte técnico do LMS. O acompanhamento das atividades em grupo permitiu observar que mesmo os participantes que não contribuíram para a realização do trabalho recebiam a nota atribuída pelo professor. Essa constatação nos levou a solicitar a possibilidade de editar os grupos e realizar as mudanças necessárias, sem a interferência do suporte técnico.

Isso garantiu ao tutor e ao mediador a possibilidade de separar os que não participavam das atividades. Quando o trabalho era entregue pelo relator e um aluno do grupo não havia participado efetivamente, ele era separado da equipe e inserido em um novo ambiente. O professor, então, corrigia o trabalho e a nota era distribuída apenas para os alunos que de fato haviam participado da sua realização. O aluno separado do grupo tinha então a chance de realizar o trabalho individualmente e enviá-lo ao professor. Caso a entrega fosse realizada com atraso, ele perdia pontos.

Nas turmas, cada um dos grupos tinha uma dinâmica específica e o mediador tomava decisões em relação à montagem do grupo sem se submeter a limitações tecnológicas, analisando e utilizando determinados critérios pedagógicos para cada situação. Por exemplo: em uma turma com um grande número de engenheiros, tínhamos um aluno com formação técnica que sentia dificuldades para se expressar. O grupo desenvolveu uma discussão bem aprofundada sobre um tema e o técnico contribuiu comentando e interpretando o que os companheiros deixavam no ambiente, informando o que havia compreendido da discussão. Nesse caso, se analisarmos somente as contribuições no ambiente de grupo, é fácil perceber que ele não colaborou tecnicamente para a solução do problema. Por outro lado, ele evoluiu em sua compreensão sobre o problema, discutindo suas dificuldades com os outros, e o docente o orientou para um estudo mais efetivo. Esse aluno entrava no ambiente diariamente e se esforçava no estudo para melhorar sua compreensão. Nesse caso, a opção foi por deixá-lo no grupo, pois a participação dos outros com certeza agregou valor à compreensão dele em relação à atividade desenvolvida, bem como levou os companheiros a analisarem se a compreensão dele sobre a discussão que acontecia era correta ou se ele necessitava de maiores explicações.

Apesar de todo o esforço do tutor e do mediador pedagógico, nem todos os participantes aceitavam trabalhar em grupo, porque não gostavam ou porque o trabalho e as atividades impediam um acesso constante ao curso no período de atividade em grupo. Por exemplo: atendemos a alunos que trabalhavam em plataformas de petróleo em alto-mar e viviam 15 dias em terra e 15 dias "embarcados", sem acesso à internet e sem possibilidade de instalar os *softwares* necessários ao curso – dessa forma, seguir a agenda e cumprir as atividades em grupo se tornava impossível. Houve outros participantes que viveram uma experiência desagradável em grupo e passaram a rejeitar a participação nesse tipo de trabalho. Esses alunos realizavam individualmente o trabalho previsto no ambiente de grupo para que a realização fosse acompanhada pelo tutor e mediador.

Para lidar com a realidade dos alunos, a EaD precisa ser flexível e encontrar possibilidades para atender às dificuldades e aos limites de cada um. Mesmo os que não participavam de grupos tinham a atenção tanto do mediador quanto do tutor para realizar as atividades que foram previstas. O atendimento visava buscar a melhor maneira de ajustar o curso à realidade de cada um, distanciando-se, assim, de um modelo pasteurizado, que padroniza as respostas e estabelece regras rígidas que não admitem exceções, considerando menos as questões pedagógicas e mais os motivos administrativos. As pessoas são diferentes e têm necessidades específicas, e o trabalho educacional não pode deixar de contemplar essa diversidade.

É muito mais simples e menos trabalhoso prever, no desenvolvimento de um curso a distância, apenas atividades individuais que possam ser corrigidas *on-line*; no entanto, quando o compromisso é com a aprendizagem, é de extrema importância criar as melhores condições de ensino, a fim de viabilizar o trabalho coletivo, solidário e em equipe. Afirmar isso não é apenas adotar um discurso politicamente correto, da mesma forma que não é um exercício de retórica; pelo contrário, é realmente acreditar e traduzir em intervenções educativas as atividades coletivas que contêm o apoio educacional colaborativo na prática de atendimento dos alunos nos cursos *on-line*.

A dinâmica de uma atividade em grupo, nesse contexto, amplia o contato e os vínculos entre pessoas com experiências e vivências diversas, localizadas em lugares diferentes e que provavelmente não se encontrariam se não fosse nesse ambiente virtual. O recurso tecnológico que permite essa "presença" em um ambiente comum de pessoas fisicamente distantes é um meio que nos possibilita explorar aspectos pedagógicos e técnicos simultaneamente. A construção de uma comunidade virtual não é tarefa simples – exige vencer o desafio de substituir a competitividade pela colaboração e o isolamento pela ampliação do diálogo.

Além disso, preparar atividades a serem desenvolvidas em grupo requer criatividade, pois elas têm de ser instigantes e, para que sejam realizadas, contam com o apoio colaborativo educacional que inclui a relação professor-aluno, mediador-aluno e aluno-aluno. Na experiência das atividades em grupo dos diversos cursos, constatamos que um curso a distância é mais do que apenas um material didático bem elaborado: ele depende também (e principalmente) das intervenções dos educadores e da participação dos alunos.

10.2.1.7 E-mail

No LMS utilizado, o envio automático de *e-mails* era realizado quando o tutor e o mediador postavam mensagens no "Quadro de avisos" ou respondiam às questões deixadas no "Tira dúvidas", assim como quando formavam os grupos.

Os *e-mails*, dirigidos especificamente aos alunos, continham mensagens personalizadas enviadas pelo tutor ou mediador. Por exemplo: se um aluno deixava de acessar o curso por mais de dois ou três dias, o mediador procurava entrar em contato por *e-mail* e de forma pessoal. O tom não era de cobrança, mas de preocupação – um mediador, ao contatar o aluno por *e-mail*, registrava como assunto a pergunta "Onde está você?". No corpo do *e-mail*, ele apontava a falta que o aluno fazia no curso e como a ausência dele tinha trazido preocupação aos docentes e também aos companheiros do grupo. Ao encerrar, colocava-se à disposição para o caso de o aluno necessitar de alguma ajuda.

••
O aluno recebe muitos *e-mails* durante o curso, mas ele deve ser sempre contatado com respeito e atenção especial. A maioria das mensagens deve ser enviada com o intuito de ajudá-lo a conseguir vencer suas dificuldades.
••

Entrar em contato é algo prazeroso para quase todos, mas o exagero também pode prejudicar uma relação. Uma caixa de *e-mails* "entupida" de mensagens faz com que o leitor não mais preste atenção às informações enviadas. Assim, tanto tutores quanto mediadores devem ter a preocupação em realizar uma avaliação do número de mensagens que estão sendo enviadas ao aluno. Encontrar a medida certa entre o acolhimento e a "perseguição" é um desafio a ser vencido por quem oferece apoio ao educando. Tutor e mediador tinham acesso às mensagens que ambos enviavam aos alunos; então, antes de enviarem um *e-mail*, recomendava-se sempre que observassem o que o aluno já recebeu no dia ou nos últimos dois dias e analisassem a urgência do aviso a ser enviado.

10.2.2 Os recursos e os saberes

Nos cursos *on-line* que desenvolvemos, o participante tinha a possibilidade de conviver, em um ambiente virtual, com a diversidade, conhecendo assim pessoas reais de diferentes ambientes e culturas.

Dispúnhamos de diversos recursos de interação que permitiam o acompanhamento dos alunos no curso. O esforço, contudo, era o de superar a discussão do "ou isso ou aquilo", de um recurso em detrimento de outro, e buscar uma visão sistêmica, para não correr o risco de reduzir as inúmeras variáveis que compõem a relação humana.

A fundamentação da metodologia Aeco inspirava-se no **pensamento complexo**, conceituado por Morin (2007, p. 21) como aquele que capta

> relações, inter-relações, implicações mútuas, fenômenos multidimensionais, realidades que são simultaneamente solidárias e conflitivas [...], que respeite a diversidade, ao mesmo tempo que a unidade, [sendo] um pensamento organizador que conceba a relação recíproca entre todas as partes.

Perceber a complexidade humana é uma forma de expandir a possibilidade de compreensão a respeito do outro. O ser humano é mais do que apenas razão: ele traz em si a dimensão da cultura em que vive, da sociedade em que está inserido, das suas crenças religiosas e da sua própria espécie. Para compreender o outro, é preciso identificar-se com ele e ter empatia com o que ele sente ou vive. A comunicação dependerá do quanto percebo o outro e consigo ser solidário a ele, bem como da forma com que me coloco no lugar dele. Isso não é alcançado por meio de regras, normas ou leis. Ninguém é capaz de entender a alegria analisando os músculos da face que se contraem durante o sorriso ou a tristeza pela composição das lágrimas. E quanto mais compreendo o outro, também me compreendo (analisando as minhas ações e tentando descobrir como provoquei a raiva do outro e fui responsável pelo seu distanciamento, ou, então, pela ruptura de uma relação, por exemplo).

••

É possível aprofundar seus conhecimentos a fim de refletir sobre o tema. A seguir, recomendamos algumas leituras a respeito da alteridade e dos seus reflexos na sociedade.

LÉVINAS, E. **Humanismo do outro homem.** Tradução de Pergentino S. Pivatto (Coord.). Petrópolis: Vozes, 2006.

MARIOTTI, H. **Os cinco saberes do pensamento complexo.** 2002. Disponível em: <http://www.humbertomariotti.com.br/piaget.htm>. Acesso em: 20 fev. 2014.

MOLAR, J. de O. A alteridade na educação: noção em construção. **Revista Nupem**, Campo Mourão, v. 3, n. 5, p. 61-72, ago./dez. 2011. Disponível em: <http://www.fecilcam.br/revista/index.php/nupem/article/view/59/42>. Acesso em: 20 fev. 2014.

••

Na aventura das relações nem tudo é previsível; há muita incerteza e o erro sempre pode acontecer. Ter consciência disso não deve reduzir nossa coragem, mas, ao contrário, deve ser um desafio que exige preparo e força para as possíveis mudanças de rumo durante o processo.

Para Mariotti (2007), há cinco saberes no pensamento complexo que podem ser traduzidos como: saber ver, saber esperar, saber conversar, saber amar e o saber abraçar.

Saber ver é despir-se de preconceitos e aprender sobre o outro não só por meio do que ele revela, mas sim tentar compreendê-lo nas entrelinhas, ir além do aparente. É se surpreender em cada ângulo do olhar.

Saber esperar é compreender que vivemos em um mundo no qual se privilegia a dimensão quantitativa da vida. Nesse contexto, perder tempo é perder dinheiro. É a percepção de que vivemos em uma sociedade na qual o valor está na chegada, em que a trajetória e tudo relacionado a ela são desvalorizados. Desaprendemos a esperar, perdemos a sabedoria da espera. Do ponto de vista qualitativo, não ganhamos ou perdemos tempo, apenas vivemos. E saber esperar é saber viver. A competitividade estimulada por uma visão de tempo quantitativa desconsidera a possibilidade da qualidade da convivência.

> Saber ver é a capacidade de realmente ver o outro como ele é. O escritor português José Saramago explora essa questão em seu livro *Ensaio sobre a cegueira* (1995), em que, em uma grande cidade, as pessoas começam a ficar cegas sem que haja uma explicação aparente. Por meio da metáfora da cegueira, ele explora a ideia de uma sociedade que vive baseada em um único sentido (no caso, a visão), e, ao ser privada dele, necessita reconstruir o mundo a partir de outros sentidos. Podemos dizer que o autor questiona o pensamento único que propicia a cegueira em relação ao modelo mental dominante.

Saber conversar coloca em questão a diferença entre a intenção e os atos. Basear uma conversa em intenções pode comprometer o resultado de nossas ações. Isso não significa fazer tudo o que o outro quer. É preciso que o outro entenda que estamos tentando compreendê-lo e que esperamos a mesma preocupação em relação a nós. Ao mudar a forma de diálogo, ampliamos a possibilidade de explicitar as intenções que temos em vez de ocultá-las. Para conversar, é preciso ser livre, usar o espaço de criação e eliminar as frases estereotipadas. A fala do outro nos indica sua percepção do mundo e o que orienta sua ação; portanto, é preciso ouvir para que nosso mundo também se modifique. As frases estereotipadas impedem a observância de novas dimensões do mundo que permitem a nossa modificação. A nossa fala também busca a modificação do mundo do outro, desde que ele também se disponha a nos ouvir.

É na conversa, no que cada um fala e ouve, que surge a oportunidade da compreensão da emoção dos interlocutores. Se eu desejo que o outro diga apenas o que quero ouvir, há o rompimento do diálogo, restando apenas o monólogo. A conversa não acontece nos interlocutores, mas no espaço que é criado entre eles. A criação de um espaço de liberdade inclui tanto a razão quanto a emoção.

Saber amar inclui a existência do outro. O amor inclui amar o que somos, mas também o amor ao próximo. As crianças nascem amorosas e a cultura em que vivem é que faz com que elas desaprendam o amor. Para Maturana (1977), o amor não é uma dimensão transcendental, mas um fenômeno da natureza. Somos capazes de amar quando nos reconhecemos no outro. O autor ainda observa que somente o amor expande a inteligência, e esta é, ao mesmo tempo, resultado do amor e a vertente que o faz brotar.

Quem ama estende a mão e se prepara para o abraço.

Para **saber abraçar** é preciso saber amar, ver o outro e querer abraçá-lo. Os braços podem ser armas ou ferramentas de aproximação. O ato de abraçar exige ação e solidariedade. Quem é individualista não abraça e não recebe o abraço do outro. A mão fechada é o começo da separação; já a mão estendida é o início do abraço, da partida para o pensamento complexo.

Nos cursos *on-line* que desenvolvemos, esses saberes permearam o trabalho de atendimento aos alunos e fundamentaram um apoio educacional colaborativo. Os recursos tecnológicos nada mais são que ferramentas para ampliar as possibilidades de expandir os saberes no trabalho educacional.

ROTA 2: os desafios do crescimento

11
Cursos on-line: um jogo de "faz de conta"?

A montagem de cada curso *on-line* mobiliza estudo e discussões, visto que é um desafio constante para a compreensão das linguagens, a elaboração de roteiros, o desenvolvimento de recursos, o aprimoramento de uma metodologia que contemple a concepção e a produção de materiais, bem como para o adequado atendimento aos alunos e a formação dos educadores.

A teoria e a prática estão presentes em cada uma das etapas de realização de cursos *on-line*, seja analisando os acertos e os erros já vividos, seja escolhendo caminhos que se mostrem efetivos nas situações de ensino para a aprendizagem dos alunos e para o desenvolvimento de competências no ambiente virtual.

Como assim?

Muitas vezes, fornecíamos informações, por telefone, às pessoas que desejavam se inscrever nos cursos e, nessas ocasiões, não era raro ouvirmos questões como: "Mas, como assim? O curso é todo pela internet?", "E a prática? Não vai haver prática?" ou "Não tem laboratório?". Ou, então, surgiam afirmações como: "Sem ver o professor fazer algo, é impossível aprender" e "A prática é indispensável para se aprender".

Quando surgiam essas questões, perguntávamo-nos o que era entendido como prática por essas pessoas. Essas situações nos fazem lembrar uma cena vivida por Carlitos, personagem de Charles Chaplin no filme *Tempos modernos* (1936) – operário de uma fábrica automatizada, ele aperta botões e mais botões em uma linha de montagem e, como um autômato, sai do local de trabalho apertando até os botões da roupa das pessoas que o cruzam na rua. O filme é uma crítica à industrialização, ao sistema fordista e às atividades repetitivas realizadas na linha de produção. Por meio de cenas bem-humoradas, vemos como a repetição e a velocidade exigidas no ambiente de trabalho podem levar os operários à loucura.

No filme, Carlitos torna-se um autômato, visto que desenvolve uma prática de forma automática, sem cessar. Não há reflexão sobre a ação e ele automaticamente repete sempre o mesmo ato, da mesma maneira, controlado pela velocidade da máquina que funciona sem parar. Como resultado dessa repetição alucinante, ele não distingue mais o que é a linha de produção da fábrica do que é realidade.

Ao perguntarem insistentemente sobre a prática nos cursos *on-line*, será que essas pessoas imaginam que um curso em ambiente virtual seja equivalente a entrar em uma fábrica artificial de tempos pós-modernos, que prescinde da prática e pode levar desavisados à loucura, clicando botões-ícones sem cessar, tornando-se, também, autômatos?

11.1 O cenário

O computador e a internet não constituem simples brinquedinhos novos que vieram para nos distrair e que podem sair de cena a qualquer momento, fazendo-nos respirar aliviados por esses modismos terem finalmente desaparecido.

Da mesma forma que a produção industrial mudou os referenciais de trabalho, convivência e vida existentes quando a produção era artesanal, o computador e a grande rede também produziram essa mudança.

Nesse contexto, o dilema consiste em levar em conta a tecnologia e o humanismo em uma balança equilibrada. Com essa preocupação, a organização do trabalho passou por grandes alterações a partir da industrialização. Assim, surge a dúvida: É na prática reflexiva ou na prática automatizada que essas alterações vão sendo construídas? Embora não saibamos aonde vamos chegar, a transformação é certa, e identificamos, de forma otimista, uma busca pelo equilíbrio na relação homem-máquina.

O computador e a grande rede também alteraram nossas relações com as pessoas e o trabalho, assim como com o acesso às informações e ao conhecimento, o ensino, a aprendizagem e a nossa vida, em geral. Embora em alguns momentos a ênfase esteja voltada para a tecnologia, também se faz presente a busca pelo humanismo. Há alguns pensadores, como Raymond Kurzweil (1948-), no entanto, que arriscam prever que, a partir de 2070, a vida do homem será impossível sem essas máquinas e, se elas desaparecessem de vez, o mundo teria de ser reconstruído.

Os cientistas têm dificuldade em prever o que poderá acontecer no futuro e, em razão disso, utilizam um termo para descrever a falta de previsibilidade: a *singularidade*. Como o desenvolvimento aumenta constantemente, chegará determinado momento em que todas as mudanças convergirão e superarão a possibilidade de previsão e entendimento com os referenciais existentes – acredita-se que isso irá ocorrer por volta de 2040. Uma questão discutida por esses cientistas é que as máquinas poderão se tornar mais inteligentes que os seres humanos e fugirem a seu controle. Raymond Kurzweil é um desses cientistas que desenvolvem as previsões para o futuro. Você pode encontrar algumas informações sobre ele na entrevista disponível no *link* a seguir:

KURZWEIL, R. Ray Kurzweil e o mundo que nos espera. **Revista Piauí**, abr. 2010. Entrevista. Disponível em: <http://revistapiaui.estadao.com.br/edicao-43/so-no-site/ray-kurzweil-e-o-mundo-que-nos-espera>. Acesso em: 20 fev. 2014.

No desenvolvimento e na implantação do curso *on-line*, muitas escolhas são realizadas na tentativa de conquistar esse equilíbrio entre tecnologia e humanismo. Ao pensar em cursos *on-line* voltados à formação profissional, é necessário analisar o que a tecnologia pode oferecer como condição de ensino, mas sem perder o foco na dimensão humana, nas possibilidades de aprendizagem e interação em tempo e espaço virtuais. Como já destacamos, é importante buscar a formação de uma comunidade virtual com o prazer no convívio propiciado pela interação. Aprender e ensinar devem ser possibilidades para todos que estão dispostos a viver essa aventura.

11.2 Ou isso ou aquilo

A necessidade de tomar decisões surge a todo momento no processo de desenvolvimento de um curso, mas, antes de optar por determinada escolha, é preciso ter clareza sobre nossa concepção de educação. Para tanto, temos de tentar imaginar o nosso aluno: Ele é apenas uma "tábula rasa", que somente absorve informação, ou uma pessoa com vários conhecimentos, um saber a ser partilhado? O aluno é visto como um ser autônomo ou dependente? É apenas um número ou uma pessoa? O objetivo é controlar ou partilhar um ambiente amistoso? Os educadores podem aprender com o aluno e produzir alterações nos próximos cursos ou são donos de uma "verdade absoluta", sem espaço para as mudanças?

Essa visão de educação condicionará a escolha tecnológica do Sistema de Gestão da Aprendizagem (LMS) que colocará em prática a ação de ensinar. Se o desejo é a participação do aluno, é preciso prever o ambiente no qual o curso será disponibilizado, com espaços de apresentação; interação com os docentes e os colegas – em pequenos grupos ou a turma toda; pesquisa de opinião; enquetes; fórum; *chats*; entre outros aspectos.

A concepção de educação e a metodologia de ensino seguidas determinarão a escolha das ferramentas e dos recursos tecnológicos a serem utilizados. O mercado tecnológico nos seduz com muitas ofertas, e quem se submete a elas sem a devida precaução pode ter uma visão teórica de educação e, no entanto, praticar outra.

Na produção de um curso *on-line* para a formação profissional, uma escolha importante está ligada à definição das competências que se deseja desenvolver. Estas devem estar vinculadas à prática profissional, o que implica propor o trabalho em equipe e incentivar a autonomia dos alunos no estudo e na própria autoavaliação.

Para exemplificar e esclarecer melhor esse aspecto, definimos algumas situações para os cursos desenvolvidos. O curso de Automação Industrial criava condições para que o aluno pudesse melhorar uma planta industrial, trabalhar em equipe e avaliar seu próprio desempenho no curso. No curso de Programação de Microcontroladores 8051, em que o foco era programar um microcontrolador, a competência estava voltada à realização da abertura e do fechamento de um portão de garagem, contemplando também a possibilidade de trabalhar em equipe e acompanhar seu próprio desempenho. A partir das competências finais definidas e da análise da prática que o profissional iria executar, eram escolhidas as competências intermediárias, que, aos poucos, aproximavam os participantes dos desafios finais.

Após a definição das competências, era estabelecido, então, o recorte de conteúdo. Com isso, eram determinadas as informações básicas para as competências intermediárias e as informações complementares para a aquisição do conhecimento. Fazer esse recorte entre o essencial e o complementar exige esforço e dedicação. Para os especialistas, todas as informações são importantes e fundamentais; portanto, para fazer recortes, é preciso muita negociação.

A definição das competências intermediárias ajuda a definir as unidades e a organizar os conteúdos. Entretanto, isso não é o suficiente, pois aprender exige informação e prática, sendo necessário criar condições para a prática reflexiva dos alunos. O aprender exige a resolução de exercícios, que poderão ser realizados pelo aluno quantas vezes forem necessárias para a aquisição de uma vivência, em situações que o preparam para uma avaliação individual e uma atividade em grupo.

Os exercícios devem estar relacionados a situações concretas, nas quais o conhecimento possa ser aplicado e a competência se evidencie. Essa é a parte mais difícil da elaboração de um curso.

Para a produção dos exercícios e das avaliações, é indispensável que os desenvolvedores de conteúdo dominem situações de vivência concreta em organizações para ter a dimensão real do que será exigido, em termos de competência, do futuro profissional.

Para programar um microcontrolador, por exemplo, é necessário dominar a construção de um algoritmo. O participante do curso, então, deve ter a oportunidade de praticar a construção de algoritmos em situações mais simples, mas sempre relacionadas à elaboração de programas que são usados nas áreas do seu desempenho profissional. É indispensável que as situações de realização de exercícios e de avaliação contemplem essa prática. Os exercícios e as avaliações permitem rever a seleção das informações básicas e complementares: Elas realmente permitem a realização das atividades? Há informações básicas que não são necessárias à execução das atividades? É necessário incluir mais informações complementares para o caso de o participante não ter um requisito importante para realizar os exercícios?

Exercícios e avaliações têm como função desafiar o participante, o qual deve raciocinar sobre as situações e aplicar as informações que se encontram disponíveis. Assim, o aluno pode avaliar se realmente aprendeu o conhecimento previsto. Ele não repete simplesmente as informações da resolução dos exercícios e da avaliação individual, mas necessita desenvolver um raciocínio analítico na aplicação das informações estudadas. Os exercícios e a avaliação também não devem ser tão difíceis a ponto de ser impossível realizá-los com as informações disponíveis. Em alguns cursos, é necessário, para auxiliar o aluno na aplicação das informações, introduzir alguns exercícios resolvidos que permitam a análise e a compreensão do participante a respeito de como aplicar as informações disponibilizadas em situações específicas.

As informações básicas e complementares podem ser disponibilizadas sob a forma de imagens, *links* de *sites*, vídeos, animações e simuladores.

A avaliação individual deve ser mais simples do que a avaliação em grupo. Nas atividades em grupos com cerca de quatro participantes, é importante que os integrantes se sintam desafiados e estimulados a trocar informações e a elaborar atividades mais complexas, tendo como referência situações que acontecem na realidade para a aplicação do conhecimento adquirido.

As escolhas para o desenvolvimento de um curso – como a determinação de competências finais e intermediárias, exercícios e avaliações das unidades e recursos e informações disponibilizadas – devem ter como foco a realização de uma prática reflexiva pelo aluno. O educando deve aplicar as informações em exemplos de situações concretas que enfrentará na realidade ou, mais especificamente, no mundo do trabalho. Em outras palavras, é criar condições para transformar as informações em conhecimento.

11.3 Simular é preciso?

Ao observar a brincadeira de "faz de conta" de uma criança, é possível identificar situações do mundo em que ela vive – ela arrasta carrinhos, percorre com eles estradas invisíveis, abastece-os e compete com outros tantos. O carrinho pode ser uma caixa, assim como uma boneca pode ser um travesseiro, pois a imaginação completa o que falta. Das situações mais confortáveis às mais carentes, é possível reconhecer o universo de uma criança. Quem já não se emocionou ao ver uma criança carente brincando com pedras e ossos, simulando vacas, cabras, cachorros e melhorando, na sua imaginação, o mundo que tem a sua volta?

Quanto menor for a sofisticação dos brinquedos, sem cordas ou automatismos, maior será a necessidade de participação da criança. Isso estimula a imaginação dela, que precisa preencher as lacunas restantes. As brincadeiras são uma forma de simular possibilidades, interpretar o mundo e transformá-lo. Uma criança que brinca está realizando uma simulação que a ajuda a compreender e a buscar a transformação do mundo no qual está inserida. A transformação pode surgir nas brincadeiras como forma de mudar as situações criadas. Por exemplo: se a mãe obriga a criança a comer, ela pode fazer o mesmo com a sua boneca ou então permitir que esta não coma quando não quiser.

Imaginação e simulação são conceitos correlatos. Na imaginação, criamos um "sistema de realidade" em nossa mente e o comparamos à relação de causa e efeito da realidade. Nossa capacidade mais refinada na simulação é a intuição, pois ela nos permite prever situações sem que haja um modelo causal, ou seja, a simulação permite viver a situação, mas não a explica.

Nos jogos de "faz de conta" de uma criança, nas simulações da realidade que ela constrói, podemos identificar uma função integradora de papéis. A criança é o motorista do carro que dirige, é o próprio carro com os sons onomatopaicos que faz e, também, é ela mesma. Ela tem vários "eus" no jogo e cada um tem um papel específico na situação; contudo, a criança é um ser único que integra todos esses "eus".

Simular já foi sinônimo de falso, exceto na arte e nos jogos. Na relação sujeito-objeto, para Platão, por exemplo, era impossível compreender a realidade como ela é; o sujeito relacionava-se com um simulacro, como se estivesse de costas para a luz em uma caverna escura e era possível apenas reconhecer as sombras, e não o que realmente existia. A partir dessa dicotomia sujeito-objeto, tivemos outras, como natureza-cultura, mente-mundo, entre outras tantas (Accioly, 2006).

Com o desenvolvimento das ciências cognitivas, essa dicotomia foi substituída pela interferência do corpo e da ação do sujeito no conhecimento. A ação – realizada pelo corpo do observador, seu aparelho sensório-motor – passou a ser analisada como uma forma de interferir no modo como o sujeito conhece o mundo. **A relação sujeito-objeto deixou de ser encarada como uma dicotomia, uma relação de opostos, tornando-se complementar**. Em outras palavras, para conhecer, repetimos padrões da nossa estrutura cognitiva; nessa repetição, podemos criar e variar, realizando assim uma sucessão infinita de ações (Couchot, 2007).

11.4 De investigador a usuário

A introdução do computador na vida das pessoas trouxe inicialmente uma visão moderna de máquina: buscou-se conhecê-lo por dentro e dominar seus *bits* numéricos e seu modelo matemático. O sistema operacional inicialmente usado pelo computador, o DOS, dispunha de diversos códigos e uma linguagem específica para funcionamento. Não havia uma preocupação com o usuário, mas com a própria máquina.

Podemos dizer que, da mesma maneira que uma criança desmonta o brinquedo novo para saber como ele funciona, a preocupação das pessoas era saber como funcionava o computador e se poderiam confiar naquele estranho objeto de tela escura. Passado o estranhamento e a preocupação com o funcionamento, a forma passou a ser o foco: a complexa linguagem de códigos matemáticos foi substituída por "janelas", abrindo um novo universo que facilitava a interatividade do usuário. O surgimento de inúmeras janelas em uma mesma tela causou a fragmentação de informações, o que transformou a visão moderna do computador em pós-moderna, passando o usuário a ser a maior preocupação.

O computador permitiu a criação da simulação e dos ambientes virtuais. Para criar um mundo virtual, é importante analisar a realidade e transpor as formas, as cores e os sons para dentro do computador e, assim, conseguir uma representação convincente do mundo real. O desenvolvimento de jogos interativos, por sua vez, possibilitou a interação do usuário-jogador nesse mundo e estimulou o desenvolvimento de computadores cada vez mais potentes (Devloo, 2005). Hoje, servidores, programas e ferramentas disponíveis ao usuário no Second Life, por exemplo, permitem a criação de um mundo virtual, levando milhões de usuários a criar ambientes e situações nesse universo que possibilita a vivência de inúmeros "eus" (Second..., 2006).

Situações de risco no trabalho levaram à criação de simuladores complexos, como o de voos para o treinamento de pilotos. Além desse uso, são usados simuladores para diversas situações, até mesmo para simular o custo da casa própria ou do plano médico. Esses sistemas ajudam na tomada de decisões relacionadas a situações complexas, como no caso do piloto, até a problemas simples do cotidiano.

Nos cursos *on-line*, para permitir a aplicação das informações em situações específicas e desenvolver a prática do usuário, criamos situações baseadas na realidade que contavam sempre com a imaginação do aluno.

O uso de simuladores específicos para o desenvolvimento de programas de microcontroladores e de controladores lógicos programáveis (CLPs), por exemplo, fez com que os profissionais desenvolvessem competências especiais em programação. Além disso, como os simuladores exigiam maiores investimentos, optamos pelo uso de "demonstrativos" de *softwares* utilizados pelas empresas em situações reais de programação, controle e supervisão de processos e equipamentos. Com os demonstrativos, é possível simular, por exemplo, a programação de CLPs ou de microcontroladores e verificar seu resultado, ou então realizar a instalação elétrica de uma casa e parametrizar equipamentos. Todavia, o uso de *softwares* demonstrativos têm restrições; alguns não permitem salvar os programas desenvolvidos, por exemplo.

Como os programas completos das empresas têm custo alto, nem sempre é possível adquiri-los. Quando os demonstrativos não permitiam que o aluno salvasse o resultado da simulação realizada, os tutores avaliavam-no pelo *print screen* da tela com o resultado obtido no programa.

Em cursos como o de Formação de Tutores e Mediadores, em que a vivência de papéis era também importante, a solução para a simulação foi feita por meio da representação. Viver o papel de aluno, tutor ou mediador, por meio de roteiros predefinidos, estabelecidos por situações-problemas orientadas, e analisar os resultados dessas vivências em seguida facilitou a melhor compreensão dos erros cometidos no atendimento, o que ajudou a evitá-los em situação real.

No curso de Emissões Atmosféricas, os participantes deveriam, em equipe, melhorar as condições de uma cidade fictícia chamada *Aragem*, que sofria de problemas de poluição atmosférica. Para vencer os desafios, o participante precisava apresentar trabalhos individuais e em equipe para identificar os problemas e solucionar os desafios apresentados.

A construção da cidade de Aragem determinou os problemas de poluição atmosférica mais comuns, enquanto os não tão usuais exigiram estudo e planejamento. Nesse caso, o contexto da cidade foi cuidadosamente pensado em termos de arte para estimular a imaginação do aluno e auxiliá-lo na identificação de problemas e soluções por meio de trabalho em equipe. Ora o aluno fazia parte de uma organização não governamental (ONG), ora de uma prefeitura, ora de uma empresa poluidora. Na última unidade do curso, o participante, depois de viver durante quatro meses na cidade de Aragem, apresentava um trabalho individual de prevenção de poluição atmosférica, não mais da cidade fictícia, mas na sua realidade profissional. Cada um dos participantes analisava diversos aspectos da cidade fictícia, estudava as causas e as consequências da poluição em Aragem, participava de diversas equipes com diferentes profissionais e, finalmente, podia exercer seu papel de gestor de meio ambiente responsável pela emissão de gases, apresentando um projeto próprio que era analisado pelo tutor.

No ambiente educacional, a simulação não contrapõe o falso e o verdadeiro. Tratam-se de situações que permitem ao aluno viver a possibilidade de aplicação de informações em um contexto que se assemelha ao profissional. Os participantes são agentes ativos do processo, o que facilita um clima motivacional para a aprendizagem. As situações devem ser pensadas também para grupos de trabalho, o que possibilita o processo de desenvolvimento de atitudes colaborativas e habilidades interpessoais.

As simulações para os cursos *on-line* necessitam ser verossímeis, pois, se assim não forem, os participantes não se envolvem. É interessante observar que quanto mais experiência prática o profissional tiver, mais dificuldades ele encontrará para resolver alguns problemas propostos, pois, ao conviver com os problemas na realidade, ele estará acostumado a contar com muito mais detalhes do que as situações oferecem. No entanto, aqueles que têm menor experiência podem se confundir se houver muitos detalhes, ou seja, os participantes que são profissionais da área identificam a situação proposta, mas sabem que a realidade é mais complexa do que o apresentado e solicitam outros detalhes para a tomada de decisão. Para um iniciante, os detalhes não são tão importantes, pois esse mundo real é desconhecido e alguns elementos essenciais são suficientes para que ele possa aplicar seus conhecimentos.

11.5 Os atores do curso

Nos cursos *on-line*, além dos alunos e das simulações, estão presentes os atores responsáveis pela tutoria: o mediador pedagógico, que fornece apoio aos alunos para resolver suas dificuldades em reconhecer o mundo virtual, e o tutor, especialista no conteúdo abordado no curso.

Partilhar dificuldades e experiências com outros participantes, companheiros de interesse e aventura, também cria um ambiente colaborativo e motivacional para a aprendizagem.

> A realidade é muito mais complexa do que qualquer simulação, e a presença da tutoria possibilita ampliar os parâmetros da prática profissional exigidos na área de estudo.

A tutoria, com sua experiência profissional, orienta os alunos e atende às dificuldades específicas de cada um. Os *chats* e os fóruns, vistos como recursos de comunicação síncrona e assíncrona, oferecem a oportunidade de o aluno resolver as dúvidas que venham a surgir e explorar a experiência viva de um profissional que domina o assunto e sabe as diferenças entre as simulações e a vida real. Assim, a tutoria complementa, indica, exemplifica, desafia e estimula o desenvolvimento do conhecimento durante o curso.

A queixa dos alunos se dá, muitas vezes, em relação aos textos. A leitura requer um momento de concentração para a compreensão de informações. Como apontamos anteriormente, a simulação por si só não se explica. No entanto, a expectativa dos alunos, muitas vezes, é ter a possibilidade de visualizar a imagem em movimento, algo que os ajude a compreender a realidade, permitindo ainda mais interatividade. Alguns alunos consideram que os simuladores, os *kits* de capacitação, os exercícios e as avaliações oferecidos são muito pouco para o objetivo que desejam alcançar.

Estamos somente começando a dominar a tecnologia para as situações de ensino. A existência de simuladores cada vez mais complexos – graças ao desenvolvimento tecnológico –, a preparação de profissionais (educadores, programadores, artistas e especialistas em conteúdos) para criar ambientes sofisticados, a existência de uma tutoria virtualmente construída disponível para explicar cada etapa da simulação e até mesmo a utilização de outros *hardwares*, como a televisão digital e a realidade aumentada, poderão realizar, em breve, o sonho de transformar o ambiente virtual e deixá-lo extremamente semelhante à realidade que apreendemos com nossos sentidos.

Contudo, não podemos esquecer que a realidade sempre nos escapará e que a simulação ficará a dever. Amanhã, a diferença entre a realidade e o mundo simulado será, quem sabe, apenas um clique para a mudança de uma janela.

11.6 A realidade, a prática e o "faz de conta"

Nos cursos presenciais de formação profissional, nas oficinas, os alunos observam o professor realizar uma ação e, em seguida, repetem as operações na máquina, perguntam e recebem resposta imediata dele. Teoricamente, todos os sentidos estão presentes na experiência; contudo, essa prática é limitada. É dirigida, repetitiva e, também, não corresponde exatamente à realidade da empresa. É uma simulação, tal como em uma autoescola, em que o jovem motorista fica ao lado de um instrutor para aprender a dirigir. Primeiro, o aluno observa e, depois, aos poucos, dirige em locais com menor trânsito de veículos, sempre acompanhado de muita orientação. Dirigir um automóvel em situação comum de trânsito, sem instrutor, faz qualquer um perceber a diferença entre uma aula e a situação real. Nesse exemplo, devemos levar em conta que o aluno já viajou em outros automóveis e percebeu como é o trânsito real de sua cidade. Um aluno que está se preparando para a vida profissional possivelmente ainda não ingressou no mundo do trabalho nem sequer participou de um período de iniciação e adaptação acompanhado de um instrutor. Pessoas que buscam requalificação, por outro lado, já viveram experiências profissionais e são mais exigentes na forma de adquirir o conhecimento que desejam.

Nos cursos a distância realizados por meio de textos e vídeos, são enviados os materiais para o aluno estudar e, em alguns casos, é possível efetuar uma simulação. Por exemplo: o educando pode traçar um molde de *lingerie* de uma peça específica em um curso de modelagem ou, então, exercitar, com o auxílio de um *kit*, a distribuição de moldes (em uma folha que simula o tecido, para evitar desperdício) no curso de Corte Industrial. São simulações de situações reais que requerem do aluno aplicação de informações e imaginação para a realização da prática solicitada.

Nos cursos *on-line*, essa simulação é mais sofisticada, mas ainda conta muito com a imaginação do aluno. Alguns cursos, como o de Microcontroladores 8051, dispunham de um *kit* (uma placa com LEDs[1], chaves e um microcontrolador), para que os alunos pudessem, efetivamente, testar os resultados de programas que desenvolveram durante o curso.

No entanto, ainda há um longo caminho a percorrer. Observamos hoje que o próprio usuário vem se comportando como um simulador da realidade. Podemos identificar também que há uma preocupação em participar de diversos espaços – como redes sociais, *blogs* e *vlogs* –, e as pessoas vivem grande parte de seu tempo nesses ambientes virtuais, compondo múltiplos "eus". Além disso, elas produzem informações, querem ser lidas, vistas e viver diversos papéis. Como vimos, no exemplo do jogo de "faz de conta" da criança, treinar vários papéis é importante, mas é fundamental valorizar a função integradora desses "eus", ou seja, reconhecer-se como uma pessoa única, tendo como objetivo evitar que as relações se tornem esquizofrênicas e fragmentadas, o que nos leva de volta à antiga concepção de simulação entendida como farsa.

Além de consumir informações, temos observado que esse usuário também as produz, e essas produções virtuais têm influído na realidade. Conhecer essas produções e estudá-las pode nos levar, como educadores, a novas constatações referentes ao processo de aprendizagem a fim de encontrar novos caminhos a serem trilhados.

Em alguns casos, observamos que os participantes contribuíam significativamente para os cursos, por meio de publicações de *links*, vídeos ou animações descobertos por eles. Muitas dessas publicações, depois de analisadas pela tutoria, foram incorporadas

---

1 Diodos emissores de luz.

como materiais complementares aos cursos pelo reforço que ofereciam à aprendizagem de diversos temas.

•••
É possível que um dia seja possível a uma instituição de ensino disponibilizar um local semelhante ao Second Life e criar uma escola/empresa que disponha de recursos tecnológicos mais sofisticados. Essa iniciativa permitiria que os alunos se matriculassem nessa instituição virtual e vivessem uma aventura pelo mundo do trabalho, desenvolvendo práticas efetivas em empresas virtuais com outros alunos aprendizes.
•••

A realidade, no entanto, será sempre mais complexa que o mundo virtual. O computador faz parte desse mundo e, então, por melhor que seja a simulação, ela não tem como contemplar o objeto que a simula. Para dominar a realidade, é preciso conhecer suas regras de funcionamento, seus padrões, suas normas, bem como aceitar a existência dos acasos. Para interpretar o mundo, é preciso ter imaginação e intuição que, se forem eliminadas, tornarão o conhecimento do universo bem mais limitado.

Cada um de nós internaliza a sociedade e a cultura em que vive, cuja existência também contempla cada um de nós. O "eu" se transforma com a cultura e, por sua vez, a modifica; trata-se de uma unidade presente na multiplicidade – quanto mais eu me conheço, mais conheço o mundo, e quanto mais conheço o mundo, mais eu me conheço. A realidade não é mais uma janela no mundo da simulação. Com isso, o ser humano como ser social, de acordo com o psicólogo Eduardo Honorato (Terapia..., 2006), vai se transformando também em "ser sociovirtual".

Conforme indicamos anteriormente, as palavras que usamos não são a realidade, mas reapresentam o mundo à nossa memória – assim como as imagens. Há uma ilusão de que a imagem é uma perfeita representação da realidade. Mas, como escreveu o pintor Magritte[2], sob a pintura de um cachimbo, "Ceci n'est pas une pipe[3]". Se você duvidar, ao observar a pintura, tente fumar com ele.

---

2 René François Ghislain Magritte (1898–1967) foi um pintor surrealista belga.
3 Em português, "Isso não é um cachimbo".

12
Formação de tutores e mediadores: uma história em três atos

Em 2007, já havíamos produzido 14 cursos. A produção de cada um deles mantinha vivo o constante desafio de compreender as linguagens para elaborar roteiros, desenvolver recursos e aprimorar uma metodologia. A preocupação com cada curso contemplava desde a concepção, a produção e o atendimento aos alunos até a formação de educadores para atuarem como tutores e mediadores pedagógicos.

Desde o início, a teoria e a prática mantiveram uma relação dialética, estando presentes em cada uma das etapas de realização de cursos *on-line*. Eram analisados os acertos e os erros vivenciados e selecionados os caminhos que se mostrassem mais efetivos nas situações de ensino, a fim de aprimorar a aprendizagem dos alunos e o desenvolvimento das competências necessárias em um ambiente *on-line*.

Na execução dos primeiros cursos, tudo era muito novo e os educadores envolvidos – os tutores e os *designers* dos cursos – se orientavam por dois princípios: de um lado, oferecer o melhor atendimento possível aos alunos e, de outro, utilizar, como recursos de ensino e aprendizagem, todas as possibilidades de interação e interatividade que o ambiente virtual então oferecia. Tendo esses dois princípios em mente, o primeiro curso foi organizado com base na proposta de Dodge (2013), a *WebQuest*, uma vez que ela contemplava:

- → a realização de trabalhos em grupo;
- → o desenvolvimento do estudo com base em situações-problema, cuja solução exigia análises sob diferentes pontos de vista;
- → uma perspectiva de avaliação principalmente formativa[1], que também envolvia diferentes "olhares" sobre a aprendizagem, isto é, do tutor, do próprio aluno e dos demais alunos que compunham a turma;
- → uma abordagem teórica construtivista, que exigia dos alunos o desenvolvimento de uma postura intelectual investigativa, de modo que as informações que obtinham eram elaboradas internamente e transformadas em conhecimento por meio de um movimento coletivo, do qual participavam também tutores e coordenadores dos cursos.

---

1 Refere-se à forma de avaliação que visa contribuir para a melhoria da aprendizagem e de seus resultados. Ela não pode ser pontual e, por isso, deve ser parte integrante do processo educacional. Além disso, essa avaliação não pode ser apenas no fim do processo educativo, visto que precisa subsidiar a aprendizagem com informações retificativas.

Aos poucos, a proposta de Dodge (2013) foi sendo deixada para trás, em particular por envolver uma perspectiva ilimitada de pesquisa na internet por parte dos alunos. Como nossos cursos *on-line* aconteciam essencialmente a distância, não era possível, como previa o referido autor, o acompanhamento de todo e qualquer caminho que os grupos de alunos optassem por seguir na busca de solução do problema que lhes era proposto. Tornou-se, então, necessário estabelecer para cada curso o recorte do conteúdo a abordar e, além disso, organizar esse conteúdo em informações básicas e complementares de forma que os alunos tivessem diversas fontes de consulta em diferentes níveis para realizar seus estudos.

Nos primeiros cursos, os tutores e nós, as coordenadoras, realizávamos o acompanhamento, cabendo formalmente aos primeiros atender aos alunos em suas dificuldades referentes ao conteúdo e às peculiaridades da educação a distância (EaD). A nós cabia a resolução da enorme gama de problemas que o Sistema de Gestão da Aprendizagem (LMS) utilizado oferecia para os alunos e para o tutor, bem como os ajustes para superar dificuldades que a inexperiência inicial não havia possibilitado perceber. Concretamente, os papéis assumidos por nós e pelos tutores se misturavam na tentativa de evitar que os alunos fossem prejudicados em seus estudos e as dificuldades enfrentadas interferissem negativamente em sua aprendizagem.

Ainda que cada turma fosse formada por, no máximo, 30 alunos e apoiada por um tutor, todo o trabalho envolvido fazia com que nós permanecêssemos muito tempo *on-line* para apoio e acompanhamento estreito do desenvolvimento dos alunos. Isso nos proporcionou uma rica vivência em cursos *on-line*, além de uma significativa capacidade de antever a ocorrência de problemas e um expressivo repertório de soluções para cada um.

Foi nessa prática que observamos que, além do tutor, era necessária a intervenção de um mediador pedagógico que se dedicasse a atender às diferentes situações enfrentadas pelos alunos: querer participar ou não de grupos, conseguir ou não interagir com os colegas, dominar ou não os ambientes de ensino, além de lidar com características pessoais de maior ou menor necessidade de interação. Por meio dessa prática, configurou-se, além dos papéis importantes para o atendimento do curso, nossa metodologia pedagógica.

A base da nossa prática se fundamentou em uma estrutura de comunicação que privilegia o diálogo. Esse princípio se mostrou fundamental para o trabalho e o sucesso educacional dos nossos cursos a distância. Foi no contato com tutores e alunos que percebemos que o caminho era incentivar a relação entre eles, bem como dos alunos entre si. Tínhamos, de um lado, a interatividade proposta pelo *design* instrucional do curso e pela organização das atividades relacionadas com o conteúdo e, de outro, o foco na interação, que visava acompanhar os alunos para esclarecer as dúvidas, despertar o interesse para as atividades em equipe e estabelecer vínculos.

Com o crescimento do número de cursos e turmas, a necessidade de ampliação do volume de profissionais para o atendimento aos alunos mostrou-se urgente; os novos tutores eram escolhidos entre os alunos das turmas que se sobressaíam tanto em termos de domínio do conteúdo quanto na habilidade de expressar-se por escrito e lidar de forma simpática e amigável com companheiros de turma, tutores e coordenadores; já os mediadores pedagógicos, sem qualquer experiência anterior com o tipo de trabalho envolvido, eram selecionados por meio de entrevistas e passavam por um processo de "treinamento em serviço", por meio do qual, apoiados e orientados pela coordenação, desenvolviam suas competências para o desempenho desse papel.

Contudo, a simples entrevista não demonstrou ser uma alternativa adequada para a escolha de mediadores competentes e, diante da impossibilidade de a coordenação acompanhar todos os cursos e continuar o "treinamento em serviço", foi desenvolvido o curso de Formação de Tutores e Mediadores.

12.1 De saltimbancos para o palco

O objetivo do curso era preparar tutores e mediadores para o desenvolvimento da metodologia Aeco (Apoio Educacional Colaborativo) no acompanhamento dos alunos em cursos de EaD. O planejamento e a implementação do curso foram orientados por essa metodologia, que se fundamentava em princípios de construção de uma relação educacional que favorecesse a criação de vínculos, ambientasse as situações de ensino em uma dinâmica, estimulando a elevação da autoestima do aluno, e proporcionasse que a aprendizagem fosse realizada de forma coerente e significativa em direção à formação de futuros tutores e mediadores para a EaD.

Para atuar em cursos presenciais, cada um de nós já havia entrado em contato com inúmeros modelos de bons professores, com referências de diversas formas de relações entre professor e aluno. Contudo, na época, para os cursos na modalidade a distância, os modelos disponíveis eram, em sua maioria, apenas teóricos e, portanto, sem referência a práticas concretas. O reconhecimento dessas ideias indicou que o curso deveria oferecer a possibilidade de realizar alguma forma de prática, de modo que seus participantes construíssem novos paradigmas e revissem alguns conceitos; para isso, nada melhor que oferecer situações em que a realização de prática em um ambiente *on-line* proporcionasse oportunidades reais, ainda que virtuais.

A decisão para a montagem do curso foi, inicialmente, pensar numa metáfora de contextualização que tivesse como foco um ambiente apropriado ao desempenho de papéis de mediadores e tutores. Disso nasceu a ideia de montar o curso em um palco de teatro, em que diferentes personagens possibilitariam aos participantes vivenciar os diferentes papéis sociais encontrados nos cursos a distância.

Assim, tendo o teatro como metáfora, as unidades de ensino foram organizadas em:

→ **Ambientação** – Essa unidade visava familiarizar os participantes com o ambiente de ensino, o uso dos recursos de comunicação e interação virtual e a metodologia Aeco.

→ **Unidade 1: EaD – um cenário para o ensino e a aprendizagem** – Essa unidade contemplava os princípios da Aeco que orientavam o desenvolvimento de cursos a distância. Nela, o participante conhecia a metodologia da instituição, o processo de preparação dos cursos, as semelhanças e diferenças entre os cursos *on-line* e por correspondência, realizados apenas por meio de textos e vídeos, bem como as questões referentes à comunicação a distância e ao papel dos atores envolvidos no acompanhamento dos cursos.

→ **Unidade 2: Os atores de EaD – tutor, mediador e coordenador** – Nessa unidade, eram estudados aspectos referentes às expectativas e às necessidades dos alunos de um curso EaD e analisados os papéis de mediação pedagógica e tutoria, bem como a relação existente entre eles.

→ **Unidade 3: Ensaio Geral – vivências de atendimento** – Essa unidade constituía um espaço de vivência em situação de cursos a distância *on-line* e por correpondência. Nela, os participantes assumiam, alternadamente, os papéis de tutor, de mediador pedagógico e, às vezes, de aluno, por meio de situações-problema extraídas do cotidiano de cursos EaD.

As três primeiras unidades foram organizadas de modo específico para permitir o estudo e a aprendizagem dos alunos pelos diferentes caminhos de navegação *on-line* indicados a seguir:

→ **Informações básicas** – Textos que continham os conteúdos imprescindíveis à construção de conhecimentos sobre o tema da unidade.

→ **Informações complementares** – Conjunto de textos e *links* que ampliavam, aprofundavam e exemplificavam os aspectos explorados nas informações básicas.

→ **Exercícios** – Atividades propostas para testar os conhecimentos em construção sob a forma de questões objetivas, que podiam ser realizadas quantas vezes o aluno desejasse, sem que ele perdesse pontos em casos de erro.

- → **Avaliação individual** – Atividade avaliativa constituída por questões objetivas, realizada *on-line* e corrigida pelo próprio LMS. Valia pontos para a computação da avaliação final.
- → **Avaliação em grupo** – Atividade que promovia a discussão de pequenos grupos em um ambiente especialmente reservado para o trabalho coletivo e ao qual só tinham acesso os membros do grupo, o tutor e o mediador da turma e a coordenação do curso.
- → **Quadro de avaliação da unidade** – Referencial avaliativo da aprendizagem que orientava o participante sobre como seu desempenho no curso seria avaliado e fornecia aos educadores os parâmetros para a avaliação. A abordagem avaliativa nele explicitada consistia na avaliação por rubricas, que, por meio da análise de competências profissionais referentes à área estudada, estabelecia uma relação entre níveis de aquisição ("excelente", "bom", "em desenvolvimento" e "necessitando de ajuda") e dimensão de competência ("individual", "qualidade de trabalho em grupo", "participação de trabalho em grupo" e "autoavaliação"). O quadro de avaliação era específico para cada unidade do curso e explicitava os critérios de avaliação e a pontuação correspondente a cada nível e competência.

A última unidade – a de **vivência** – foi organizada em três atos, que, por sua vez, dividiam-se em cenas. As vivências eram realizadas em duplas de alunos que desempenhavam diferentes papéis com base em orientações predefinidas. A cada ato, um relatório deveria ser preenchido com os resultados das vivências de cada dupla. Os relatórios eram avaliados pelos tutores, que consideravam também o processo da vivência realizado pela dupla.

Em cada unidade do curso, a preocupação com a interação dos participantes envolvia o recurso do fórum para debater assuntos referentes ao tema tratado. Os assuntos variavam de turma para turma, pois sua definição dependia tanto das características de cada turma quanto da atualidade de questões em debate no âmbito da EaD. Para encerrar cada fórum, os tutores sintetizavam e comentavam as contribuições e as discussões realizadas. A seguir, ilustramos o registro de um fórum realizado na Unidade 1 em uma das turmas do curso.

Ensino a distância: Correspondência *on-line*

Com o advento da internet, não é mais preciso investir em cursos que utilizam apenas vídeos e materiais impressos, uma vez que, tornando-se obsoletos, eles tendem a desaparecer. Será que isso é verdade? Vocês acreditam nisso? Por quê?

Reflitam sobre essa questão; é com base nela que iniciaremos nosso debate!

Deixando seu comentário aqui, além de trocarmos experiências, vocês estarão realizando o item 3 da avaliação individual da Unidade Ambientação! Vamos lá, pessoal!

    O mundo mudou...
    Matias Fernandez [18/03/2007; 19:38]

        Re: O mundo mudou...
        Wellington Fábio da Silva [21/03/2007; 12:55]

            Re: O mundo mudou...
            Graziela Fernanda Santos [21/03/2007; 18:10]

                Re: O mundo mudou...
                Júlia Lima [21/03/2007; 19:58]

Será!?!?...
Felipe Osório [19/03/2007; 16:40]

    Re: Será!?!?...
    Graziela Fernanda Santos [20/03/2007; 15:25]

Além do fórum, a preocupação de proporcionar a interação no ambiente educacional nos levou a propor, em cada unidade, um *chat* temático preparado e coordenado pelos tutores, relacionado ao tema de estudo. Como apontado anteriormente, o conteúdo do *chat* ficava registrado no sistema para consulta pelos participantes que não puderam acessá-lo. Em todas as unidades era realizada uma pesquisa de opinião com os alunos, a fim de que eles avaliassem as atividades produzidas, os materiais utilizados e o acompanhamento realizado.

Com base na análise de cada pesquisa, realizávamos modificações no curso. Quando observávamos qualquer tipo de crítica, enviávamos, ao participante que a fez, uma mensagem de um dos educadores envolvidos, com o objetivo de dirimir dúvidas, justificar decisões tomadas ou explicitar providências que seriam tomadas. Os tutores preparavam, também nesse caso, uma síntese da pesquisa para que todos conhecessem as opiniões do grupo.

12.1.1 Ato 1: a prática no curso

No curso de Formação de Tutores e Mediadores, era de fundamental importância a vivência de papéis. Conforme já salientamos, a solução para essa necessidade foi efetivada por meio da representação. A vivência do papel de aluno, tutor ou mediador, por meio de roteiros predefinidos, com orientações específicas para cada situação-problema e análise do resultado dessas vivências, permite a percepção de erros e inadequações, evitando que se repitam em situação real. A análise e a interpretação de situações se mostraram satisfatórias e mobilizadoras para o processo de formação de profissionais na área de atendimento aos participantes de cursos *on-line*.

Visto que, no âmbito educacional, a simulação não contrapõe o falso e o verdadeiro, oferecíamos situações que permitiam ao aluno viver a possibilidade de aplicação de informações em um contexto semelhante ao profissional. Os participantes eram agentes ativos do processo, facilitando assim o estabelecimento de um clima motivacional para a aprendizagem. As situações eram pensadas, também, para grupos de trabalho, o que possibilitava o processo de desenvolvimento de atitudes colaborativas e de habilidades interpessoais.

A tutoria era exercida, nesse curso, por duas profissionais: uma se ocupava das vivências referentes aos cursos a distância por correspondência, por meio de vídeos e materiais impressos, enquanto à outra eram atribuídos os cursos de EaD *on-line*. Além das tutoras, uma mediadora, que permanecia mais tempo *on-line*, tinha oportunidade de interagir constantemente com os alunos e, muitas vezes, assumia, no caso de problemas com um dos membros de uma dupla, o papel que faltava. A ela cabia sintetizar para as tutoras os atendimentos realizados, com o intuito de dar maior atenção aos que se sentiam "perdidos" e resolver as questões referentes ao conteúdo que não foram explicitadas, mas que apareciam nas conversas *on-line*.

Para executar as vivências da Unidade 3, foi necessário criar alguns personagens (alunos fictícios) a fim de que a prática dos participantes do curso pudesse ser concretizada. Esses personagens foram caracterizados com base na vivência que tivemos no atendimento de alunos em cursos *on-line*. Assim, surgiram personagens como: Maria Comassim, uma aluna que tinha dúvidas sobre tudo; João das Neuras, que estava sempre estressado, era muito ocupado e não tinha tempo a perder; Einstein, o aluno que sabia tudo e não tinha nada a perguntar ou aprender; e assim por diante. Os personagens foram introduzidos em um espaço que simulava o ambiente do perfil do aluno no LMS usado no curso, apresentando as mesmas informações que eram solicitadas aos participantes ao se inscreverem.

Os perfis dos personagens eram consultados pelos alunos do curso de Formação de Tutores e Mediadores toda vez que realizavam uma vivência assumindo o papel de mediadores, tutores e, até mesmo, o do referido aluno fictício.

Para realizar as vivências das cenas, os participantes, divididos em duplas, revezavam-se para assumir os papéis de aluno, tutor e mediador. No caso de conversas *on-line*, eles realizavam as dramatizações propostas por meio do intercomunicador. A seguir, um exemplo de dramatização em que um aluno representava o papel de tutor, chamado de *Calil*:

Jacinto [11:07]:
bom dia, tutor
Calil [11:07]:
Bom dia Jacinto, tudo bem com você?
Jacinto [11:09]:
é, mais ou menos

(continua)

(conclusão)

Jacinto [11:09]:

eu não quero ser o relator desse grupo e nem fazer o trabalho em grupo

Calil [11:10]:

Mas Jacinto, trabalhar em grupo é muito importante.

Jacinto [11:11]:

eu não vejo dessa forma, eu acho que só atrapalha

Jacinto [11:11]:

as pessoas ficam mudando de opinião a toda hora

Calil [11:12]:

Veja que ser relator é um privilégio.

Jacinto [11:12]:

mas eu não me sinto preparado para essa responsabilidade, transcrever as opiniões de todos é muito complicado e, além disso, se eu fizer sozinho, vou ser relator de qualquer jeito, o relator das minhas ideias

Calil [11:12]:

Mas aí é que está a parte mais legal. Esse será um novo desafio. Assim, você vai aprender a lidar com as pessoas.

Jacinto [11:13]:

não dá para ser relator desse grupo, eles não são comprometidos, marcam e não aparecem, deixam mensagem sem sentido no ambiente de grupo

Calil [11:15]:

Eu te ajudo. Passarei no grupo e enviarei mensagem para todos.

O desenvolvimento das atividades ficava registrado nos ambientes de grupos, o que permitiu a realização de todo esse processo de forma assíncrona. Assim, a disponibilidade de cada membro do grupo era atendida e o acompanhamento dos educadores a fim de corrigir a "rota", identificar as inadequações e ajudar na superação de problemas que pudessem surgir nos momentos de discussão e preenchimento do relatório a ser avaliado pelos tutores era possível. A seguir apresentamos o registro[2] de três momentos de desenvolvimento do trabalho de um grupo em uma das unidades do curso. A equipe que utilizaremos como exemplo iniciou seus trabalhos em 10 de março de 2007, com a contribuição de uma aluna relatora, Marília. Após 15 intervenções das três integrantes, encerraram e enviaram o trabalho seis dias depois para a correção do tutor.

Propostas para organização de atividades

Publicado em 10/03/2007 às 11:07:12 por Marília

Olá, pessoal!

Estou muito feliz de fazer parte desse grupo... Nosso trabalho vai render muito...

Coloquei em anexo uma sugestão de organização para nossos trabalhos. Peço que deixem um retorno, por favor. O que acham de marcarmos um chat para o dia 15, às 13h?

Um abraço a todas!

[W] Olá meninas 10/03.doc

[Editar] [Excluir]

(continua)

---

2 Os nomes foram substituídos e os textos, adaptados.

ROTA 2: os desafios do crescimento

[conclusão]

Bom trabalho!

Publicado em 09/03/2007 às 12:22:12 por Marta Cristina

Olá pessoal, sejam bem vindas a Unidade 1 – Trabalho em grupo! Nesse trabalho cada um de vocês irá assumir um papel diferente e realizar o trabalho a partir dele. Para tanto, é necessário conhecer a situação-problema.

Vamos iniciar?

Entrem em Sala de Aula/Unidade 1/Avaliação em grupo. Lá estarão todos os procedimentos necessários para a realização desse trabalho.

A data final da entrega desse trabalho é dia 16/03/2007.

Abraços, bons estudos e estamos às ordens!

Tutora N. e Mediadora A.

[Editar] [Excluir]

Participando...

Publicado em 16/03/2007 às 15:37:33 por Fernanda

Olá pessoal, está em anexo as minhas sugestões para o relatório. Acredito que nosso trabalho está legal apesar da dificuldade tecnológica que tivemos para nos reunir. Vamos tentar melhorar isso no próximo trabalho.

Beijos

Fer

[W] relatório para análise sugestões fernanda.doc

[Editar] [Excluir]

[continua]

(conclusão)

Relatório primeira versão

Publicado em 16/03/2007 às 00:22:58 por Marília

Então meninas, corrida essa semana, não?

Bom. Analisei as contribuições que todas nós deixamos e montei o relatório para análise. A partir dele, cada um lê e comenta se houver alguma necessidade de alteração ou complementação.

Amanhã é o prazo final para entrega. Se possível, gostaria de entregar o trabalho nesse prazo... Se ficarmos adiando, teremos acúmulo de trabalho.

Claro que, se para vocês é melhor, podemos tentar pedir mais tempo...

Fiquem à vontade

Espero respostas até o final da tarde, ok?

Um beijo a todas,

Marília

[Editar] [Excluir]

Notas – Avaliação em Grupo/Unidade 1

   Nota de participação:

   Integrante – Nota:

Marília Amantino (Relator) – 9,25

Maria Silva – 8,65

Michele de Souza – 8,50

Fernanda Trentini – 9,25

(continua)

ROTA 2: os desafios do crescimento

(conclusão)

Tarefa:

Entregue em 16/03/2007 às 22:04:54 por Marília Amantino

[W] relatório final.doc

Nota: 9,50

Comentário do professor:

Caras Marília, Maria, Michele e Fernanda:

Pois é, os desencontros sempre acontecem, não é mesmo? Fazem parte da vida e, por isso, devemos saber lidar com eles. Gostaríamos de reforçar uma ideia para o próximo trabalho em grupo – uma ideia que faz parte do nosso pensamento como equipe de educadoras. O relator é o responsável por arrumar as propostas no relatório, organizando a síntese. É ele, também, quem a envia. Porém, o relatório é responsabilidade de TODAS. Isso significa que, antes do envio, todas devem dar o OK final.

Como pôde ser observado nas situações exemplificadas, era possível acompanhar as mensagens e a contribuição de cada participante no ambiente de grupo, assim como a data e o horário que o trabalho foi enviado.

O professor, então, corrigia o trabalho e enviava a nota, que constava no ambiente de grupo para os participantes da equipe. As notas de participação correspondiam à média atribuída pelos participantes do grupo e também ficavam registradas no ambiente da equipe.

12.1.2 Ato 2: a interação

O curso iniciava com o envio de uma carta de boas-vindas aos alunos, preparando os participantes para uma interação mais estreita durante o curso, e se encerrava com uma carta de despedida, com registros referentes aos aspectos do trabalho desenvolvido no decorrer do estudo. As cartas, como todas as atividades do curso, eram contextualizadas, levando em conta a metáfora do teatro.

No curso de Formação de Tutores e Mediadores, a interação foi intensa. Houve participação no fórum, nos *chats* temáticos, nas atividades em grupo, nas conversas pelo intercomunicador, nos contatos por *e-mail* e no ambiente de publicação. As tutoras e as mediadoras eram solicitadas constantemente, tanto para o esclarecimento de situações específicas quanto para discussões sobre os princípios adotados no curso, além de aspectos educacionais gerais, que extrapolavam a EaD, como as atitudes dos alunos nos cursos presenciais.

Os *chats* temáticos – um em cada unidade – obedeceram aos temas dos cursos, sendo denominados *Cenário, Ensaio geral, Chat ação e Festa de formatura*. O *chat* de encerramento, que simulava uma festa à fantasia, explorou o caminho desenvolvido no curso e os principais aspectos que foram tratados, destacando as questões da interação explorada no curso e dos vínculos formados.

Os participantes recebiam, ao fim do curso, uma carta chamada *Retratos na mala*, que continha um texto composto com as características marcantes de cada um dos participantes da turma. Para a elaboração dessa carta, eram selecionados os aspectos mais positivos da ação de cada participante para explicitar como a contribuição de cada um ajudava a compor o retrato de toda a turma. Assim, era concretizada a recordação da convivência no curso – que seria levada na bagagem e lembrada em outras viagens, em outros espaços e tempos virtuais.

12.1.3 Ato 3: a voz dos alunos

Em abril de 2007, havíamos encerrado três turmas, nas quais atendemos aproximadamente a 120 participantes. As pesquisas de opinião indicaram que o curso vinha sendo muito bem aceito, tanto por profissionais que pretendiam atuar como tutores e mediadores no Sistema Nacional de Aprendizagem Industrial (Senai) quanto por aqueles que iriam atuar em outras instituições e, possivelmente, com outras ferramentas de ensino.

A seguir, para testemunhar essa aceitação, registramos alguns comentários dos participantes.

"O curso proporciona um bem-estar. À medida que o tempo passa, vou adquirindo confiança, autoestima... Parece que ele clareia e abre fronteiras".

"Além das possibilidades de vivência prática, o conteúdo disponibilizado no início do curso é bastante norteador. Eu pude superar algumas desconfianças em relação ao trabalho em grupo na EaD e observar o sistema de acompanhamento pedagógico de vocês... Vi que é possível estar presente mesmo a distância".

"O curso faz a gente ficar envolvido durante todo o processo, realizando atividades e interagindo com os colegas, tutoras e mediadora".

[continua]

(conclusão)

"Gostei muito das situações apresentadas. Elas mostram bem as dificuldades que podemos enfrentar e nos preparam para elas".

"O curso abordou a vivência no ensino a distância de uma maneira muito criativa... Eu aprendi muito, pois as situações apresentadas podem realmente acontecer no ambiente de ensino".

"Saiba o quanto sou agradecida pelo seu apoio, suas palavras de incentivo e dicas durante o nosso curso. E depois ainda tem gente que diz que em cursos EaD não há interação entre aluno e professor. Quem pensa assim certamente não fez este curso! Quer mais interação, afeto, apoio, incentivo e aumento de autoestima que este curso teve? Não, minha amiga, ninguém que tenha feito este curso poderá dizer que em cursos EaD o ambiente é frio, sem contato com o professor. Por isso e pela sua dedicação conosco é que estou lhe agradecendo por tudo. Com certeza ainda nos veremos em outros cursos. Seja muito feliz, minha dedicada tutora. Até o próximo curso".

•••

A voz dos alunos é sempre uma baliza para sabermos se o que pretendemos com as situações de ensino facilitam ou não a aprendizagem. E a responsabilidade é ainda maior quando pretendemos formar formadores na área de ensino. Nesse caso, sentimo-nos, na época, muito felizes com o resultado atingido e obtivemos proveitosas lições para seguir em frente.

12.2 Novos cursos

As turmas do curso de Formação de Tutores e Mediadores nos apontaram a necessidade de aprofundar alguns aspectos para aprimorar o acompanhamento dos participantes de cursos *on-line*.

Textos pelo intercomunicador tinham de ser breves, objetivos e redigidos com muita clareza; textos para os *chats* temáticos, por sua vez, deveriam ser bem preparados e intercalados com respostas aos comentários realizados pelos alunos. A comunicação escrita dos tutores e mediadores, nos ambientes em grupo e nos comentários dos trabalhos, tinham de ser pontuais, destacando com objetividade os aspectos que deveriam ser valorizados e a mudança de "rumo" a ser tomada nas atividades, quando fosse o caso. As dúvidas apresentadas pelos alunos precisavam ser interpretadas e respondidas adequadamente.

A comunicação escrita para o atendimento requer que tutores e mediadores interpretem os textos produzidos pelos alunos e se expressem claramente ao responderem às questões levantadas. Nem sempre observamos a presença dessa habilidade nos tutores e mediadores; contudo, acreditamos que um curso pode oferecer um bom treino para prepará-los para esse desafio. Essa é uma ideia para próximos cursos, mas é outra história que fica para outra vez...

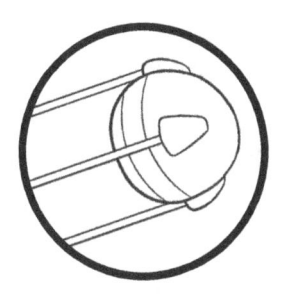

13
O difícil dilema entre dizer e fazer

Filho primogênito tem seu tempo de filho único e costuma ter toda a atenção dos pais, mas, à medida que ele cresce e nascem outras crianças, as atividades para a manutenção da casa aumentam, sendo então necessário aprender a delegar para alguns agregados de confiança a tarefa de educar, a fim de não prejudicar a todos os envolvidos. Quem já cuidou de um filho pode aprender a orientar os outros para os cuidados indispensáveis. Foi com esse espírito que vimos crescer a prole de nossa família de cursos e enfrentamos o desafio de aprender a orientar e a delegar as atividades de acompanhamento dos cursos *on-line*.

Como manter um número maior de cursos com qualidade? É preciso ter coragem de entregar a responsabilidade de gerenciamento dos cursos para outros profissionais, preparando-os para essa tarefa e explicitando os princípios e valores que orientaram a produção dos cursos e que devem ser mantidos no acompanhamento da aprendizagem dos alunos em ambiente virtual. Com base nessas preocupações, nasceu o curso de Formação de Tutores e Mediadores, o qual, em uma abordagem metalinguística, capacitou profissionais de diversas áreas do conhecimento.

Na preparação do curso, percebemos que os princípios orientadores de acompanhamento dos alunos configuravam uma metodologia peculiar que passamos a chamar de *Aeco* (Apoio Educacional Colaborativo). O foco era a aprendizagem do aluno e todas as condições oferecidas pelos materiais e docentes nos desempenho de seus papéis estavam voltadas para a criação de vínculos que pudessem favorecer a aprendizagem. O grupo ou turma de alunos se constituía em uma comunidade de estudo e o grande desafio era tornar as relações cooperativas e colaborativas para favorecer a construção do conhecimento e disseminar atitudes que pudessem contribuir para outros grupos.

O ambiente virtual de ensino correspondia, para nós, a uma ideia de Grillo (2000, p. 75) referente à aula presencial, sobre a qual a autora afirma que "as condições de ensino mudam dia a dia e não existe a segurança do que dá certo e do que não dá certo". Com base nessa ideia, acreditamos que os educadores envolvidos em cursos *on-line* devem assumir o papel de pesquisadores, questionando suas práticas, refletindo e agindo concomitantemente, tomando decisões e respondendo a cada situação-problema enfrentada. O que permanece nas mais diversas ações são os valores e os princípios educacionais que as orientam.

Nossa prática de formadores de tutores e mediadores baseada nesses princípios metodológicos era coerente e percebida pelos nossos educadores-alunos? Nosso discurso se refletia na prática? Os educadores-alunos compartilhavam esses princípios e poderiam reproduzi-los em novas situações educacionais com outras configurações de grupos?

13.1 Investigar para poder acreditar

A metodologia Aeco partiu da ideia de que a aprendizagem é um processo interno de produção de conhecimento, mas desencadeado e sustentado pelas relações estabelecidas entre os seres humanos. Para Vygostsky (1991), a aprendizagem é o resultado da inter-relação das pessoas.

A Aeco, em um curso *on-line*, requer a criação de um ambiente virtual para que todos os envolvidos (tutor, mediador e participantes) vivenciem uma interação real significativa e construtiva, apesar da distância. Dessa concepção de aprendizagem decorrem os seguintes princípios, que representam os pilares da Aeco:

→ O foco do processo é o aluno, o aprendiz, e a equipe docente não deve medir esforços para favorecer a aprendizagem dele.
→ O recorte do conteúdo deve facilitar a constituição das competências profissionais do aluno.
→ A aprendizagem deve ser contextualizada a fim de facilitar a apropriação de significados e impedir que o aluno se torne um espectador passivo.
→ A tutoria e a interação social devem estar voltadas para a criação de vínculos, a construção do conhecimento, a constituição de competências e a manutenção do aluno no processo de aprendizagem.

→ As unidades de estudo devem contemplar atividades individuais e em grupo. As atividades individuais devem preparar o aluno para a interação com os companheiros nas atividades grupais. A colaboração entre todos os atores deve facilitar a constituição das competências.

→ A dinâmica teoria/prática se revela em atividades que requerem a aplicação do conhecimento, envolvendo o "saber fazer" em simulações, no ambiente virtual, das condições reais para a construção de conhecimentos.

→ A avaliação da aprendizagem é multidimensional. É **formativa**, ao criar condições para a aprendizagem do aluno, e **somativa**, ao exigir um julgamento final da aprendizagem que contemple o ponto de vista do aluno, dos companheiros de grupo e do professor.

As características da Aeco são voltadas para a possibilidade de **dar voz ao aluno** e estabelecer com ele um **diálogo** significativo que facilite sua aprendizagem. O curso é planejado com essa preocupação, que se estende aos momentos de aplicação do conteúdo por meio do papel dos docentes, dirigidos para a construção de um ambiente colaborativo, e identificação de informações que possam vir a orientar intervenções e correções necessárias no curso em andamento, bem como em futuros cursos.

Para nós, os recursos tecnológicos devem ser usados para humanizar o curso. Nossas crenças estão sendo concretizadas na prática? Como os alunos de um curso que os prepara para usar a metodologia Aeco percebem os recursos tecnológicos e a atuação dos educadores? O que é mais relevante para eles – a tecnologia ou a presença virtual dos educadores?

O curso *on-line* conta com recursos tecnológicos para ouvir os alunos a qualquer momento. A voz do aluno é o que ele escreve no intercomunicador, nas questões do "Tira dúvidas", no registro da discussão em grupo, nas sessões do fórum, nos *chats* temáticos, nos ambientes de trabalho em grupo e na pesquisa de opinião, avaliando os componentes de cada uma das unidades do curso.

13.2 Como ouvir os alunos?

O curso, cujo eixo de conteúdo era a própria metodologia Aeco, deveria refletir na prática os seus princípios tanto no ambiente virtual de ensino quanto no acompanhamento dos alunos pelos docentes. Ouvir os alunos de forma sistemática e independente poderia dar pistas se a metodologia descrita teoricamente estivesse sendo percebida como uma prática adequada aos princípios de interação e aprendizagem definidos.

A análise contemplou todos os alunos das turmas constituídas no período de outubro de 2006 a maio de 2007. Os participantes dos cursos responderam espontaneamente, durante sua participação no curso, aos instrumentos de avaliação de reação, que chamávamos de *pesquisa de opinião*, sobre as unidades de estudo que concluíram.

A Tabela 13.1 a seguir apresenta o número de respondentes – e sua porcentagem em relação ao número total de alunos – que orientou nossa análise da metodologia Aeco.

TABELA 13.1 – Número de respondentes da pesquisa de opinião

Turmas	Número de alunos na turma	Respondentes Ambientação	Unidade 1	Unidade 2	Unidade 3
DN1	42	35	34	33	24
DN2	38	33	33	30	27
Paraná	28	24	20	20	19
Externa	37	34	32	31	27
Total	145	126 (87%)	119 (82%)	114 (79%)	97 (69%)

Obs.: DN1 e DN2 eram os nomes das turmas e indicavam que elas eram patrocinadas pelo Departamento Nacional do Senai.

Com base nos dados indicados, pudemos observar que a maioria absoluta dos participantes, ou seja, mais de 69% em todas as unidades do curso, respondeu às pesquisas de opinião, constituindo uma base representativa para a análise dos depoimentos dos grupos que participaram das quatro primeiras turmas.

O número alto de respondentes à pesquisa de opinião reflete o trabalho das tutoras e mediadoras nas turmas. As profissionais analisavam as respostas apresentadas e elaboravam uma devolutiva individual aos alunos que apresentassem algum problema ou alguma dificuldade. Realizavam também, ao fim de cada unidade, uma devolutiva global da pesquisa de opinião, comentando os pontos fortes e fracos do curso indicados em cada turma. Os problemas específicos referentes aos recursos didáticos do curso (erros nos textos, problemas de animação, solicitação de outros materiais complementares, *links* quebrados etc.) eram encaminhados à coordenação.

As pesquisas de opinião ou avaliação de reação contavam com cinco questões abertas, que envolviam: 1) a avaliação dos elementos que compunham a metodologia; 2) a avaliação do atendimento oferecido pela tutoria e mediação pedagógica; 3) a avaliação dos aspectos positiva e negativamente valorizados; 4) a própria avaliação; e 5) os comentários gerais.

Na última unidade do curso, o instrumento de pesquisa de opinião dispunha de mais uma questão, referente à atribuição de uma pontuação para o curso como um todo, que podia variar de 0 (a pior avaliação) a 10 pontos (a melhor avaliação).

13.2.1 O que disseram os alunos?

A reação dos participantes está resumida na Tabela 13.2 a seguir:

TABELA 13.2 – Notas atribuídas ao curso pelos participantes

Turmas	Número de alunos na turma	Média do curso	Média aritmética e nota mínima							
			Ambientação		U1		U2		U3	
			Md*	PM**	Md	PM	Md	PM	Md	PM
DN1	42	9,75	9,3	7	9,01	7	9,37	6	9,26	7
DN2	38	9,75	8,90	5	9,15	8	9,61	8	9,35	9
Paraná	28	9,68	9,58	8	9,5	7	9,62	8	9,55	8
Externa	37	9,52	8,9	7	9,55	8	9,13	8	9,45	5
Total	145	9,62	9,17	(5)***	9,30	(7)	9,43	(6)	9,40	(5)

* Md = Média obtida a partir do cálculo dos pontos atribuídos pelos alunos na unidade.
** PM = Pontuação mínima atribuída pelos alunos.
*** Nesse caso não foi tirada a média, apenas indicada a nota mais baixa atribuída à unidade.

A média de 9,62 para o curso como um todo indica uma reação altamente positiva. Lembramos que as duas tutoras e a mediadora foram as mesmas em todas as turmas estudadas. Isso também configura um indício da aceitação da metodologia Aeco.

Como as questões eram abertas, a análise dos dados foi realizada mediante o levantamento de categorias baseadas na computação de frequência, cujo critério para consideração de significância foi específico para cada situação. Foram considerados como aspectos positivamente valorizados aqueles apontados por, no mínimo, 25% dos participantes, e, como negativamente valorizados, aqueles apontados por, no mínimo, 15% dos participantes.

Considerando cada um dos aspectos em que a voz dos alunos foi ouvida, chegamos aos resultados comentados a seguir.

A metáfora: um palco de teatro

No curso de Formação de Tutores e Mediadores, a metáfora – recurso pedagógico de contextualização – foi um palco de teatro: espaço privilegiado para o desempenho de papéis. Todo o curso obedecia a essa referência visual. As unidades de estudo estavam organizadas em Ambientação, Cenário, Atores e Vivências e divididas em Atos e Cenas.

- → **A voz dos alunos** – A metáfora foi bem aceita em todas as turmas do curso, além de ter sido considerada criativa, lúdica, interessante e descontraída.
- → **A voz dissonante** – Um dos alunos, entre os respondentes, inicialmente a considerou infantil, mas, na Unidade 1,

compreendeu seu sentido e mudou de opinião. Um único aluno sugeriu a mudança da música de abertura das unidades.

→ **Comentários** – A metáfora foi percebida e elogiada pelos alunos e a escolha foi considerada adequada. A metáfora forneceu o contexto adequado para o curso, favorecendo assim a aprendizagem.

A ambientação é necessária

A ambientação do curso *on-line* é preparada para os alunos conhecerem o ambiente virtual, os recursos tecnológicos, a dinâmica e a metodologia do curso. Na ambientação, exercita-se a interação aluno-aluno, principalmente no uso do ambiente de grupo. Para tanto, havia um desafio lógico, que deveria ser resolvido pelos grupos, sobre a distribuição de um tesouro entre cinco piratas ávidos por dinheiro, extremamente inteligentes e com medo de morrer.

→ **A voz dos alunos** – "Meu Deus, aonde fui me meter! Mas... vai ficando tão envolvente que não dá mais vontade de sair". Esse depoimento traduz a percepção positiva (74,3%) da maioria dos alunos em relação à ambientação. Foram citadas a qualidade dos textos, a pertinência dos exercícios, as animações e os recursos tecnológicos oferecidos para interação, com destaque para o intercomunicador.

→ **A voz dissonante** – Apenas um aluno considerou a ambientação não procedente por ser muito lúdica, sugerindo a substituição do desafio por um voltado para a questão educacional. O acompanhamento desse aluno na turma permitiu observar que ele considerou pertinentes as demais atividades lúdicas apresentadas nas outras unidades do curso.

→ **Comentários** – A organização e a estrutura do curso contemplavam vários recursos didáticos e tecnológicos oferecidos aos alunos: texto-base, textos complementares, exercícios e avaliações individuais e em grupo em espaços diferentes, sem uma ordem rígida de consulta ou realização. Intercomunicador, *chat*, fórum, *e-mail*, ambiente de grupo, "Tira dúvidas", agenda e quadro de aviso eram recursos que, para alguns, requeriam uma preparação para que pudessem utilizá-los adequadamente.

A ausência da linearidade era proposital, visto que o ambiente virtual permite explorações diversas. Assim, consideramos que criar condições para o domínio do ambiente seria o mais adequado, pois propiciaria mais a troca de experiências e a colaboração do que apenas simplificar o caminho pela redução das possibilidades. A voz dos alunos confirma que a ambientação supre as dificuldades e os coloca em um espaço confortável para que possam dominar os recursos, a dinâmica e a metodologia.

Os textos do curso são dialógicos

O recorte do curso foca a educação a distância (EaD) sob o ponto de vista do atendimento. Os textos foram organizados em informações importantes e complementares e distribuídos apenas nas duas primeiras unidades: a Unidade 1 (Cenário), abordando princípios, características e estratégias da EaD; e a Unidade 2 (Atores), apresentando modelos de atendimento nos cursos tradicionais (correspondência por texto e vídeo) e *on-line*.

→ **A voz dos alunos** – Um dos aspectos citados como os mais positivos do curso foram os textos. Os elogios dirigiram-se ao conteúdo e à linguagem. Eles foram considerados interessantes, didáticos, enriquecedores, de fácil entendimento, com extensão na medida certa e profundidade necessária. Somente nas unidades 1 e 2 havia textos. Como não houve qualquer questionamento, inferimos que as duas primeiras unidades propiciaram o domínio da metodologia e de seus princípios para que os alunos pudessem exercer a prática sem restrições.

→ **As vozes dissonantes** – Somente 3% dos respondentes consideraram os textos em número excessivo, além de cansativos e extensos. Um aluno considerou a linguagem dos textos muito informal e disse que não sabia se essa opção era ou não proposital e se deveria ou não ser alterada. Apenas um aluno apontou a necessidade de maior aprofundamento em relação à EaD.

→ **Comentários** – A linguagem utilizada nos textos era coloquial e buscava ilustrar os princípios usados na metodologia de acompanhamento do ponto de vista tanto da produção dos materiais para cursos a distância *on-line* quanto do atendimento aos alunos. Os princípios que orientaram a produção e a seleção dos textos foram a simplicidade e a exploração de situações conhecidas que pudessem favorecer a compreensão dos alunos. Ser simples não significa ser superficial, pois quem atribui sentido ao texto é o leitor, e as informações já conhecidas permitem a construção de uma ponte com o desconhecido. Para os que desejavam um aprofundamento em EaD, havia uma bibliografia comentada na biblioteca virtual.

Os casos são verossímeis

O curso contava com vários casos de relação entre aluno e tutor, aluno e mediador, tutor e mediador. A seleção de casos para análise e aplicação de conhecimentos pelos alunos foi baseada em nossa vivência com alunos, o que resultou na proposição de situações autênticas. Essa autenticidade esteve presente em exemplos, temas de discussão nos fóruns, exercícios e avaliações.

→ **A voz dos alunos** – Nenhum dos alunos destacou algo em relação aos casos serem ou não autênticos. O fato de não citarem esse aspecto pode indicar que não perceberam ou, ao contrário, que as situações eram tão reais que não mereceram comentários. Houve muitos elogios aos exercícios e às avaliações individuais. Um dos alunos destacou ter gostado de trabalhar com situações-problema.

→ **Comentários** – Nos exercícios e nas avaliações individuais, as situações-problema eram apresentadas e os alunos escolhiam a melhor alternativa em relação à intervenção que o tutor e o mediador deveriam fazer se estivessem comprometidos com a metodologia Aeco. Ao analisarem situações que acontecem no dia a dia dos cursos a distância e escolherem uma das alternativas para a intervenção do tutor e mediador, aplicavam os princípios discutidos.

Nas atividades em grupo, a situação-problema de atendimento era analisada, organizada e discutida pelos alunos, além de comentada pelos tutores no ambiente de grupo. Depois disso, os alunos deveriam se organizar e redigir as ideias em um relatório, que tinha de ser entregue aos tutores para avaliação.

Nenhuma das situações-problema foi considerada impossível de acontecer e as respostas revelaram a importância atribuída à resolução da situação e ao acompanhamento educacional colaborativo aos alunos.

A tutoria como modelo de acompanhamento

As tutoras e a mediadora pedagógica atuavam no curso tendo como base o respeito e a preocupação com os alunos, e eram exemplos de atuação para os participantes do curso em relação ao acompanhamento educacional colaborativo.

→ **A voz dos alunos** – Foi unânime a valorização positiva dos alunos quanto ao atendimento das tutoras e mediadoras. Eles destacaram o sentimento de acolhimento, a orientação e o apoio que receberam nas mais diversas situações. Alguns apontaram a boa impressão que tiveram em relação à dedicação e à preocupação das tutoras e da mediadora com os alunos; outros consideraram um exemplo a ser seguido; e outros, ainda, agradeceram a ajuda. As manifestações foram sempre elogiosas. Nesse aspecto, não houve nenhuma voz dissonante.

→ **Comentários** – Os participantes perceberam a importância dos papéis da tutoria no curso. O atendimento e a orientação do aluno são o foco da preocupação de toda a equipe. A participação técnica do tutor é importante, principalmente nas atividades em grupo. É ele quem desafia, provoca ou indica a correção de rumos. O acompanhamento próximo e constante do mediador pedagógico contribui para manter o moral dos estudantes elevado e fazer com que eles se sintam realmente apoiados.

A vivência dos papéis prepara para atendimentos
Viver o papel como aluno e depois desempenhar os papéis de mediador e tutor em situações previamente criadas e com personagens presentes no nosso cotidiano favorecem a aprendizagem de uma atuação adequada em situação real.

Na Unidade 3 do curso, os alunos desempenharam todos os papéis, inclusive o de aluno, e vivenciaram situações de acolhimento, apresentação do curso, solução de problemas de evasão iminente, entre outros eventos.

→ **A voz dos alunos** – A maioria dos alunos (69%) apreciou as vivências, considerando-as pertinentes, com personagens criativos e engraçados. Comentaram que as atividades estimularam a imaginação e que foi um desafio colocar-se no lugar do outro e atuar diante de situações inesperadas, que exigiam respostas complexas.

→ **As vozes dissonantes** – Alguns alunos apontaram como problema a falta de cooperação por parte dos parceiros de dupla. Embora a mediação auxiliasse substituindo um parceiro ausente, alguns ficaram frustrados com isso. Outro fator considerado negativo foi o tempo previsto no curso para a realização das atividades e a dificuldade dos parceiros de algumas duplas para conseguir estar *on-line* no mesmo horário. Um dos alunos, apesar de considerar a proposta metodológica ótima, fez restrições aos aspectos tecnológicos e seus limites para a simulação.

→ **Comentários** – Acreditamos que o desempenho de papéis propicia a percepção das dificuldades, a análise do atendimento como sujeito da ação e a identificação das dificuldades na mediação e na tutoria. Além disso, esse método é importante para a reflexão sobre os papéis desempenhados, podendo auxiliar nas situações reais de atendimento aos alunos. Foi na vivência que os alunos perceberam a importância da metodologia Aeco e, com a supervisão das tutoras, analisaram mais profundamente os riscos e as possibilidades de um atendimento educacional *on-line*. Uma palavra pode comprometer uma relação e um vínculo por má interpretação.

A vivência de papéis somente é possível quando os participantes se sentem confortáveis na situação, sem medo do ridículo. Nesse curso, em nenhuma das turmas os participantes se negaram a participar das vivências, o que indica que a análise dos casos, as discussões anteriores e as orientações que receberam tornaram possível essa prática sem restrições.

13.2.2 Conclusões da análise

Retomando as indagações que orientaram o desenvolvimento dessa investigação, podemos afirmar que os alunos reagiram de forma positiva à metodologia Aeco e que a tecnologia não foi percebida como o aspecto mais importante quando comparada à ação dos educadores.

A presença virtual dos educadores para orientação, apoio técnico e pedagógico foi valorizada por todos os respondentes. Os recursos tecnológicos foram percebidos como componentes naturais do curso e somente foram mencionados quando havia algum problema técnico no funcionamento.

A EaD é um processo mediatizado e, para existir, necessita de recursos de comunicação para superar a distância física entre educadores e educando. É, ao mesmo tempo, um processo mediado que deve contar com profissionais bem preparados, que interajam com os educandos, abrindo espaços de interlocução e incentivando a liberdade de ação, a razão e a emoção. É o espaço em que o aluno constrói seus conhecimentos e o educador exerce sua competência.

As relações construídas a distância se multiplicam na formação de comunidades virtuais, tanto no universo educacional quanto no social. Há comunidades em torno de jogos interativos para trocar informações, experiências e orientações que, muitas vezes, são mais atraentes do que o próprio ato de jogar. Pertencer a um grupo, encontrar referências e não se sentir solitário é uma busca constante das pessoas no mundo virtual. Acreditamos que estudar essas comunidades e as suas teias de relações contribuirão significativamente para inovações em cursos ou experiências educacionais *on-line*.

Atender individualmente aos participantes dos cursos, acompanhá-los e estimulá-los nas atividades em grupo não são tarefas simples, visto que exigem dos educadores uma revisão constante de suas ações. É preciso a compreensão de que um curso é mais do que material e recursos: é principalmente estabelecer relações – entre professor e aluno e entre alunos – que possam contribuir para a construção do conhecimento. A tecnologia torna a comunicação a distância possível, mas a criação de vínculos, o sentimento de pertencimento a um grupo e a construção coletiva do conhecimento somente são possíveis quando repensamos o papel dos educadores.

O contexto do curso, a ambientação para se sentir confortável no espaço virtual, os materiais de estudo com recursos dialógicos, as atividades para a aplicação de conhecimentos e as vivências de papéis que exigem criatividade e emoção foram percebidos de forma positiva pelos alunos. Todos esses elementos têm o aluno como foco, mas o acompanhamento da tutoria é fundamental. Assim, a percepção dos participantes foi unânime em relação ao papel das tutoras e mediadoras como elementos imprescindíveis. São elas que humanizam o curso e realizam o acompanhamento, acolhendo, orientando cada um dos alunos e tornando a aventura de aprender em ambiente virtual uma experiência de colaboração e cooperação.

Educadores que sabem ouvir, que se colocam no lugar dos alunos, compreendem as dificuldades dos participantes e os atendem adequadamente estabelecem vínculos importantes no processo de formação. Esses elementos são os pressupostos da Aeco, em que o diálogo é fundamental para a transformação do papel de educador. Para evitar grandes erros no que concerne à educação, é necessário que os educandos tenham voz e os educadores, coragem de ouvir e de se preparar para mudanças de rumos.

13.2.3 **Anos depois...**

A prole dos cursos cresceu e, na época em que foi realizado esse estudo, ficamos confiantes de que novos e preparados educadores-pesquisadores trariam contribuições significativas para a melhoria da produção de novos cursos *on-line*. Assim foi, durante um tempo, mas não fomos felizes para sempre. A Aeco deixou de existir na instituição que a gerou.

Mas a vida é assim. As famílias se transformam e a educação segue os ventos de seus responsáveis. Possivelmente, as vozes dos alunos tenham se calado, pois não há mais ninguém para ouvi-las ou, quem sabe, continuam a ecoar ao longe. Contudo, os que viveram essa experiência continuam acreditando e esperando que os alunos tenham levado boas sementes para novas plantações em outros espaços.

14
Educação a distância (EaD): uma questão de olho por olho ou olho no olho...

No mundo animal, inferimos, muitas vezes, movimentos de **competição** e **cooperação**. No ato de um macaco catar insetos nos pelos de seus companheiros, é possível observar um movimento de cooperação, que envolve um ou mais indivíduos que visam a benefícios comuns. Por outro lado, ao observarmos uma onça silenciosa espreitar sua presa e, com um golpe certeiro, derrubá-la, matá-la e devorá-la, espantando e ameaçando os animais que surgem interessados na comida conquistada, podemos interpretar um movimento na competição pelo alimento. A competição pode ser observada no comportamento de indivíduos da mesma espécie ou de espécies diferentes nas disputas por alimento, território ou parceiros.

Maturana e Varela (1995), no entanto, afirmam que a competição não é um fenômeno biológico, e sim cultural. Para os autores, os seres vivos não humanos não competem, eles contemplam os outros seres como parte do meio e não os negam. Se dois animais estão diante de um mesmo alimento e apenas um come e o outro não, não é possível chamar isso de *competição*. A competição envolve um processo emocional em que há o desejo daquele que come de que o outro não coma. Nesse caso, o ato de comer por ter fome é central e a intenção é impedir que o outro coma sua comida, e não que ele próprio a coma.

Diferentemente de outros animais, o ser humano, ao impedir o outro de fazer algo, interpreta como vitória o fracasso de outro. Essa é uma interpretação cultural. Se um ganha, o outro fracassa – algo culturalmente desejável e que não faz parte da evolução biológica. O tigre que disputa a fêmea está buscando a preservação da espécie e o domínio do seu território, e não faz isso para evitar que o outro procrie.

Para Maturana e Varela (1995), o que torna os seres humanos realmente humanos é a linguagem, algo que não poderia ter surgido por meio da competição. Para a linguagem surgir, foi necessária a existência uma convivência amistosa, com interações abrangentes e extensas. A cooperação é inerente ao ser humano, pois somente ela permitiu que a interação entre os seres resultasse na linguagem. A cooperação não é baseada na razão, mas na emoção.

A competição não faz parte da natureza do ser humano e surgiu, de acordo Maturana e Varela (1995), porque o homem optou por viver em um mundo com esses valores. O indivíduo não quer se dar conta de que toda individualidade é social e só se realiza quando todos, de forma cooperativa, incluem os interesses dos outros seres humanos que a sustentam.

O ser humano construiu sua história e cultura com movimentos que passaram a valorizar a competição, mas, ainda assim, manteve a cooperação. Nessa complexa presença de competição e cooperação, o homem construiu as relações com outros indivíduos e grupos e, em última instância, a sociedade.

A análise das comunidades humanas do ponto de vista socioeconômico registra, nas últimas décadas, um acirramento dos movimentos de competição e cooperação. Esta última se torna um valor apenas quando favorece a competição entre grupos, que podem ser times esportivos, organizações empresariais ou mesmo países e nações.

Nos últimos anos, as organizações têm buscado cada vez mais o aumento da competitividade, instituindo estratégias como reengenharia, gestão da qualidade total, grupos de excelência e outras tantas iniciativas com nomes ainda mais sofisticados. Os valores das organizações influenciam os indivíduos e, em virtude desse fato, ouve-se com cada vez mais frequência frases como "necessidade de manter a empregabilidade", "o importante é fazer *marketing* pessoal", "temos de manter o capital intelectual", "é preciso ousar", "o vice é o primeiro perdedor", e assim por diante. Por trás desses aspectos, temos os princípios da obediência, da subserviência e da hierarquização. Não são raras as organizações que se inspiram no terreno militar para definir as ações e estimular a disputa entre os pares.

Se os valores sociais e culturais se baseiam no individualismo e na competividade, há um desrespeito à ética, pois assim deixa de haver um reconhecimento do outro como igual e a lei passa a ser "ou ele ou eu". E, em nome dessa postura, tudo é possível e tolerável. Essa situação provoca estresse, desemprego, além de uma sociedade violenta e infeliz, em um meio ambiente degradado. É sempre importante destacar que é uma escolha humana viver em um mundo assim. A justificativa passa a ser o conhecimento científico, que se torna incontestável e orienta as decisões individuais e coletivas. A pergunta é: Que ciência é essa? A ciência usada para justificativa é mecanicista, mas não podemos desconsiderar a ciência quântica, que é orientada pela incerteza.

Se, de um lado, a competitividade é acirrada por fatores culturais, de outro há um movimento contrário que estimula e valoriza os aspectos cooperativos. Esse movimento começou a se delinear a partir do fim da Segunda Guerra Mundial, período em que as transformações vividas nos aspectos econômicos e sociais levaram a uma nova configuração que recebe vários nomes, entre eles, o de *sociedade da informação*.

O desenvolvimento de novas tecnologias de informação e comunicação trouxe novas formas de organização antes restritas a pequenos grupos ou círculos de pessoas. A internet tornou a informação acessível a todos, destruindo a hierarquia, pois, na *web*, cada um pode acessar e postar o conteúdo que desejar sem que para isso necessite de autorização. A colaboração tornou-se um valor e a participação, uma necessidade. Podemos exemplificar com a criação do Linux, um *software* revolucionário, aberto e gratuito, que permite a intervenção dos usuários e concorre com o Windows® no mercado; ou então a Wikipédia, biblioteca aberta, montada pelos usuários e acessível a todos. No rastro dos textos colaborativos, o *site* Youtube, por exemplo, permite que vídeos sejam postados e acessados por todos os indivíduos conectados na rede.

Há uma busca por ser reconhecido socialmente, apresentar-se ao mundo, partilhar ideias sobre assuntos comuns e dar e receber opiniões – ações que podem desenvolver o espírito cooperativo entre as pessoas, embora também possa haver, no contraponto, o narcisismo desenfreado.

14.1 A educação baseada na cooperação

O processo de aprendizagem inclui observar, levantar e testar hipóteses, bem como estabelecer relações com outros elementos presentes no mapa cognitivo. Quando uma criança observa um animal que alguém diz ser uma vaca, a observadora levanta as hipóteses acerca da composição desse ser. Será algo com quatro patas? Com pelo liso? Que balança o rabo?

Mais tarde, diante de um cachorro, por exemplo, essa criança pode repetir a palavra *vaca*. A pessoa pode lhe responder: "Não, isso não é uma vaca, é um cachorro". Em outro momento, agora diante de uma vaca, a criança pode dizer "vaca" e alguém lhe responder: "Sim, isso é uma vaca". Testando as hipóteses, ela aprende o que é e o que não é uma vaca e o novo conceito passa a fazer parte da categoria animal, por exemplo, presente em sua estrutura cognitiva em função de outras experiências.

Nesse processo, a criança não ficou passiva: ela agiu, observou, classificou, levantou hipóteses, testou e assimilou um novo conceito. O conceito não é neutro, pois tem um sentido cultural. Por exemplo: se a criança estiver na Índia, país em que a vaca é um animal sagrado, o conceito será associado a esse valor; se ela estiver em uma fazenda de criadores de gado de corte, a vaca estará associada a um alimento. Como é possível observar, a aprendizagem está associada a um conteúdo individual e social.

A aprendizagem não se restringe à aquisição e ao domínio de conhecimentos; é um processo dialógico, de interação e comunicação. Nesse sentido, autores como Piaget (1896-1980) e Vygotsky (1896-1934) inspiraram o desenvolvimento de situações de ensino que contemplam o desenvolvimento de uma aprendizagem cognitiva, colaborativa e baseada em solução de problemas.

A aprendizagem colaborativa, segundo Dillenbourg (1999), é uma situação em que duas ou mais pessoas aprendem ou tentam aprender juntas. Para que a aprendizagem ocorra, não é necessário que as pessoas sejam homogêneas em conhecimento, formação ou idade, uma vez que a heterogeneidade favorece a aprendizagem, a participação e a cooperação entre os membros.

O movimento da pedagogia progressista valoriza a aprendizagem colaborativa, pois o sujeito é encarado como um agente ativo, que constrói conhecimento a partir de contextos significativos. Há, nessa visão pedagógica, uma valorização do grupo como espaço de criação e construção de conhecimentos. O conhecimento é, assim, visto como uma construção social.

14.2 Aprendizagem colaborativa em cursos *on-line*

Até o fim da década de 1980, o trabalho colaborativo na educação a distância (EaD) era algo praticamente impensável. As situações de ensino eram apresentadas como autoaprendizagem e estudo independente. O mais importante era o material didático, que deveria garantir que o aluno aprendesse. O tutor respondia às dúvidas e mandava materiais complementares quando fosse necessário.

Contudo, na década de 1990, a situação da EaD se alterou com o desenvolvimento das tecnologias de informação e comunicação (TICs). Com a internet, foi possível implementar a formação de grupos e buscar níveis diversificados de interação, embora ainda seja possível identificar cursos a distância centrados na autoinstrução e com baixa interação. Muitos cursos, na atualidade, destacam o diálogo, a interação e o trabalho em equipe como fundamentais; há outros, ainda, que buscam atender ao aspecto de estudo individual e autônomo do aluno de forma associada a atividades interativas.

As novas tecnologias de informação e comunicação (NTICs) desenvolveram o ciberespaço, propiciando um novo espaço pedagógico. Essas tecnologias permitiram uma nova forma de produzir e propagar informações e realizar interação e comunicação. Elas ampliaram a possibilidade de diálogo e transformaram a capacidade de relações.

A interação passa a ser prevista em cursos ou ambientes de ensino virtuais para troca e influência mútua, importantes para o processo de aprendizagem e a construção do conhecimento. A solução de problemas envolve estratégias que contemplam a interação e a comunicação. Nesse sentido, a colaboração vai além do partilhamento de algumas atividades; ela contempla objetivos comuns, como a busca pela construção de sentidos, e permite atingir níveis mais profundos na construção do conhecimento.

O incentivo às atividades em grupo permite que os alunos não sejam somente consumidores de conhecimento, mas também produtores, oferecendo a possibilidade de um ambiente democrático para a apresentação e a troca de ideias. A tendência é que haja um aumento de confiança, autoestima e melhor aceitação às críticas entre os alunos – naturalmente, estamos abordando os aspectos positivos, que muitas vezes convivem com divergências e conflitos que precisam ser mediados.

O estudo realizado por Stacey (1999) indica que, na Austrália, os estudantes de mestrado a distância destacam os trabalhos colaborativos como de grande importância nos estudos *on-line*. Os cursos que contavam com o apoio socioafetivo dos alunos os motivavam mais e desenvolviam sua autoconfiança. Hiltz (1998) também afirma que o ensino *on-line* conta com atividades colaborativas mais eficientes que o presencial. Estudos como esses deram outra conotação aos cursos a distância, colocando-os em paridade com o ensino presencial.

Os desafios educacionais são muitos nesse novo século. A interação e a colaboração podem fazer a diferença não só em termos educacionais, mas também no futuro do planeta. Os problemas que enfrentamos hoje não são mais somente circunscritos a um grupo, estado, país ou continente. As fronteiras desapareceram. Uma crise econômica nos Estados Unidos afeta o mundo todo, os atos terroristas podem acontecer em qualquer tempo e lugar e a guerra entre povos pode se espalhar por todo o planeta – está presente o "efeito borboleta", em que o bater de asas de uma simples borboleta pode influenciar o curso natural das coisas e, assim, talvez provocar um furacão no outro lado do mundo.

A lógica da distribuição que caracterizou o desenvolvimento industrial por meio das mídias de massa foi substituída pela comunicação e pelo diálogo. Assim, é necessário que a educação repense o diálogo, a cooperação e a colaboração, identificando as diferenças de forma mais criteriosa.

14.3 Experiências colaborativas nos cursos a distância

É importante destacar que, se as máquinas oferecem as potencialidades e as ferramentas, cabe aos usuários determinar o quanto utilizarão desses recursos e como irão fazê-lo. No caso dos cursos a distância *on-line*, a escolha de uma metodologia e do papel de cada uma das ferramentas deve ser pensada e usada de forma coerente e com intenções educacionais definidas.

Ao desenvolvermos a metodologia da Aeco (Apoio Educacional Colaborativo) para nossos cursos, tivemos a preocupação de inserir situações de ensino colaborativas que fossem mediadas por educadores que assumiam os papéis de tutor e mediador pedagógico, com recursos síncronos e assíncronos.

O diálogo no curso permeava todas as ferramentas e tinha características específicas em cada uma delas (já exploramos diversas delas, como o diálogo no intercomunicador, nos ambientes de grupo, no fórum e nos *e-mails*). Destacaremos aqui apenas alguns aspectos ainda não abordados.

14.3.1 Diálogo no *chat*

Abordamos anteriormente a existência de *chats* temáticos e do "Tira dúvidas" em nossos cursos. Contudo, havia um aspecto que sempre constituía um problema para os docentes: coordenar o diálogo no *chat*. Alguns alunos entravam e ignoravam o que estava acontecendo, escrevendo mensagens de cumprimentos ou brincadeiras que atrapalhavam a dinâmica da conversa e irritavam os presentes.

Para favorecer o diálogo nesse ambiente, era necessário que houvesse algumas regras de convivência. Como apresentá-la aos participantes para que eles percebessem a necessidade delas?

A opção foi apresentar algumas regras de forma bem-humorada, de modo a evitar constrangimentos e uma visão excessivamente autoritária. Leia, a seguir, esse texto.

••
Chatô e o *chat*
Chatô, apesar de ser um garoto esperto, era um pouco afoito, e nos cursos presenciais nem sempre participava muito das aulas. Ele ficou animadíssimo com o seu primeiro *chat*, afinal, o primeiro a gente nunca esquece. Mas, para ele, foi uma experiência desastrosa.

Estava atrasado e muito animado. Chegou arrasando no teclado, escreveu mensagens durante dez minutos sem parar. Cumprimentou cada um, falou por que se atrasou e o problema que teve com o computador. As pessoas que estavam discutindo o tema da conversa tiveram de ler todas as mensagens e, por serem educadas, responder aos cumprimentos. Todos no *chat* tentaram

(continua)

interrompê-lo, sem sucesso, e se submeteram a ler as mensagens que ele escrevia e que interrompiam uma bela discussão sobre o assunto que interessava a todos.

Depois, Chatô identificou uma colega do seu grupo e resolveu, então, em uma conversa paralela e que não tinha nada a ver com o tema do *chat*, marcar um encontro para resolverem um problema referente à elaboração do trabalho. Para ele, isso era importante; para o grupo, não. Todos tiveram de esperar enquanto o professor tentava retomar o assunto, chamando Chatô a participar da discussão do tema.

Naturalmente, como Chatô não prestava atenção a nada que estava ocorrendo, pediu para repetirem o que estava "rolando". Várias vezes as pessoas tentaram ajudá-lo a entender o que estava acontecendo, mas ele, ao invés de ler as mensagens, escrevia e iniciava uma conversa sem pé nem cabeça. Teclar era com ele mesmo! Tinha dúvidas, queria saná-las e não esperava as pessoas se manifestarem – nem professor nem colegas. Com a presença dele, a comunicação entre todos foi prejudicada.

Para que haja conversa em um espaço virtual, é preciso aguardar, estar atento às manifestações dos participantes e se posicionar em relação a elas. Se, para ocorrer uma boa conversa, é preciso ouvir, para participar de um *chat* temático é preciso ler. Falar é tão importante quanto escrever, mas, para participar efetivamente de uma discussão, é necessário ter atenção ao que cada um escreve.

Depois de um tempo, as pessoas, desencantadas com a dispersão que a presença de Chatô trouxe à conversa, resolveram ficar quietas. Muitas começaram a sair, uma aqui, outra ali, e, no fim,

[continuação]

todas se foram antes mesmo do término do *chat*. Ficaram somente o professor e Chatô, que não entendeu por que todos foram embora tão cedo.

O conteúdo do *chat* foi lido pelas pessoas, que se irritaram mais ainda com a presença de Chatô e a consequente dispersão de assuntos. Então, o professor, preocupado com a rejeição que Chatô estava sofrendo por parte de seus companheiros, resolveu pedir a cada participante do *chat* uma dica para ajudá-lo a aprender sobre como se comportar nessa situação. O resultado foi o seguinte:

- → Ser pontual (se chegar atrasado, aguardar um pouco para se inteirar sobre o que está acontecendo).
- → Cumprimentar é bom e sempre muito agradável, mas é bom ter cautela, pois, se há muita gente no *chat* e se uma pessoa for cumprimentar cada um, levará pelo menos um segundo em cada cumprimento (e as respostas irão corresponder a esse tempo).
- → Lembrar que, no ambiente virtual, usar letra maiúscula significa estar gritando.
- → Perceber a dinâmica da situação. O professor está dando uma explicação? Em caso positivo, tente entender o que ele escreve.
- → Procurar perceber se um colega está se pronunciando. Aguarde o término do raciocínio do participante para, em seguida, fazer comentários.
- → Participar sempre e com bom humor é desejável, mas procure manter, em qualquer circunstância, um clima de respeito.
- → Acompanhar, participar e interagir de acordo com o tema discutido.

[conclusão]

- → Tratar assuntos pessoais em outro momento, e não no *chat*. Este momento é de participação do grande grupo.
- → Respeitar a participação de cada um. Todos têm o mesmo direito de se expressar e, se um fala muito, o outro se cala.
- → Lembrar-se de dividir o raciocínio em frases curtas para que as pessoas não fiquem esperando muito tempo. Se usar frases curtas, você pode colocar reticências no final, dando a entender que seu raciocínio não acabou.
- → Aguardar uma deixa para se despedir de todos ao mesmo tempo, caso necessite sair antes de terminar o *chat*.

Você acha que, com essas dicas, Chatô poderá se comportar melhor no próximo *chat* temático? Se não, qual dica você substituiria ou eliminaria? Você tem outra dica para completar essa lista e ajudar Chatô? Se tiver, envie uma mensagem para a tutora ou a mediadora.

Fonte: Adaptado de Palange, 2014a.

Como Garrison, Anderson e Archer (2003) pressupõem em seu modelo teórico para o ensino *on-line*, os responsáveis pelo processo de ensino – no nosso caso, o tutor e o mediador pedagógico – exercem uma presença social e cognitiva no curso e, com isso, buscam facilitar o discurso veiculado ao aluno. Nesse sentido, em relação à presença social, esses profissionais sempre davam boas-vindas, eram encorajadores, permitiam que os alunos os conhecessem em um grau adequado, estimulavam o relacionamento entre colegas de curso e comunicavam-se informalmente. Em relação à presença cognitiva, o tutor focava as discussões nos pontos-chave, propunha questões estimulantes, questionava ideias e promovia a reflexão.

14.3.2 Diálogo no fórum

O fórum, diferentemente do *chat*, é uma ferramenta assíncrona e, sendo assim, permite uma maior reflexão sobre as mensagens a serem postadas, uma análise mais apurada da contribuição dos demais participantes e a elaborações de melhores comentários. Oferece, para quem acompanha o curso, uma visão geral da participação da turma e do grau de diálogo e interatividade no curso.

O diálogo, segundo Moore (citado por Grof et al., 2014), consiste em uma interação intencional, construtiva e valorizada pelas partes que conversam. Ele depende do tema e das características dos tutores e alunos dos cursos. Por exemplo: no curso de Formação de Tutores e Mediadores, o fórum contava com diversas intervenções, visto que ocorriam várias discussões sobre conceitos e posicionamentos. Por outro lado, em cursos técnicos, os alunos não discutiam muito e, embora pudéssemos encontrar grande número de mensagens, identificamos que a maioria delas era breve e objetiva.

A seguir, transcrevemos algumas mensagens de um fórum do curso de Redes e Sistemas Supervisórios para ilustrar nossa afirmação.

PROFIBUS E ASinterface

Walter Silas Palácio

Meu trabalho é implementar redes Ethernet, Profibus DP, Profibus PA e ASinterface para a automatização de processos produtivos, tanto em Centro de Operações Industriais (COI´s) a [sic] nível de planta, Centro de Controles de Motores (CCM´s) a [sic] nível de controle, quanto em nível de campo. A escolha do trajeto dos condutores elétricos da rede deve ser feita de

(continua)

[conclusão]

maneira a manter distância relativa dos condutores de potência que alimentam os motores elétricos para evitar interferências eletromagnéticas.

Re: PROFIBUS E ASinterface
Lindineu Emidio da Silva
Muito bom, sendo que a rede ASinterface é aplicada para sensores somente, pois se comunica com 8 bits.

Re: PROFIBUS E ASinterface
Walter Silas Palácio
ASinterface, como o nome diz, é uma interface para atuadores e sensores. No caso de sensores, também utilizamos conversores com quatro entradas para termorresistências tipo Pt100 para monitoração e alarme de temperaturas. Como essas variáveis têm característica de tempo longo de resposta, pode ser utilizado a ASinterface para este fim.

A seguir, apresentamos dois exemplos de comunicação no fórum do curso de Formação de Tutores e Mediadores.

Re: A educação pode ter várias modalidades...
Márcia Regina Paulo Vilela
O ensino via vídeo, apostilado, a educação on-line... Mas uma coisa é um fato imutável (pelo menos por enquanto rsrsrsrs) aprender só tem uma via: a intelectual. Como isso se dá? Por meio da interação total do ser envolvido. Interação com alguém que preparou o material, com alguém que vai direcionar o processo, com um grupo de referência (que tem o mesmo objetivo) e interação com autores, escritores etc. Existe coisa mais linda?

[continua]

(conclusão)

> O ser humano é um ser social e sabe que a cooperação nos estimula, nos apoia, nos orienta, nos fortalece. A educação sabe disso.
>
> **Re: Organização do tempo e horários de estudo**
> Emanuela Mattos
> Concordo com Rauilson.
> A Maria precisa organizar seus horários. Reservar um horário de estudo por dia, para ler os textos e acompanhar os exercícios. Assim, ela vai conseguir interagir com o grupo e realizar seu trabalho no tempo determinado para as tarefas – e esse tempo nos é dado com generosidade.
> O trabalho em grupo é bom para interação e estímulo e compartilhamento de ideias e dúvidas. O conhecimento não se dá sozinho, mas é adquirido e compartilhado na interação dos seres humanos.
> Do que adianta Maria aprender, ou achar qua aprendeu sem trocar ideias com outras pessoas que têm um mesmo interesse em comum?!

Apesar de notarmos as diferenças entre os técnicos e os engenheiros e os que pretendiam ser tutores ou mediadores pedagógicos, era muito difícil avaliar a qualidade das mensagens. Os docentes dos cursos técnicos acreditavam que, mesmo objetivas, as mensagens eram significativas e refletiam o posicionamento do aluno sobre determinado tema.

Os textos do fórum do curso de Formação de Tutores e Mediadores eram mais problematizadores e os docentes, muitas vezes, sentiam a necessidade de elaborar uma síntese para que o grupo não se perdesse em divagações.

De qualquer maneira, pudemos observar nas turmas dos cursos que a atitude do tutor referente aos temas e à escolha de casos significativos e relacionados ao conteúdo abordado incentiva e permite o posicionamento dos participantes para que estes esclareçam dúvidas, deem opiniões e façam colocações a respeito do tema. Quanto maior a participação do grupo no fórum, mais interativo o curso se torna, o que permite uma avaliação da compreensão dos alunos e de sua reflexão sobre o conteúdo abordado na unidade.

14.3.3 Diálogo no trabalho em grupo

Se já é difícil um trabalho docente no ensino presencial fundamentado na realização de atividades em pequenos grupos, esse desafio é ainda maior nos cursos a distância. Exige empenho, persistência e sensibilidade, além da crença de que a colaboração e os múltiplos olhares sobre uma atividade enriquecem a todos, uma vez que os que têm mais conhecimento podem colaborar com os que sabem menos; assim, todos crescem no processo.

O conflito sempre pode ocorrer entre os membros do grupo e, até mesmo, entre eles e os docentes. Uma palavra mal colocada, um comentário deselegante sobre certa contribuição ou uma expressão indelicada podem resultar em conflito. Os educadores devem sempre estar dispostos a acalmar os ânimos e fornecer argumentos que tenham como foco a atividade e o conteúdo. Não é fácil fazer a mediação – ela exige tato, firmeza, disponibilidade e, acima de tudo, respeito pelo outro.

Se a preocupação é a formação do aluno, devemos levar em conta que diversas atividades hoje valorizam o trabalho em equipe, e saber conviver é indispensável em nosso mundo.

Vivemos em uma era planetária que, segundo Morin (2005), é um momento em que nos encontramos todos juntos, unidos em comunidade rumo ao mesmo destino. Essa era não se iniciou agora: ela surgiu com a conquista das Américas, com a navegação pelo globo, quando o mundo tornou-se um objeto de exploração. O local passou a influir no global e o global, no local.

Educar em uma era planetária nos leva a questionar a separação do conhecimento em disciplinas e a falta de relação entre elas. Realizamos boas análises, identificamos os detalhes das coisas separadamente, mas uni-las e buscar relações e comunicação entre as partes nem sempre é possível.

Estamos acostumados a identidades individuais e nem sempre identificamos nelas o conjunto de identidades do planeta. É preciso buscar o que há de comum que supere as diferenças nacionais, culturais e religiosas das pessoas.

É preciso aprender a viver junto e trabalhar cooperativamente, como dispõe o relatório da Unesco (Organização das Nações Unidas para a Educação, a Ciência e a Cultura) no que concerne à educação do século XXI (Delors et al., 1996). A educação necessita avançar na pedagogia da compreensão das diferenças, do diálogo, da cooperação e da colaboração.

As atividades em grupo propostas nos cursos nos fizeram refletir sobre os aspectos colaborativos na educação e têm oferecido muitos elementos para que possamos analisar as dinâmicas, que se alteram como um caleidoscópio em cada turma. Turmas e docentes diferentes dão tons múltiplos ao mesmo curso. As intervenções e o acompanhamento realizados por tutores e mediadores nos dão pistas de como um trabalho educacional pode trazer, dentro de um mesmo conteúdo, aspectos diferentes nas situações de ensino e no estímulo à colaboração e à cooperação entre os alunos.

14.3.4 Diálogo do aluno com o curso

No decorrer dos cursos, percebemos a importância de ouvir os alunos nas dimensões social e técnica. No nosso caso, como abordamos anteriormente, dispúnhamos de um ambiente no Sistema de Gestão da Aprendizagem (LMS) que permitia que os alunos deixassem informações, arquivos e comentários sobre as postagens dos colegas. Era um ambiente aberto que dava voz aos alunos e ao seu desejo de expressar o que quer que fosse. As inúmeras postagens nos fizeram refletir sobre a importância dos cursos a distância disporem de um espaço dedicado à comunicação variada dos alunos.

A sensação de pertencimento a um grupo consequente da exploração desses aspectos é ampliada e, com isso, temos como hipótese que há a diminuição da evasão. Assim, consideramos importante criar espaços para as produções (técnicas ou sociais) dos alunos visando à ampliação do diálogo.

14.3.5 Diálogo entre docentes

Na metodologia Aeco, como salientamos em outras partes da obra, havia a participação de um tutor e um mediador pedagógico. O tutor é responsável pelos aspectos referentes ao conteúdo do curso, e o mediador, pelo acompanhamento dos alunos em relação à ambientação no espaço virtual, à formação dos grupos, ao acompanhamento da participação dos membros e ao atendimento às dificuldades individuais encontradas pelos alunos. Como o mediador permanece mais tempo *on-line*, ele informa e partilha as dificuldades com o tutor. O trabalho desses dois profissionais é complementar, e o sucesso das intervenções de ambos depende de colaboração e envolvimento mútuo.

Quando os docentes competem no curso, isso é facilmente percebido pelos alunos e a tendência é que estes também acabem competindo entre si. Um trabalho colaborativo na docência tende a funcionar como modelo para os educandos, uma vez que os docentes demonstram na prática como é ter papéis diferentes que se completam no processo educacional. O trabalho colaborativo é importante tanto para os que querem aprender quanto para os que querem ensinar. O respeito, a cumplicidade, o partilhamento de informações e o apoio mútuo fornecem a base para um trabalho educacional efetivo.

O trabalho colaborativo dos docentes deve envolver um objetivo único: o sucesso do curso, que consiste na aprendizagem dos alunos por meio de uma dinâmica cooperativa entre eles. Há duplas de profissionais que acompanham as turmas e, pela dinâmica do trabalho de ambos, conseguem excelentes resultados no desempenho dos alunos. Outras, por estarem o tempo todo competindo, acabam impedindo que os alunos aprendam e, com isso, desqualificam o curso.

O primeiro curso *on-line* que desenvolvemos contou com uma tutoria tripla. Três docentes especializados em áreas diferentes cuidaram de um grupo e a responsabilidade deles variava em cada etapa do curso. Foram feitas reuniões presenciais e eles mostraram ser capazes de trabalhar em equipe; isso refletiu no curso e as avaliações dos alunos indicaram que os docentes eram efetivamente um grupo.

Muitos de nossos tutores não conheciam os mediadores pessoalmente. Mesmo assim, a preparação e a seleção deles pelas características que apresentavam nas atividades práticas mostraram bons resultados nos curso. Naturalmente, tivemos problemas com algumas duplas de docentes, havendo a necessidade de separá-los.

Estimular a competição ou a cooperação nos cursos a distância é uma escolha orientada por valores e princípios. Nosso compromisso sempre foi com a cooperação e a colaboração, aspectos que orientaram a preparação dos cursos, a seleção e a capacitação dos docentes. Não se trata apenas de um discurso, pois se reflete nas decisões tomadas em níveis micro e macro do planejamento. Por exemplo: nos cursos, os mediadores costumavam colocar na área de publicação os melhores trabalhos, para que assim todos os vissem e para que servissem de referência; com isso, os docentes davam destaque ao compromisso e à dedicação dos grupos que se empenhavam na preparação das atividades. Apesar da boa intenção, o que se observava na prática é que isso gerava competição entre os grupos. Assim, após uma discussão com tutores e mediadores dos cursos, tomamos a decisão de eliminar a exposição dos melhores trabalhos. A contribuição que os melhores trabalhos poderiam dar do ponto de vista do conteúdo era menor que a animosidade que acabavam gerando na turma.

A competição nos cursos a distância pode ser importante quando um aluno busca vencer seus próprios limites. Há alunos que, ao observarem o desempenho de outros, passam a exigir de si mesmos um esforço extra a fim de ultrapassar suas próprias limitações. Desde que isso não comprometa sua autoestima, pode trazer vantagens para que alcance uma melhor *performance*. Já encontramos situações em que um aluno se considerava incapaz de realizar o curso e, com o apoio inicial da tutoria para o domínio da internet e da metodologia, conseguiu ultrapassar limites que nem mesmo os tutores imaginavam. Com esforço pessoal no estudo e apoio às dificuldades específicas, a história construída tende a ser de sucesso.

É sempre importante reforçar que os tutores e mediadores eram uma fonte inestimável de boas ideias, visto que, a cada turma, traziam novas alternativas. Uma delas, por exemplo, foi a de abrir um ambiente de grupo na última unidade, com acesso a todos os alunos da turma para que cada um pudesse expressar sua opinião sobre o curso e se despedir dos colegas e professores. Todos podiam se expressar e ler o comentário dos demais. Foram muitas as contribuições por meio de textos, apresentações em PowerPoint®, reflexões e até letras de música. Analisar essas contribuições levou à constatação de que os tutores e mediadores poderiam promover a construção de uma comunidade virtual na qual a solidariedade, a cooperação e o compartilhamento de conhecimento e de emoções permitiriam a todos o crescimento como profissionais e pessoas.

A cooperação e a solidariedade devem ser incentivadas entre colegas: os que sabem mais podem ensinar os que sabem menos. Para isso, é necessário compreender que o conhecimento é a única coisa que, ao ser dividida, se multiplica. Há inúmeros casos de cooperação entre alunos na resolução de problemas ou na compreensão de um conceito. Quando é valorizada essa atitude, a tendência é que as pessoas se aproximem e compartilhem o sucesso.

A escolha que fizemos foi sempre "olho no olho", e nunca "olho por olho". Uma escolha difícil, pois, nesses casos, é preciso administrar conflitos, expor-se mais, provar alternativas diferentes para cada situação e aceitar que o erro pode ocorrer. Contudo, é necessária a compreensão de que é no "olho no olho", na transparência, que conseguimos transformar um espaço virtual em um espaço ecologicamente democrático, no qual é possível conviver com seres humanos independentemente de fronteiras, etnias ou religião.

Para encerrar, fica a lição aprendida com o fato ocorrido nas Paraolimpíadas de Seatle de 1992, em que nove participantes alinharam-se para a corrida de 100 metros rasos, dispostos a dar o melhor de si e vencer. Na partida, um garoto tropeçou, caiu e começou a chorar. Os outros, ao ouvirem o choro, diminuíram o passo, olharam o menino chorando e voltaram. Uma menina, portadora de Síndrome de Down, ajoelhou-se, deu um beijo no garoto e disse: "Pronto, agora vai passar". Então, todos os nove competidores, de mãos dadas, andaram juntos até a linha de chegada. O estádio inteiro levantou e aplaudiu por vários minutos[1].

---

1 A Caixa Econômica produziu um comercial que retrata esse ocorrido. Caso tenha interesse em assisti-lo, acesse: <http://www.youtube.com/watch?v=Le_-DfFYS5U>.

As pessoas que assistiram repetem essa história até hoje. É porque, lá no fundo, todos nós sabemos que o importante na vida é ajudar os outros a vencer, mesmo que isso signifique diminuir o passo e mudar o curso.

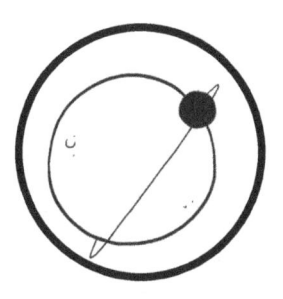

15
Avaliação a distância: pela balança ou pela peneira?

No filme Édipo Rei (1967), o diretor Pier Paolo Pasolini apresenta uma cena em que Édipo, diante de vários caminhos possíveis, de olhos fechados, rodopia e deixa ao acaso a decisão sobre o rumo que seguirá. Seu caminho será aquele a sua frente no momento em que abrir os olhos. Ao fazer isso, ele pensa estar se isentando de uma escolha. Pobre Édipo – não percebe que, ao não escolher, ele está fazendo uma escolha... Ele está decidindo... Está tomando uma decisão.

Assim, escolher ou não escolher é sempre uma decisão. A simples existência humana impõe ao homem a tomada de decisões que podem ser resultado de um processo consciente, amadurecido e de análise de possibilidades, ou mecânico, espontâneo e isento de qualquer avaliação das consequências. Em outras palavras, o pressuposto que orientará o desenvolvimento das ideias é que escolher consiste em um processo intrínseco ao ser humano, que pode ou não ser o resultado de cuidadosa avaliação.

Para tomar decisões conscientes, o homem precisa avaliar possibilidades e, para isso, necessita de informações que, analisadas segundo critérios definidos a partir de suas intenções, lhe permitirão escolher qual delas é a melhor. Comer ou sair mesmo com fome? Vestir essa ou aquela roupa? Experimentar isso ou aquilo? Ficar ou partir? Se ficar, lutar com todas as armas, resistir sutilmente ou simplesmente aceitar? Acordar ou continuar dormindo e enfrentar as consequências disso? Em suma, viver é fazer escolhas – e fazer escolhas conscientes envolve, sempre, a avaliação das situações.

Na educação (e, em particular, na educação a distância – EaD), a avaliação pode ter diferentes objetos, isto é, pode focar ora a aprendizagem, ora o ensino, os recursos utilizados, a instituição, o trabalho, bem como o próprio educador ou o educando. Isso significa que, para falar sobre avaliação no âmbito educacional, é necessário definir qual será o foco, qual será seu objeto.

Para começar, é necessário pressupor que, independentemente do objeto, a avaliação pode ser realizada tanto para classificar quanto para buscar o equilíbrio, como em uma peneira ou uma balança antiga. Pelos espaços da trama de uma peneira, tudo que for menor, atravessa. Se o critério é "ficar com o que for pequeno", o que escorrer para fora da peneira será aceito e o que ficar na peneira será descartado. Já na balança antiga, composta por dois pratos, acrescenta-se ou tira-se de um prato o que impede que o outro fique em equilíbrio com ele. Essa metáfora ajusta-se perfeitamente ao caso da avaliação educacional, componente essencial em cursos *on-line* desenvolvidos na metodologia Aeco (Apoio Educacional Colaborativo) durante quase uma década.

15.1 O caso da aprendizagem

Balança ou peneira... A escolha está em nossas mãos – no caso da aprendizagem, nas mãos de educadores. Nós, educadores, fazemos nossa escolha quando definimos nossa intenção educacional. Se a intenção é separar os que sabem dos que não sabem e rotular ou classificar os educandos em "melhores", "medianos" e "piores", o caminho traçado é o da peneira. Devemos ter consciência de que dessa intenção resulta a desvalorização de muitos em detrimento de poucos – o enfoque é dado às fraquezas da maioria e à excelência de uma minoria.

Se a escolha for pela balança de dois pratos, nossa intenção será a da busca do equilíbrio, ou seja, diante de critérios claros de desempenho, oferecer aos que não alcançarem os objetivos o que estiver faltando, ou, ao perceber que o equilíbrio é facilmente atingido, analisar os critérios para avaliar sua pertinência ou adequação à situação em que os educandos estão inseridos. A perspectiva do equilíbrio significa, por um lado, a valorização de todos os educandos, pois a ideia subjacente é a de que, oferecidas as condições necessárias, todos os alunos são capazes de aprender; se algo não dá certo, o problema está no ensino, não na aprendizagem. Por outro lado, a busca do equilíbrio implica diretamente o respeito às individualidades, uma vez que as evidências de aprendizagem de cada educando são comparadas a um critério preestabelecido, e não a outros educandos.

No caso da balança, a avaliação da aprendizagem possibilita interferir no processo de ensino mediante a introdução de alterações para que a aprendizagem efetivamente ocorra. Essas alterações são de diferentes naturezas: ora modifica-se um ou mais componentes do ensino, corrigindo-se erros percebidos ou acrescentando-se elementos; ora elimina-se aquilo que provocou efeitos indesejados – isto é, se o educando não aprendeu, se os resultados ficaram aquém do esperado, ainda que as condições necessárias estejam presentes, o pressuposto é de que algo, no processo de ensino, impediu a aprendizagem.

Essas ideias nos levaram a configurar a avaliação da aprendizagem, no período de 2000 a 2008, em dois focos: no primeiro, para decidir sobre a certificação ou não dos educandos ao fim dos estudos, a avaliação funcionaria como uma peneira que consideraria todo o desempenho dos educandos em todas as unidades dos cursos; no segundo, para decidir como melhorar o processo de ensino e aprendizagem, a avaliação funcionaria como uma balança, que apontaria quando houvesse um desequilíbrio, ao longo do curso, entre o que era esperado e o que era observado. Nesse caso, as evidências de um desequilíbrio desencadeariam os processos de revisão e correção para remover obstáculos à aprendizagem, que podem ter sua origem no ensino (funcionamento do sistema e dos recursos disponíveis) ou no educando (dificuldades em utilizar o sistema ou os recursos disponíveis).

15.2 A configuração da avaliação da aprendizagem

Na metodologia Aeco, a avaliação da aprendizagem se dá em um contexto multidimensional, do qual participam, como atores, o próprio aluno, a tutoria e a mediação pedagógica – e, quando os cursos envolvem atividades coletivas, também seus companheiros de turma –, isso porque partimos do princípio de que o resultado da aprendizagem não se situa apenas no âmbito cognitivo ou no saber fazer (Delors et al., 1996). O resultado surge principalmente das interações do educando com os conteúdos e, especialmente, com os responsáveis pelo ensino e os demais educandos. Nesse sentido, o resultado da avaliação da aprendizagem situa-se também no âmbito do saber conviver e do saber ser.

Entender a avaliação da aprendizagem como um processo complexo e multidimensional que, em virtude dos diferentes aspectos constitutivos, envolve muitas variáveis ao mesmo tempo, desperta a necessidade de analisá-la mais cuidadosamente, examinando seu sentido e significado.

Inicialmente, a análise indica que não basta explicitar que o objeto da avaliação é a aprendizagem. É necessário compreender que esta acontece no âmbito da educação profissional e se refere ao desenvolvimento das competências pessoais, profissionais e sociais, com o objetivo de proporcionar uma inserção mais crítica, responsável e solidária no mundo do trabalho – e, por consequência, na sociedade. Essa ideia representa o rumo do planejamento do ensino e da avaliação da aprendizagem prevista em nossos cursos *on-line*.

Outra ideia subjacente é a de que, no caso da Aeco, adotávamos a pontuação da aprendizagem como evidência de sua ocorrência. Isso significa que a avaliação da aprendizagem deveria assumir um caráter também somativo, ou seja, a certificação da aprendizagem só aconteceria se o educando, por meio de pontos obtidos, demonstrasse que constituiu as competências definidas no nível estabelecido.

Além de compreender o desenvolvimento da aprendizagem, é preciso considerar que ela ocorre por meio das relações estabelecidas pelo educando nesse processo: de um lado, com os conteúdos que estuda e, de outro, com os companheiros com quem partilha o mesmo processo e os educadores que o orientam. Tudo aponta, então, para o fato de que a avaliação da aprendizagem deve contemplar, pelo menos, os olhares do próprio educando e do educador. Quando o processo prevê a interação com os companheiros de estudo, o olhar destes também deve ser contemplado.

Em relação a seu próprio olhar, que remete à sua autoavaliação, o educando avalia *se* e *o que* aprendeu, mediante a apresentação de evidências que indiquem se o esforço destinado ao estudo foi bem-sucedido ou não. Isso significa que ele precisa se autoavaliar tendo como referência critérios que devem ser apresentados no início do processo, os quais o orientam e o ajudam não apenas para a avaliação, mas também para a própria aprendizagem. Eles representam, assim, os indicadores para que o aluno possa identificar se está no caminho correto ou não.

Os olhares dos educadores e dos companheiros de estudo, além de constituírem a heteroavaliação da aprendizagem, contemplam três aspectos:

1. a qualidade das evidências de aprendizagem;
2. o esforço do educando em aprender; e
3. a pontualidade em atender aos prazos estabelecidos.

Quando o aspecto contemplado é a **qualidade**, a obtenção das evidências pode acontecer por meio de diferentes instrumentos, aos quais a análise estará sempre vinculada. Os instrumentos objetivos não apresentam dificuldades de análise, uma vez que a atribuição de conceitos ou pontos é praticamente intuitiva e facilmente realizada com base em registros do educando; além disso, não exigem grandes interpretações por parte do educador. Trata-se, em geral, de verificar acertos e erros em relação a itens cujas possibilidades de respostas são apresentadas ao educando, ou a itens cuja resposta correta, também objetiva e direta, deve ser construída por ele. Já no caso de instrumentos que não são objetivos, como a argumentação ou a defesa de uma ideia diante de um caso apresentado, a análise é bem mais complexa e exige cuidadosa interpretação, pelo educador, daquilo que o educando apresentou. Os instrumentos não objetivos exigem que o profissional entenda o que o educando quis dizer, perceba se as relações estabelecidas foram adequadas, constate a criatividade e corrija, quando necessário, as soluções e os comentários realizados pelo aluno, por exemplo. Avaliar a qualidade da produção do educando não é uma tarefa fácil, sendo a explicitação de indicadores e critérios um recurso fundamental para os atores envolvidos no processo.

Nos cursos *on-line*, o uso de instrumentos objetivos permite que o próprio sistema realize, automaticamente, a correção das respostas e a atribuição de pontos – a correção e a pontuação são facilmente realizadas. Contudo, se a intenção for avaliar competências, a elaboração de itens objetivos, aparentemente fácil, é, na realidade, muito complexa, pois exige cuidados técnicos adequados para obtenção de evidências confiáveis que sejam indicadores significativos da constituição de competências. O educador precisa garantir, com uma cuidadosa elaboração, que seu "olhar" está dirigido ao alvo correto.

Quando o aspecto é o **esforço do educando**, cabe ao educador considerar a dedicação e o envolvimento do aluno no estudo ao longo de todo o processo de aprendizagem. O "olhar" atento do educador permite obter evidências não só dos conhecimentos construídos pelo educando, mas também do seu interesse em aprender e do esforço despendido. Esse "olhar" se dirige à sua participação no curso, ou seja, à constância de acesso; à qualidade e à pertinência dos questionamentos feitos acerca de conteúdos tratados, dos exemplos dados e dos comentários feitos; às suas contribuições nas discussões realizadas; e assim por diante. Trata-se, em termos de saberes a serem avaliados, de considerar tanto o saber ser quanto o saber conviver.

Quando o aspecto é a **pontualidade**, o que está em questão é a responsabilidade do educando diante de um compromisso assumido com o educador. Nesse contexto, é importante destacar que não se trata apenas de cumprir o cronograma de atividades definido no curso. A avaliação deve considerar que os prazos são definidos antes do ingresso do educando no curso, o que significa dizer que estes podem e devem ser negociados para atender às circunstâncias de cada caso. O educador não pode esquecer que, nos cursos *on-line*, o cotidiano de cada aluno representa um forte competidor a ser vencido no esforço de estudar. Diante disso, e dentro de limites que a instituição lhe impõe, o educador dispõe de uma ampla margem de negociação de prazos com o educando.

Quando os prazos forem negociados, eles serão o objeto do compromisso assumido pelo educando e, como tal, devem ser avaliados.

O olhar de outros educandos deve ser contemplado quando a proposta do curso envolver a realização de atividades coletivas. O modo como os companheiros de grupo percebem a participação de um educando no desenvolvimento do trabalho é a ideia que dirige o olhar avaliativo. Esse olhar contempla aspectos como:

→ **A participação produtiva**, que implica avaliar se as contribuições, de quem está sob o foco da avaliação, foram significativas ou não. Contribuições significativas não admitem simples concordância com algo já registrado ou pesquisado, assim como exigem muito mais do que o simples incentivo oferecido por meio de felicitações por uma ideia brilhante ou uma solução criativa. A contribuição considerada significativa envolve o aprofundamento de ideias, a eliminação de aspectos dúbios ou da falta de clareza, a sugestão de abordagens alternativas, a descoberta de uma saída para um problema que se julgava sem solução e o desencadeamento de uma discussão relevante, por exemplo.

→ **A atitude positiva**, destituída do espírito competitivo, a fim de privilegiar a colaboração e a cooperação. Uma atitude como essa implica o envolvimento entusiasmado do aluno no estudo, que contempla a realização do trabalho com dinamismo, o incentivo à participação dos demais, o acolhimento de ideias divergentes e a busca do diálogo, entre outras opções.

→ **O comprometimento com o trabalho**, que se manifesta por meio da preocupação com a observância dos prazos estabelecidos, o esforço para a obtenção de resultados qualitativamente superiores, a valorização do novo e do inusitado e a transformação de meras atividades compulsórias em atividades desafiadoras e gratificantes, entre outros.

Quanto se trata de atividades coletivas, a avaliação da aprendizagem não pode ser reduzida ao número de intervenções do educando. Além de não constituir uma evidência significativa, abre espaço para o estabelecimento de um cenário de farsa, isto é: se a questão é o número de acessos, a solução é acessar o maior número de vezes possível para fazer qualquer coisa. Se o critério for opinar ou comentar uma questão em análise, a farsa é fazer, no mínimo, um registro qualquer, por menos significativo ou importante que seja; se o que vale é participar de um *chat*, o caminho é "logar-se", registrar a senha, acessar o ambiente, digitar uma mensagem qualquer e comprovar a "presença" no evento. Nessa perspectiva, a avaliação pende para o lado da peneira e assume um papel burocrático que facilita o cumprimento dos processos administrativos, mas que em nada contribui para a aprendizagem.

Esses diferentes olhares devem constituir um todo que se opõe a um quadro fragmentado de evidências avaliativas. Na perspectiva da balança de dois pratos, a avaliação da aprendizagem na Aeco era desenvolvida com base em uma matriz de avaliação que conjugava as competências e os níveis em que elas poderiam ser constituídas. Assim, na intersecção de competências e níveis, situam-se rubricas que explicitam produtos (textos, relatórios, portfólios etc.) ou comportamentos que os educandos podem apresentar no decorrer do estudo.

Essa forma de avaliar, também conhecida como *avaliação por rubricas* (Depresbiteris, 2010), é estruturada em uma matriz de avaliação que possibilita que todos os envolvidos na ação educativa se orientem por indicadores de como realizar a avaliação da aprendizagem. Com base nesses recursos, todos os participantes do processo avaliam a aprendizagem de um educando e atribuem a ele uma pontuação que corresponde a determinado nível de desempenho de um contínuo, que representa os limites mínimos e máximos de variação de uma determinada competência. Desse modo, a percepção de como se deu a aprendizagem não fica apenas a cargo dos educadores, o que significa transformar a avaliação em uma conjugação de olhares que amplia sobremaneira seu potencial.

Nesse sentido, a avaliação deixa de ter como único foco o conhecimento entendido como acumulação e processamento intelectual de informações. Pelo contrário, com base nas rubricas, os diferentes olhares se dirigem a diferentes focos que, em outras palavras, contemplam os diferentes saberes envolvidos na aprendizagem.

O educando, com seu olhar, avalia não só o que e o quanto aprendeu em termos de conhecimentos construídos por meio da interação com os conteúdos estudados, mas também como realizou essa aprendizagem pela interação com os educadores e os demais educandos do curso.

Estes, com seus olhares, enfocam sua contribuição e suas atitudes no desenvolvimento dos trabalhos, colaborando com a aprendizagem, o que permite ao educando a reflexão sobre sua participação ao concordar ou discordar da avaliação dos companheiros. Os educadores, por sua vez, enfocam não só o produto do estudo, mas também a participação e o comprometimento do educando no processo.

Com essa multiplicidade de olhares, a avaliação cumpre seu papel formativo (Scriven, 1967) de orientar o processo de aprendizagem na constituição das competências pretendidas, bem como seu papel somativo ao decidir como se dará sua continuidade.

15.3 Os recursos de avaliação da aprendizagem na Aeco (Apoio Educacional Colaborativo)

Desenvolver uma competência significa ter condições de mobilizar internamente os saberes necessários à solução criativa e inovadora de um problema enfrentado (Perrenoud, 1999), seja ele de natureza concreto-prática, seja de caráter intelectual-abstrato. Avaliar se essa constituição ocorreu envolve necessariamente recursos que permitam a obtenção de dados ou informações que a evidenciem. Em outras palavras, a partir de evidências de que a aprendizagem se efetivou, isto é, de que os saberes foram mobilizados e responderam de modo inovador ao problema proposto, a avaliação aponta caminhos a serem seguidos no sentido de dar continuidade ao processo. Pode-se dizer, então, que a avaliação é uma ação que remete a uma reflexão, desencadeando uma nova ação de correção ou de prosseguimento em direção a uma nova análise, e assim sucessivamente até que a nova aprendizagem aconteça.

Entre os inúmeros recursos que podem ser utilizados na dinâmica avaliativa, a escolha recai sobre aqueles mais adequados ao contexto do qual fazem parte. Como, no caso da Aeco, a aprendizagem acontecia em um ambiente virtual, cuja existência é conferida por um computador, os recursos avaliativos deveriam assumir características que esse ambiente viabiliza. Assim, a interatividade que esse equipamento eletrônico possibilita e que deve ser considerada pela dinâmica do ensino envolvida não pode ser ignorada pela avaliação da aprendizagem. Isso equivale a dizer que os recursos avaliativos a serem adotados não podem se reduzir à mera constatação de memorizações concretizadas ou de soluções previamente conhecidas.

Considerando que na Aeco toda a dinâmica de ensino *on-line* estava situada em um contexto de desafio e problematização, a avaliação da aprendizagem refletia essa condição. Essa correspondência se torna mais forte quando se pressupõe que desafio e problematização se apresentam como autênticos, ou seja, guardam uma relação o mais próxima possível com a vida cotidiana. Desafios e problemas autênticos aproximam o educando da realidade e permitem que ele perceba o sentido e o significado do que está estudando.

Tendo esses aspectos como princípios orientadores, os métodos de avaliação da aprendizagem inseridos na metodologia Aeco viabilizados pelo LMS *Web Ensino* foram:

→ **o quadro de avaliação**, já abordado anteriormente, que servia como marco de orientação para educadores e educandos – a matriz avaliativa do curso.
→ **os recursos relativos à competência de resolver individualmente questões ou problemas apresentados**. A avaliação da constituição dessa competência era realizada por meio de

situações-problema referentes ao conteúdo abordado, cujas alternativas de solução eram apresentadas ao aluno e entre as quais ele deveria selecionar a que melhor se ajustasse a determinado problema. Todas as alternativas eram cuidadosamente elaboradas, de forma a permitir ao educador a identificação do aspecto do processo de aprendizagem que estaria gerando algum equívoco ou alguma falta de compreensão do conteúdo relacionado à situação-problema. Essas alternativas apareciam no formato de múltipla escolha, correlacionamento de itens, arraste de elementos etc. Ou seja, eram questões objetivas cuja correção era feita pelo próprio Sistema de Gestão da Aprendizagem (LMS).

Essa forma de avaliação acontecia quando o aluno estava conectado ao curso e, como tal, respondia *on-line* às situações-problema que lhe eram apresentadas. Ela correspondia, em geral, a 20% da pontuação possível em uma unidade de estudo.

Para efeito de avaliação somativa da aprendizagem, o educando dispunha de cinco tentativas para responder corretamente a todas as questões problemáticas às quais era submetido. A cada tentativa malsucedida, o aluno perdia determinado número de pontos e, para evitar o insucesso total, era aconselhado a discutir com o tutor as questões em que falhou antes de tentar novamente. Em nova tentativa, o sistema só apresentava para ao educando as questões que ele errou.

Apesar do caráter somativo dessa dimensão da avaliação, ela assumia um caráter formativo quando o educando era malsucedido em todas as cinco tentativas. Assim, o tutor autorizava a exclusão da pontuação obtida, entrava em contato com o educando, orientava-o sobre o que deveria rever, colocava-se à disposição para solucionar dúvidas e cuidava para que o insucesso não afetasse sua autoestima e o levasse à evasão do curso, interrompendo o processo de aprendizagem ao qual se dedicou na unidade de estudo.

→ **os recursos relativos à competência que envolve aplicar os conhecimentos construídos para solucionar problemas em conjunto com colegas de turma, reunidos em pequenos grupos.** Para a avaliação dessa competência, um pequeno grupo de alunos era desafiado a solucionar um problema descrito sob a forma de um caso autêntico. Como o problema não tinha uma única solução, dificilmente o grupo chegava a um consenso sem que houvesse uma significativa discussão a respeito. O produto dessa atividade era um relatório que registrava a solução encontrada pelo grupo para o problema. Desse relatório, em geral, deveriam constar não apenas a solução encontrada, mas, também, e principalmente, os argumentos teóricos e práticos que a justificavam. Toda a discussão entre os membros do grupo deveria acontecer em ambiente reservado.

Diariamente, o mediador acessava cada um dos ambientes de grupo para verificar as novas contribuições. Esse profissional era responsável por avisar ao tutor sobre uma nova postagem e indicava o grupo em que o evento ocorreu. Diante do aviso do mediador, o tutor acessava o ambiente do grupo, analisava a contribuição e fornecia um *feedback*, confirmando a correção ou orientando para a superação de problemas percebidos. Sempre que alguma comunicação entre os membros do grupo acontecia por meio do intercomunicador ou do *e-mail*, era solicitado que o registro fosse publicado no ambiente do grupo, para que o tutor pudesse analisá-lo e elaborar considerações a respeito.

A pontuação máxima que essa atividade podia receber representava 60% do total possível e envolvia não só a avaliação da qualidade do relatório e da respectiva solução encontrada e a evolução da discussão, mas também o respeito ao prazo determinado para sua entrega.

Quando um grupo apresentava o relatório sem considerar os comentários do tutor, resultando em um trabalho de baixa qualidade, era dada uma nova chance de reelaboração do documento.

Essa forma de acompanhamento e avaliação aproximava educadores e educandos e reduzia significativamente o surgimento de relatórios plagiados. No caso de identificação de plágio, o aluno que o realizou era contatado e lhe era dada uma nova chance de apresentação do relatório.

→ **os recursos relativos às capacidades de trabalhar em grupo e de autogerir a própria aprendizagem.** O recurso básico para o registro da avaliação dessas competências estava inserido no próprio LMS em dispositivos específicos. No caso da avaliação da participação, cada membro do grupo recebia de seus companheiros uma pontuação, que variava de 0 a 10 pontos, refletindo a percepção deles sobre a contribuição de cada um para a solução do problema que lhes havia sido apresentado. O próprio LMS calculava a média de pontos e atribuía a cada aluno uma pontuação final, que, em geral, representava 10% do total de pontos possíveis.

No caso da autoavaliação, o educando analisava seu esforço e empenho no decorrer de toda a unidade e atribuía uma pontuação relativa a ele próprio. Essa pontuação variava, também, de 0 a 10 do total de pontos, correspondendo a 10% da pontuação total.

A autoavaliação era acompanhada, muitas vezes, de comentários do educando a respeito do próprio desempenho na unidade. Não raras vezes, observamos que muitos alunos eram excessivamente severos na autoavaliação; nesses casos, tutor ou mediador entravam em contato para verificar se foi consultado o quadro de avaliação que especificava o que deveria ser considerado para a atribuição da pontuação referente.

Entre a balança e a peneira, certamente optamos pela busca de equilíbrio representada pela primeira, pois ela atende à ideia de que, na educação, o foco de todo esforço deve ser o educando e sua aprendizagem. De nada adianta punir um aluno por não ter aprendido, uma vez que a punição nada acrescenta de positivo ao desenvolvimento dele como ser humano; pelo contrário, a consequência é sempre negativa e reverte-se em negação da necessidade de algo inerente ao homem: o querer aprender.

No entanto, como na instituição a condição para aprovação exigia a pontuação por competência constituída, não tivemos alternativa a não ser realizar a avaliação também na perspectiva da peneira. Entretanto, como nosso compromisso sempre foi com a aprendizagem, não perdemos, em nenhuma oportunidade, a chance de avaliar na perspectiva da balança, sempre procurando o equilíbrio e realizando o necessário para que ele fosse alcançado.

16
Uma informação na cabeça e uma tela e um *mouse* nas mãos!

Você já reparou que, diante de uma novidade, sempre buscamos um referencial de coisas que já conhecemos? Uma máquina digital, por exemplo, é muito diferente de uma máquina mecânica, mas o *"click"*, mesmo desnecessário, permanece. É um vestígio do passado para quem usa essa nova máquina. E o teclado, então? Ele foi inventado no século XIX, quando se usava as duas mãos em uma máquina de escrever, cuja configuração impedia que as teclas engastalhassem. Como justificar esse mesmo formato de teclado para aparelhos como o celular, por exemplo? Como seria reinventá-lo hoje[1]? Um novo modelo teria aceitação?

Enfim, o dilema dos *designers* de todos os campos consiste na incorporação de pistas que mantenham as pessoas presas ao que já existiu ou abandonar as convenções? Esse impasse está presente, também, quando pensamos nos cursos *on-line*: É

---
1 Para conhecer uma proposta de reinvenção do teclado, acesse: <http://www.youtube.com/watch?v=q3OuCR0EpGo>.

preciso abandonar as referências do ensino presencial ou não? Observamos hoje inúmeros cursos que se estruturam em aulas, em espaços virtuais que reproduzem uma escola com salas, secretarias, espaço para intervalo. Só falta o som do sinal do início da aula!

Na história dos meios de comunicação, também observamos, no início da existência de uma nova mídia, a reprodução de referenciais de programas de um meio de comunicação imediatamente anterior: o rádio incorporou a linguagem do circo, assim como a televisão adotou a linguagem do rádio e do teatro. Aos poucos, contudo, os meios de comunicação vão desenvolvendo sua própria linguagem e se distanciam dos anteriores. Na atualidade, a programação da televisão é bem diferente da existente nos primórdios de sua existência e já se apresenta com uma linguagem própria de sua natureza. Embora haja sempre a migração dos diferentes discursos de uma mídia para outra em busca de audiência, foi assim que a chegada do computador alterou novamente a linguagem da televisão, do rádio e do cinema. O cinema usa alguns elementos da televisão para seduzir seu público, da mesma forma que a televisão pode usar elementos do cinema ou do rádio, e assim por diante. O importante é identificar que cada um desses meios tem linguagem e discurso próprios. É possível observar que a televisão hoje busca a interatividade, estimulando o seu público a ter voz nas programações; essa constatação nos remete à presença da linguagem do computador que migrou para ela. As linguagens dos meios se alteram e estão em constante construção.

A televisão é antecessora do computador, mas é bem diferente. A primeira traz as pessoas e os ambientes para dentro de casa e os indivíduos geralmente assistem a tudo sentadas no sofá. A tela do computador também tem suas peculiaridades: a pessoa pode manipular o que está nela, projetar sua identidade em redes sociais, criar uma nova vida ou imergir em um jogo de simulação da vida real.

Os jovens de hoje criam avatares, interagem com diversos grupos, editam e produzem informações. Como será o futuro? Como a vivência de diferentes papéis será usada em experiências educacionais é uma grande incógnita.

Preparar cursos *on-line* para esses jovens, que nasceram nessa geração digital, será um grande desafio. É preciso romper com elementos tradicionais da educação cercada pelos muros da escola, com a informação baseada fundamentalmente em textos e na linearidade como base da aprendizagem.

Como educadoras *baby boomers*[2] que somos, contamos no início de nosso trabalho educacional em cursos *on-line* com alunos que estavam na faixa dos 30 a 40 anos e que, portanto, não haviam nascido na era digital. Assim, nossos cursos mantiveram alguns resquícios do passado para tornar confortável a chegada dessa geração, mas também tentamos abandonar alguns elementos associados à escola tradicional.

Esse foi o primeiro ciclo de experiências em aproximadamente duas dezenas de cursos virtuais que serviu para algumas constatações positivas e análises de erros ou equívocos que merecem ser corrigidos, no futuro, para que seja possível um salto na qualidade.

---

2 Pessoas nascidas entre 1946 e 1964, no período pós-guerra, em que se vivia a perspectiva da explosão demográfica, tendo como mídia principal a televisão.

Além disso, essas experiências nos desafiaram a pensar em como atender aos jovens da geração digital que estão chegando agora aos cursos *on-line*.

16.1 Um dedo de prosa

O diálogo caracteriza-se pela presença do outro e pelas intervenções que se sucedem. Ao prepararmos um curso, a estruturação e o planejamento pedagógicos referentes a ele deverão contemplar a concepção de educação e a comunicação adequadas. Se o diálogo é um elemento de comunicação importante para um curso *on-line*, é necessário que o aluno tenha a possibilidade de se expressar no seu desenrolar. A possibilidade de dar voz ao aluno deve estar presente em todo o planejamento e essa questão deve permear todos os momentos de tomadas de decisão.

16.1.1 O dilema da escolha

Para a realização de um planejamento de curso, muitas escolhas são realizadas. No entanto, ao escolher isto, perco aquilo. Por isso, sempre é preciso estar atento não somente ao que se ganha com uma escolha, mas também ao que se perde com ela e, assim, ponderar o valor das perdas e dos ganhos em função da concepção de educação e comunicação que orientam determinado curso.

Por exemplo: em cursos livres[3], se nossa escolha é dispensar a exigência de comprovação de pré-requisitos, corremos o risco de

---

3 Cursos que não exigem reconhecimento ou autorização do Ministério da Educação (MEC) para funcionarem legalmente.

que determinado aluno se matricule sem ter os saberes necessários para acompanhar o curso e, com isso, enfrente dificuldades absolutamente desnecessárias, o que pode levá-lo à desistência por se sentir incapaz de compreender o que está estudando. Por outro lado, ao deixar explícitos os pré-requisitos, mas não exigir a comprovação deles no ato da matrícula, estamos indiretamente dizendo ao interessado que confiamos nele e na sua capacidade de avaliação sobre tê-los ou não. Ele deve ser informado que a ausência de pré-requisitos para o curso poderá dificultar sua participação. A confiança no outro inicia a relação que se construirá com ele.

Se, por outro lado, exigirmos comprovantes que demonstrem a existência do pré-requisito exigido para o curso ou uma prova por meio de uma avaliação inicial, o critério passa a ser o controle externo. Há menor risco de que pessoas sem os pré-requisitos exigidos se matriculem no curso, mas, em compensação, haverá um aumento de controles administrativos tanto para verificação dos documentos exigidos quanto para a aplicação de uma prova inicial de avaliação de saberes já construídos pelo interessado.

O que vale mais na proposta pedagógica: A construção de uma relação de confiança entre educador e educando ou de controle? Qual o risco que se está disposto a correr pela escolha feita?

A fim de minimizar o risco de escolhas equivocadas, é importante refletir e encontrar respostas para questões que orientam as decisões para um bom planejamento de curso. Algumas dessas questões são analisadas a seguir.

16.1.1.1 **Quem é o outro?**
Para quem estamos planejando o curso *on-line*? Conhecer as características do educando é muito importante para nossas escolhas. Quanto mais mergulhamos no universo desse nosso futuro aluno, mais acertadas serão as decisões que tomaremos sobre o curso que iremos planejar.

Se já existe um curso presencial para esses alunos, uma das formas possíveis de compreender o universo a que pertencem e de conhecê-los mais proximamente é conversar com eles, analisar suas preferências, observar o que valorizam e rejeitam. Outra forma de aproximar-se deles é enteirar-se de seus gostos de leitura, saber quais os programas de TV eles assistem, os *sites* que gostam de visitar e a que redes sociais estão vinculados. Assim, podemos entrar no mundo em que vivem os educandos e encontrar um modo apropriado de comunicação com eles. Vale tudo para conhecê-los melhor. Analisando o universo desses alunos, podemos chegar a decisões originais não pensadas no início do processo. Como exemplo, podemos citar que uma conversa com adolescentes nos ajudou a descobrir seu grande interesse na linguagem das revistas japonesas, os mangás. Essa descoberta nos levou a analisar e a utilizar uma linguagem semelhante na proposta de materiais didáticos voltada para esse público.

As revistas técnicas preferidas podem nos orientar sobre a organização das informações os alunos mais apreciam. Esses materiais contêm textos, imagens e infográficos? Quais recursos de linguagem utilizados atraem esses leitores (nossos futuros alunos)?

Conhecer os *sites* apreciados por eles pode nos ajudar a tomar decisões sobre o ambiente que favoreça a interação no curso a ser planejado. "Como são organizadas as informações?", "Como é a interatividade nesses *sites*?" e "O que é mais valorizado pelos alunos?" são algumas perguntas que nos permitem obter informações preciosas para a configuração do ambiente de um curso *on-line* para determinado público. As letras de músicas e os ritmos também nos ajudam a mergulhar na cultura dos nossos futuros alunos e no seu universo imagético.

Quanto mais conhecemos o universo dos nossos alunos, melhores serão nossas escolhas para a seleção do contexto do curso, dos recursos didáticos e da forma de organização das informações. É importante também ter claro que esses alunos são plurais e pertencem, muitas vezes, a "tribos" com determinadas peculiaridades. É preciso, inclusive, conhecer essas diferenças para pensar na introdução de algumas dinâmicas em um curso.

É bom lembrar que esse mergulho no universo dos futuros alunos, no domínio de suas linguagens e peculiaridades, permite criar uma ponte entre o conhecido e o desconhecido, um dos fatores vitais para a aprendizagem.

16.1.1.2 O curso é para quê?

Você é capaz de iniciar uma viagem sem saber aonde quer chegar? Se sua resposta foi positiva, cuidado: você pode chegar também aonde não deseja. Saber nosso ponto de chegada é importante para traçar o mapa da viagem.

Definir o objetivo a que se pretende chegar deve ser o começo da preparação de um curso *on-line*. É muito importante explicitar as competências[4] que o aluno deverá ter consolidado até o fim do curso.

A clareza na explicitação das competências finais permite compreender como as informações serão aplicadas em situações do dia a dia ou nas atividades profissionais. Para tanto, deve-se considerar qual será a contribuição do curso para a atividade profissional do aluno. Por exemplo: em um curso de Gestão Ambiental, é importante definir o que é ser um bom gestor ambiental e quais critérios devem orientar as tomadas de decisões de um profissional da área que contemplem aspectos de preservação ambiental.

As competências finais devem contemplar o saber não apenas do ponto de vista do conhecimento, mas também do fazer, do ser e do conviver[5]. Assim, podemos compreender melhor os passos necessários para que as competências sejam constituídas. Por exemplo: ao fim do curso de Robótica Industrial, o aluno deve saber programar um robô de determinado tipo, com base na definição das tarefas que este deve executar, obedecendo às normas de segurança. Se essa é a competência final do aluno, ele deve constituí-la no decorrer de outras competências intermediárias, tal como identificar o tipo de robô que irá programar: Qual é o robô e o que ele faz? Qual é a sua linguagem? Quais são os movimentos que ele pode executar? Quais são os diversos movimentos do robô e como eles estão associados aos comandos necessários? O que

---

4 Segundo Silva (2003), o Ministério da Educação (MEC) define competências como "modalidades estruturais de inteligência; ações e operações que utilizamos para estabelecer relações com e entre objetos, situações, fenômenos e pessoas que desejamos conhecer".
5 Referente aos quatro pilares da educação, segundo o relatório Delors (Delors et al., 1996).

significa programar esse robô dentro de normas de segurança estabelecidas?

Explicitar as competências finais e intermediárias é um desafio na compreensão do curso como um todo. É preciso identificar quais competências são complementares e quais são básicas, assim como as relações que existem entre elas. Quanto melhor a organização desse plano de desenvolvimento de competências, mais fáceis serão as decisões posteriores.

O trabalho conjunto de profissionais das áreas de conteúdo e de ensino do curso é fundamental nessa etapa. Os olhares diferentes podem favorecer a clareza em relação ao estabelecimento das competências.

A seleção das competências finais e intermediárias permite a divisão do curso em unidades de ensino. Estas devem ser compostas pelos grupos de competências intermediárias e fornecem a intencionalidade das situações que serão oferecidas.

As competências ajudam, também, a selecionar os recursos que serão utilizados para o ensino. Por exemplo: no caso do curso de Robótica Industrial, se a competência é programar, o aluno necessita praticar os comandos de um programa e verificar se o robô obedeceu ou não às suas escolhas.

Definir os recursos de um curso depende também da competência que se pretende que o aluno venha a constituir. Para muitos, quando a prática é condição para a aprendizagem, não é possível abrir mão das atividades presenciais. É preciso analisar se há a necessidade de prática efetiva e presencial, pois o fato de um simulador atender ou não às necessidades para o desenvolvimento da competência depende do cuidadoso estudo das condições de realização do curso e das competências envolvidas.

O planejamento de um curso *on-line* não é linear, uma vez que uma decisão interfere em outra e a ela seguem-se outras tantas que são tomadas até que o curso fique pronto. Por isso, a definição das competências a serem desenvolvidas no decorrer do curso interfere na estruturação das unidades de ensino, na escolha dos recursos, na seleção dos conteúdos, nos exercícios que serão preparados e na própria avaliação da competência final.

Isso significa que o estabelecimento das competências que o curso *on-line* pretende viabilizar é um momento crucial do planejamento, pois é com base nelas que todas as outras decisões são tomadas.

O tempo de estudo do aluno também deve ser estimado. De quanto tempo ele precisa para estudar uma unidade de ensino? E para acompanhar o curso todo? Deve-se levar em conta que estudar inclui ler e interpretar as informações, realizar os exercícios, tirar as dúvidas e fazer avaliações. A previsão do tempo pode ser por dia, semana ou qualquer outra unidade de tempo desejada. Essa é outra questão importante, pois o tempo virtual é diferente do tempo real. A dúvida de um aluno pode levar um tempo diferente para ser encaminhada e respondida quando se compara o retorno dado no curso presencial. O aluno envia uma questão na madrugada em que está estudando, o professor responde na tarde seguinte e o primeiro somente irá verificar a resposta dois dias depois, quando retornar ao *site*.

Levar esse tempo em consideração para prever a duração de um curso é fundamental. Achar que a duração de um curso presencial pode ser transposta para o espaço virtual é um equívoco que tem provocado diversos problemas, como a dificuldade dos alunos de acompanhar as atividades previstas em virtude do pouco tempo disponível ou o desânimo pelo tempo de intervalo entre uma unidade de ensino e outra.

16.1.1.3 Qual será o contexto do curso?

O contexto de um curso é o ambiente em que ele acontece. As competências não se realizam abstratamente, mas dentro de um contexto determinado. A escolha de um contexto adequado favorece a construção das situações de ensino que, por sua vez, podem favorecer a aprendizagem.

Por exemplo: imagine que a competência final de um curso seja selecionar ingredientes adequados de receitas para pessoas que são portadoras de deficiências no processamento de açúcar ou de gorduras. Os alunos desse curso são chefes de cozinhas industriais. Nesse caso, o contexto pode ser uma cozinha industrial com os locais de armazenamento dos produtos. É um ambiente que os alunos conhecem e onde eles demonstrarão que escolhem os ingredientes corretamente em função dos pedidos das pessoas com seus respectivos problemas de saúde. Da mesma forma, se um curso pretende constituir uma equipe de profissionais que contribua para os resultados de uma empresa, de forma solidária e comprometida, uma metáfora possível poderia ser um campo de futebol e a preparação de um time para as competições nesse ambiente.

O contexto é o cenário do curso e, como tal, deve permitir a criação de um espaço de vivência, de simulação da aplicação do conhecimento pelo aluno. O contexto entendido como metáfora deve estar integrado à proposta do curso a fim de que possa favorecer a aprendizagem.

A vivência das situações de aplicação do conhecimento, além de contar com o cenário, pode dispor de recursos como simuladores, jogos, atividades interativas e análises de casos, os quais favorecem a aprendizagem por serem situações desafiadoras e interativas.

16.1.1.4 Como praticar ou aplicar o conhecimento num curso on-line?

A definição das competências finais e intermediárias orienta a elaboração da avaliação final, das avaliações das unidades de ensino e dos exercícios. As avaliações e os exercícios ampliam a possibilidade de concretização da aplicação do conhecimento. No entanto, para isso devem estar integrados ao contexto do curso. Por exemplo: se uma cidade fictícia for o contexto do curso de Gestão das Emissões Atmosféricas, as avaliações devem ser pensadas com base nas condições descritas nessa cidade. Elaborar avaliações e exercícios sobre a geração de lixo e as emissões atmosféricas poluidoras da cidade, bem como sobre o número de carros, as áreas verdes existentes, o parque industrial da região e as estações de medições do ar atmosférico pode ser uma possibilidade.

A competência final orienta, então, a preparação da avaliação final e facilita a construção das avaliações intermediárias e dos exercícios.

A função dos exercícios é consolidar o conhecimento que está sendo construído e, para isso, devem refletir a abordagem pedagógica do curso. Assim, ao prepará-los, é importante obedecer ao mesmo princípio de aplicação de conhecimento, ou seja, utilizar nos exercícios formatos semelhantes aos utilizados nas avaliações. Além disso, por se tratar de um curso *on-line*, os exercícios também devem ser interativos, com situações verossímeis a serem resolvidas.

Estudos de caso, simulações, jogos, desafios e solução de problemas são estratégias que tornam as situações de ensino mais sedutoras e favorecem a aprendizagem. O uso dessas estratégias deve ser pensado para os exercícios e as avaliações.

Se o curso é dialógico, é importante prever situações de cooperação e interação nos exercícios e nas avaliações que concretizem a prática simulada dos alunos. Atividades em pequenos grupos podem ser uma forma de incentivar a participação destes. Para esses casos, recomendamos desafios que impliquem situações reais mobilizadoras de discussão e estimuladoras de múltiplas interpretações, tal como acontece na realidade. É bom lembrar que os alunos nem sempre podem estar conectados ao curso ao mesmo tempo e que, por isso, é importante a existência de um ambiente no curso onde possam ser organizados pequenos grupos para a realização de atividades e que apenas os membros de um mesmo grupo e o professor possam acessá-lo. Assim, a interação pode ocorrer de forma assíncrona e o professor poderá observar as atividades dos alunos, corrigir rotas, indicar problemas e estimular a discussão.

Nem sempre as ferramentas de gestão têm espaços que propiciem discussões em pequenos grupos, mas se eles fizerem parte da proposta pedagógica do curso, é importante solicitar sua customização. Afinal, a tecnologia sempre pode colaborar para concretizar a proposta pedagógica.

As atividades em pequenos grupos, tanto nos cursos presenciais como nos cursos *on-line*, não são fáceis de coordenar e estimular. No entanto, esses grupos se configuram como um espaço importante para que os alunos colaborem com os companheiros, sejam solidários, aprendam a lidar com as diferenças e trabalhem em equipe. Essas são competências hoje muito valorizadas no mundo do trabalho e acreditamos que sejam indispensáveis para a sociedade, pois colaboram para o desenvolvimento da cidadania. São espaços como esses que mobilizam a interação e o diálogo.

Definidas as competências, os exercícios e as avaliações, é possível montar um quadro que forneça ao aluno, em cada unidade de ensino, as competências avaliadas, os critérios de avaliação e a definição da pontuação correspondente.

16.1.1.5 O que e como avaliar?

Os exercícios e as avaliações intermediárias e finais compõem parte do processo avaliativo de um curso. Contudo, é importante decidir quais aspectos serão avaliados.

No momento de configurar a avaliação, inúmeras questões precisam ser respondidas: Ela contemplará apenas os aspectos das competências que dizem respeito à aplicação do conteúdo ou também privilegiará outros aspectos, como cooperação e participação? Como ela será feita no caso da cooperação e da participação? Se houver atividades em pequenos grupos, como ela irá acontecer? Nos casos da participação e da colaboração, quem fará a avaliação: o professor ou os companheiros de grupo? Se não houver atividades em grupo, como avaliar a participação e a colaboração do aluno no grupo como um todo? Como será avaliada a participação de todos?

Atualmente, com os avanços tecnológicos, é possível realizar avaliações de atividades em grupo utilizando-se, por exemplo, os *blogs*. Esse recurso pode facilitar a implantação da avaliação por portfólio, na qual o aluno posta suas produções no decorrer do estudo, compostas por fichamentos, relatórios de atividades, textos produzidos, vídeos etc. O professor pode acompanhar as produções, orientar um ou mais alunos quanto aos problemas identificados e, até mesmo, avaliá-las no processo.

Todos os aspectos avaliativos têm de ser previstos antecipadamente. Entre esses aspectos que merecem especial atenção está a pontuação referente às diferentes competências. No que concerne aos pesos da avaliação, é preciso discutir, em relação à competência final, qual é a contribuição do conhecimento, das atitudes e das habilidades na sua construção. A contribuição de cada elemento deve ser pensada no todo para que os pesos sejam concretizados, tendo como referência a competência final. E, naturalmente, nas competências intermediárias, esses elementos devem estar presentes e devidamente avaliados para compor o resultado final da avaliação.

A pluralidade de formas de avaliação e o envolvimento de vários avaliadores no processo de ensino podem contribuir para a aprendizagem, principalmente se todos os parâmetros forem explicitados, de modo que o aluno possa saber como, quando e por quem será avaliado.

Em alguns casos, é exigida uma avaliação presencial do curso. Essa possibilidade, assim como as outras, deve ser considerada no planejamento do curso e os critérios para sua escolha devem estar suficientemente claros. Como a avaliação presencial irá agregar valor à aprendizagem e ao curso? Qual a relação de confiança construída com os alunos? Como as estratégias de avaliação pensadas contribuem para a construção dos vínculos e favorecem a aprendizagem?

16.1.1.6 Qual é o recorte do conteúdo?

A definição das competências finais e intermediárias, a separação das unidades de ensino, os exercícios e as avaliações são as referências para uma seleção mais adequada do conteúdo. O recorte deve contemplar o que for indispensável ao aluno em termos de informação para que a realização dos exercícios e das avaliações seja possível.

Naturalmente, é preciso analisar o que é indispensável e o que é importante aprofundar em termos de informações. Assim, separar o que é essencial em conteúdo e o que pode complementar a formação do aluno é um modo de organização das informações do curso.

Em geral, os especialistas em conteúdos acreditam que tudo é importante em determinada área, pois o conhecimento exige relações complexas em relação a vários elementos. Encontrar um eixo das principais relações para as competências estabelecidas é o grande desafio. O eixo central corresponde ao tronco de uma árvore, ao conteúdo essencial, enquanto os eixos derivados são os galhos que se projetam desse eixo central.

A montagem de uma árvore de informações, que separa o essencial do complementar, facilita a organização desses elementos para que as competências sejam constituídas.

Para o essencial, é preciso pensar sobre como criar situações de ensino que possam favorecer a aprendizagem. É unir o que já é conhecido com o que é desconhecido. Buscar referências nas vivências e encontrar essa ponte é fundamental para a aprendizagem.

É preciso realizar uma abrangente pesquisa do conteúdo baseada no recorte definido e oferecer ao aluno a organização das informações essenciais e complementares para cada unidade de ensino. Há muitos materiais disponíveis de infinitas áreas que podem colaborar para o estudo do aluno. É importante, no entanto, respeitar os direitos autorais e pedir as autorizações necessárias para que os conteúdos possam ser utilizados no curso.

É sempre bom ter em mente que a grande rede contém o que se deseja em termos de informação, mas o mais importante é selecionar o que é ou não relevante em determinada pesquisa. Assim, quando se prepara um curso, a contribuição de um especialista em determinado assunto é indispensável para a adequação da seleção, do recorte de informações que serão inseridas no curso como parte do seu conteúdo.

16.1.1.7 Qual é o melhor recurso de ensino?

Se o diálogo é a abordagem do conteúdo do curso, a escolha dos recursos deve favorecer sua efetivação. As informações podem estar apresentadas na forma de textos, vídeos, animações, jogos, *links* para *sites*, simuladores, entre outras. Pode ser necessário produzir alguns recursos ou usar os que já estejam disponíveis e sejam adequados à proposta do curso.

Para usar os recursos disponíveis, é preciso obter autorização formal de uso. Respeitar a autoria das produções alheias é indispensável em qualquer curso, seja ele presencial, seja ele virtual. Mesmo com a autorização, o respeito aos créditos é outro elemento que não pode ser ignorado em um curso *on-line*.

Os especialistas indicam os textos, mas é preciso analisá-los e verificar se estes estimulam o diálogo e fazem parte das informações essenciais ou complementares definidas para o curso. Em alguns casos, recomenda-se que os textos sejam preparados especialmente para o curso, pois podem trazer exemplos e situações mais adequados ao público ao qual se destinam. O mesmo acontece com animações, jogos, simulações e vídeos. Em algumas situações, uma animação pode inspirar o desenvolvimento de outra que seja mais adequada à situação indicada pelo curso, estimulando a ação do aluno na aplicação do conhecimento.

A escolha de um recurso é determinante para a programação de um curso. Vamos imaginar um curso cujo objetivo consiste no desenvolvimento de competências relacionadas à segurança na operação de uma máquina. Pode-se optar pelo trabalho com as normas de segurança e pelo fornecimento de um texto que as aborde para que o aluno consulte, quando necessário, ou pela introdução de uma animação como recurso inicial. Um exemplo de animação possível é a de um acidente comum na operação da máquina para que o aluno levante hipóteses sobre as razões que o provocaram e a norma de segurança que não foi obedecida, estude o conteúdo referente ao acidente e as normas relacionadas e, finalmente, retome a animação e verifique a comprovação ou não de suas hipóteses iniciais. A animação de um acidente como recurso para dominar a norma de segurança é uma escolha mais próxima da realidade do aluno. É o acidente que ele deve evitar, e obedecer à norma é a maneira de evitá-lo.

É importante ressaltar que a opção por representar visualmente um acidente leva a outras decisões. O que mostrar? O acidente em detalhes, com mutilações ocorridas? Ou apenas insinuar o que pode acontecer ao profissional acidentado? A decisão por um ou outro tipo de animação requer avaliar o que é mais efetivo para que uma pessoa obedeça às regras de segurança.

Além disso, não se pode esquecer que os casos têm de ser verossímeis. É necessário, então, pesquisar os casos reais de acidentes mais comuns e frequentes, os diversos detalhes que os envolveram – no caso do nosso exemplo, a operação da máquina – e adaptá-los para uma animação que possa explorar os detalhes identificados.

O recorte de um conteúdo por meio da animação requer estudo em todos os detalhes, desde o conteúdo, o tipo de traço, a representação do acidente, a seleção dos equipamentos de segurança que devem estar presentes, até a indicação dos elementos que foram negligenciados. Isso significa que, para ser bem produzido, cada detalhe de um recurso precisa ser discutido e aprofundado com o especialista de conteúdo, o especialista pedagógico, o desenhista e o programador da animação. Todos têm, nesse caso, de compreender o significado da animação para que criem uma situação que possa facilitar a aprendizagem do aluno.

As imagens e os vídeos são profundamente sedutores e, muitas vezes, no momento de escolha, não se avalia profundamente o que eles agregam e como podem facilitar a aprendizagem. Estamos aprendendo a usar a hipermídia e, aos poucos, a dominar as diversas linguagens, sua convergência no espaço virtual e sua contribuição para o ensino. Mas é preciso ousar e verificar os resultados.

Nos cursos *on-line* que desenvolvemos, utilizamos cidades fictícias, animações que orientavam a busca de informações, simuladores, animações interativas, vídeos e até videoconferências. Foram experiências gratificantes que nos desafiaram a novas aventuras. Mas, em todos os cursos, sem exceção, os textos eram usados como eixos da apresentação de informações.

No entanto, acreditando que existem outras opções, preparávamos um novo curso em que as animações eram o eixo previsto, e não os textos. No entanto, infelizmente, não conseguimos realizá-lo e, pelo que acompanhamos, como a proposta não foi valorizada, acreditamos que tenha sido abortada. Mas, mesmo sem a possibilidade de concretizar essa experiência, continuamos acreditando que novas linguagens podem substituir os textos no eixo das informações.

Em um curso dialógico, temos, além das informações organizadas em recortes de conteúdos em diversas mídias, o fórum como um espaço que contempla as vozes dos alunos e onde o conteúdo pode ser abordado. No planejamento do curso, é importante contemplar o uso do fórum. Como ele será usado no curso? Ele atenderá a um tema por unidade ou a mais de um tema? O professor irá colocar situações-problema a serem discutidas ou o desafio será uma relação entre aspectos teóricos? Os temas e a intervenção do professor devem ser pensados, pois eles contribuem com as informações do curso.

O professor pode coordenar um fórum centrando em si mesmo as observações e as colocações dos alunos. Ele pode também intervir de forma menos centralizadora, incentivando o diálogo entre alunos: O que um aluno disse e o que o outro comentou? O que eles têm em comum e onde estão as ideias opostas das afirmações? É um espaço que se presta para trocas de experiências, sobre como cada um já aplicou o conhecimento em pauta e o que observou no processo. É importante que, ao fim da discussão de um tema no fórum, seja apresentada uma síntese do que foi discutido, podendo ou não ser passível de nova discussão. A síntese de um fórum pode contemplar as questões abordadas, os olhares diferentes para cada tema, as posições convergentes e divergentes e algumas recomendações do tutor para o aprofundamento do assunto. Apesar de não ser fácil a elaboração de uma síntese, essa atividade é desafiadora, e todos que participaram do fórum ganham com isso. Enfim, o fórum é um recurso didático muito rico que pode explorar conteúdos, aprofundar questões e despertar o interesse por um tema. No entanto, essa ferramenta, assim como outras, deve ser inserida no planejamento e organizada no decorrer do curso.

O fórum também pode ser usado com base em algum conteúdo considerado complexo que o tutor observe no decorrer do curso. Por exemplo: o profissional percebe que a maioria dos alunos está cometendo erros na solução de determinado exercício em virtude de uma interpretação inadequada do enunciado. Ele pode usar o fórum como espaço para discutir o enunciado e suas múltiplas interpretações e provocar e incentivar os alunos a apresentarem suas interpretações e o raciocínio desenvolvido.

Em resumo, o fórum é também um excelente recurso de ensino e permite a expressão dos alunos de forma assíncrona. Mas é preciso ser um bom animador para manter a frequência de participação e intervenção dos alunos. É um espaço em que todos têm voz e podem se manifestar livremente, gerando discussões que podem ampliar ou até mesmo modificar as informações exploradas no curso.

O *chat* também é um ótimo recurso de interação. Essa ferramenta, no entanto, exige que os participantes estejam *on-line*. Usamos largamente esse recurso para aulas de abertura ou fechamento de unidades em diversos cursos. O professor preparava um conteúdo referente à unidade – que poderia ser uma situação-problema ou a discussão de questões que ficaram em aberto para os alunos e não foram integralmente discutidas – e elaborava com antecedência um pequeno texto que iria explorar no *chat*. Era enfatizado que o profissional deveria contemplar as observações e intervenções realizadas pelos alunos em relação ao tema. Em algumas situações, os *chats* temáticos exploraram até o funcionamento de um simulador e as dificuldades que os alunos encontraram no seu uso.

Fizemos uso do *chat* tradicional, que está presente na maioria das ferramentas de gestão. Hoje, temos recursos melhores, que disponibilizam a imagem e a voz do professor, bem como exploram imagens que podem ser produzidas *on-line*. As ferramentas de interação se tornam cada vez mais efetivas e amigáveis.

Em um curso para preparar professores para o uso básico de Libras (Língua Brasileira de Sinais), o uso de videoconferência foi um diferencial. Era permitido aos participantes gravar uma comunicação em vídeo, que o professor assistia em seguida para analisar o processo e comentar os erros e acertos com o aluno, o qual, por sua vez, poderia gravar novo vídeo mostrando as correções dos sinais. Foi uma boa experiência que nos levou a explorar outros aspectos além do texto, como as imagens ao vivo e as gravadas pelo professor e pelos alunos.

Não podemos esquecer que o *chat* é um recurso usado *on-line* e que, por isso, tem seus limites. Assim, se o curso é flexível, não deve usar horários rígidos que impeçam os alunos de participar. Atividades *on-line* devem sempre ser optativas, pois nunca podemos garantir que o aluno poderá tomar parte. Há ferramentas que permitem o registro e a gravação das mensagens de texto que podem ser disponibilizadas para os alunos, permitindo aos ausentes o acesso ao seu conteúdo.

Enfim, tendo em vista as ponderações feitas até aqui, concluímos que o melhor recurso de ensino é aquele que permita a produção e o uso com competência e que facilite a aprendizagem do aluno.

16.1.1.8 Navegar em águas calmas ou revoltas?

A navegação deve ser confortável para o aluno – não pode ser confusa, de modo que ele gaste muito tempo "desvendando o mistério", e tampouco óbvia e linear, tratando o educando como alguém limitado, subestimando sua inteligência.

A navegação deve permitir múltiplas entradas. Há alunos que preferem iniciar um curso pelos exercícios e outros que preferem acessar todas as animações, pois conseguem aprender melhor quando estão diante de elementos visuais. Outros ainda são organizados e precisam saber exatamente como tudo funciona para poder iniciar o curso. Esses são exemplos de diferenças que devem ser pensadas no planejamento da navegação.

Quais são as entradas cujo acesso é irrestrito? Quais são as que exigem que o educando passe antes por outros caminhos? Como orientá-lo, mas sem forçar um caminho único? Todas as unidades de ensino vão estar abertas desde o início do curso? Quais devem estar abertas e quais devem ser fechadas? Qual a razão para permitir o acesso controlado? A organização das informações e as explorações possíveis dos alunos com a possibilidade de múltiplos caminhos são elementos importantes e que podem tornar um curso interessante ou extremamente monótono.

Costuma-se hoje realizar programações de cursos em Scorm[6], uma programação padronizada que independe da ferramenta em que será utilizada, permanecendo sempre a mesma. A programação é linear e limitada, o que acaba tornando todos os cursos iguais. Ela facilita sobremaneira a programação, mas provoca grandes perdas, como a customização para um ensino individualizado que possa contemplar diferenças entre as pessoas, o que é fundamental para a aprendizagem significativa.

É preciso contemplar as diferenças. Se um aluno é mais rápido que seus companheiros, como irá fazer para ir adiante? Se um aluno for mais lento, qual é o limite da tolerância em cada unidade de ensino? Enfim, a carta de navegação é fundamental para que cada aluno se localize e possa, ao mesmo tempo, explorar livremente o espaço virtual onde está inserido.

Uma agenda com datas de início e término de unidades de ensino e de entrega de atividades também costuma ajudar na orientação dos alunos, bem como avisos personalizados durante o curso. Assim, o aluno se localiza no ambiente virtual e se programa para estudar e entregar as atividades previstas.

O suporte para problemas de navegação é fundamental. O simulador que "roda" perfeitamente em uma versão de um navegador pode não funcionar em outro; uma máquina pode ter uma configuração mais lenta, o que poderá levá-la a perceber animações e vídeos de formas diferentes; um *chat* pode estar bloqueado em virtude de sistema de proteção empresarial, entre outros inúmeros problemas. Assim, se o aluno não tiver o devido suporte, ele

---

6 Sigla de *Sharable Content Object Reference Model*.

pode abandonar o curso por não conseguir explorar os recursos disponíveis. A especificação das características do *hardware* e dos *softwares* para que um curso funcione deve estar visível e acessível para todos que forem se matricular no curso. A apresentação de *links* para *softwares* indispensáveis também é fundamental.

Não são poucos os alunos que desistem de um curso pelas dificuldades tecnológicas que enfrentam. Por isso, é importante haver um suporte técnico que prepare um conjunto de perguntas e respostas relacionadas a problemas comuns que possa ser acessado por todos e que atenda diretamente aos alunos com problemas mais específicos ou complicados.

Em um curso *on-line*, a navegação é um fator tão importante quanto o conteúdo e deve ser planejada cuidadosamente. Afinal, a determinação do destino é importante quando você programa uma viagem, mas as condições podem fazer a diferença entre você embarcar ou desistir da viagem. Você navegaria por mares desconhecidos se o capitão não tivesse uma carta de navegação e instrumentos de orientação?

16.1.1.9 Como montar o roteiro?

Após as escolhas realizadas em relação a competências, exercícios, avaliação, recorte de conteúdo, recursos e navegação, realiza-se o roteiro do curso, também chamado de *design*.

O trabalho de produção de um curso *on-line* não é uma atividade solitária, mas coletiva, que contempla os olhares do especialista de conteúdo, do educador especialista em *design* instrucional e dos profissionais de arte e programação. A contribuição de cada um pode melhorar o resultado a ser obtido. Um profissional de arte pode sugerir uma solução visual que não havia sido pensada pelo especialista em conteúdo ou pelo *designer* ou um programador pode sugerir a solução do problema de complexidade de um jogo, por exemplo.

Depois de elaborado o planejamento, são organizados os roteiros específicos para cada mídia. Uma animação requer imagens para referências, detalhamento de movimentos, interatividade e respostas a essas imagens etc. Cada recurso deve ser analisado e dispor de um roteiro detalhado para depois ser repassado aos responsáveis pela arte e pela programação. A discussão das intenções e dos roteiros com os especialistas em arte e programação pode alterar, mais uma vez, as decisões. O importante é ter como foco dos ajustes e mudanças a aprendizagem dos alunos. As soluções mais simples, que favoreçam a interatividade e a aprendizagem destes, são as que devem permanecer.

Nesse momento também são detalhadas as características dos arquivos – como eles serão produzidos, que extensão devem ter, quais os elementos de que o aluno deve dispor para acessá-los. É um detalhamento trabalhoso, pois envolve decisões nos mínimos detalhes – e erros nessas decisões podem ter consequências desagradáveis para os alunos. Por exemplo: imagine que o arquivo de texto será produzido em extensão PDF (*Portable Document Format*) e a diagramação e os logotipos serão em quatro cores. O aluno é quem vai imprimir os textos e, se eles forem coloridos, ele terá um custo maior para a impressão. Ou, então, o arquivo do simulador deve ser disponibilizado para ser baixado no *site*, mas ele tem 30 MB. É possível imaginar a dificuldade que um aluno que dispõe de baixa velocidade na internet irá enfrentar. Como resolver esse problema? Propor a opção de enviar o arquivo em DVD pelo correio para os alunos que não contam com internet de alta velocidade pode ser uma alternativa – mais trabalhosa, porém mais inclusiva; enfim, mais adequada do que optar por colocar como pré-requisito o acesso à internet com determinada velocidade, não é mesmo?

16.1.1.10 Como era realizada a gestão dos cursos?

A organização de um curso com todos os recursos de interação e interatividade previstos dependia do uso de um Sistema de Gestão da Aprendizagem (LMS). Havia ferramentas de gestão administrativa e de aprendizagem com códigos abertos que permitiam diversas customizações.

Alguns autores preveem que, em breve, deixaremos de usar essa ferramenta e partiremos para outra organização de cursos. Mas, por enquanto, é por meio dela que obtemos uma organização mais efetiva dos cursos.

•••

Atualmente, a tecnologia tem incentivado outras modalidades de educação a distância (EaD) a serem desenvolvidas em novas alternativas tecnológicas. Há os metaversos, como o Second Life, que permitem a imersão e o uso de recursos de comunicação mais efetivos. Comparados aos AVAs (ambientes virtuais de aprendizagem), eles são mais intuitivos, pois correspondem à representação do mundo real no virtual sem os limites físicos, além de dispor de narrativas mais criativas. A essência dos mundos sociovirtuais é a presença de um avatar que convive com outros avatares no mesmo tempo e espaço.

(continua)

[continuação]

Existem também as comunidades virtuais de prática (CVP), as quais se organizam em torno de uma prática que pode ter diferentes características. Pode ser um grupo de profissionais em torno de determinada temática; o trabalho em uma empresa em torno da solução de um problema; a realização de um projeto comum; um grupo de professores que trocam informações sobre um mesmo grupo de estudantes; um grupo de especialistas que discutem a adaptação de um *software* para uma situação específica etc. Há vários recursos tecnológicos para a montagem de uma CVP. O correio eletrônico, o *chat* e o fórum são exemplos de recursos de comunicação que podem ser usados, separadamente ou em conjunto. Os AVAs com plataformas LMS, ou mesmo o Second Life, também podem ser um espaço virtual em que se efetive um CVP.

Os Moocs (*Massive Open On-line Courses*), citados anteriormente, são cursos *on-line* abertos para um grande número de pessoas. O princípio que rege esses cursos pressupõe que, para que o conhecimento cresça, é necessário aumentar a conectividade, a diversidade e a possibilidade de colaboração entre os participantes. Na plataforma educacional Coursera[7], por exemplo, há mais de 3 milhões de alunos em mais de 300 cursos de mais de 60 universidades. Dos inscritos, 5% são brasileiros. Os cursos oferecidos são de conteúdos diversificados e contam com a participação de universidades importantes do mundo todo.

Para esses novos cursos, as plataformas precisam ser mais potentes. Na plataforma EdX, utilizada pelo MIT (Massachusets Institute of Technology) e pela Universidade de Harvard, há

---

7 Para saber mais, acesse o *link*: <https://www.coursera.org>.

[conclusão]

ofertas para cursos *on-line* de nível universitário de diversas disciplinas. Essa plataforma tem código aberto e permite que outras instituições também ofereçam Moocs.

Há um projeto para a criação de *softwares* de aprendizagem interativa que não se limitem a ofertas de palestras e vídeos. Os alunos dos cursos presenciais dessas instituições podem realizar os cursos, mas estes não fornecem créditos.

Nessa nova concepção de curso, altera-se a responsabilidade do professor, que, nos cursos tradicionais, seleciona o conteúdo, as atividades e a avaliação. Nos Moocs, essa responsabilidade é diluída pelos participantes. Há uma variedade de ferramentas e atividades e o participante escolhe nas quais quer participar e, assim, vai compondo sua trilha de aprendizagem. Nesses cursos, os alunos são incentivados a construir ambientes individuais de aprendizagem, que facilitam o acesso individual agregando, configurando e manipulando os objetos digitais das experiências de aprendizagem realizadas.

• •

A escolha de um LMS deve se submeter à proposta pedagógica do curso. Assim, por exemplo, quando o curso é dialógico, algumas perguntas que permitem avaliar o LMS são:

→ O ambiente do curso pode ser criado sem o uso de *templates* e contemplar a criação de ambientes que sirvam de contexto para os cursos, como cidades, parques industriais, fazendas ou teatros?

→ É possível organizar a navegação do aluno por caminhos diferentes? Por exemplo: o aluno pode acessar um texto pelo ambiente do curso e também pela biblioteca?

→ É possível criar exercícios e avaliações interativas que não se restrinjam a perguntas e respostas por meio de textos?

→ É possível ter um ambiente específico para atividades dos alunos em pequenos grupos?

→ Há recursos como fórum, bate-papo e "dúvidas frequentes" que possam ser organizados pelo professor?

→ É possível a interação *on-line* com o professor e os companheiros de turma?

→ Está contemplado no ambiente um perfil pessoal dos alunos e professores preenchido por eles próprios, o qual possa ser acessado por todos de uma mesma turma?

→ O ambiente permite saber a opinião dos alunos sobre vários aspectos do curso por meio de pesquisas ou enquetes?

→ O aluno dispõe de um espaço para publicar contribuições, opiniões, textos ou *links* que ele considera de interesse para os companheiros de toda turma?

Para que um curso seja dialógico, ele deve primar pela coerência entre os pressupostos, o conteúdo do curso, a arte, a programação e a plataforma a ser utilizada.

16.1.1.11 Dominando o espaço desconhecido

Para alguns, o espaço virtual é intuitivo e não necessita de ambientação. O aluno pode entrar diretamente no curso, bastando um manual de funcionamento que supra as dificuldades que possam surgir no decorrer do estudo.

Como trabalhamos muito em cursos virtuais que continham alunos com mais de 30 anos, inexperientes em sua maioria em cursos *on-line*, optamos por criar uma unidade de ensino introdutória chamada de *ambientação*.

A unidade de ambientação permitia ao aluno explorar todos os recursos e as ferramentas disponíveis no curso sem preocupação com o conteúdo. O que aprendemos com o desenvolvimento dessa unidade de ambientação é que essa era uma oportunidade de os docentes conhecerem melhor os alunos, e estes, seus demais companheiros. A proposta de atividades era simples, combinada à exploração dos recursos da plataforma e a desafios lógicos de inteligência. Criava-se, assim, um ambiente propício para docentes e alunos explorarem as questões de tempo e espaço virtuais e se conhecerem sem a preocupação inicial com conteúdos do curso.

A ambientação foi valorizada pela grande maioria dos alunos dos cursos. A comprovação disso se deu pela observação de que muitos dos educandos que voltavam para novos cursos realizavam novamente a etapa de ambientação. Como os desafios lógicos de raciocínio eram sempre diferentes entre os diferentes cursos, essa diversidade permitia sempre o enfrentamento de novas situações e o contato com novos colegas.

É possível que, com o domínio cada vez maior dos diferentes ambientes da grande rede, bem como das diferentes formas de ensinar/aprender pela internet, a unidade de ambientação não seja mais tão necessária. No entanto, gostaríamos de lembrar que mesmo os motoristas experientes, ao se depararem com um carro novo, precisam reaprender alguns movimentos e a localização de botões para que possam aproveitar melhor as inovações. Portanto, sempre é bom prever uma adaptação, mesmo que rápida, às exigências da nova *performance* dos cursos preparados com metodologias, recursos, ferramentas ou plataformas diferenciadas.

16.1.1.12 A primeira viagem a gente nunca esquece

Depois de pronto o curso, é hora de saber se ele realmente funciona. O teste é uma etapa importante para que se verifique se as escolhas feitas foram corretas. Mas tem de ser para valer. É necessário realizar uma experiência-piloto para analisar os possíveis problemas que possam surgir.

Para o primeiro voo, os passageiros devem ajudar a identificar defeitos, problemas e obstáculos e corrigi-los antes de colocar o curso no ar. Para a primeira viagem, é importante convidar especialistas no assunto do curso, veteranos em cursos *on-line* e uma amostragem de público que corresponda aos futuros alunos.

Registrar opiniões e sugestões nesse primeiro voo é fundamental, pois elas irão balizar as alterações necessárias para tornar o curso melhor. É preciso ter humildade diante das críticas, além de saber ouvir e estar sempre disposto a realizar correções. Outra consideração a ser feita é que não podemos nos enganar, achando que depois da experiência-piloto não haverá mais correções. O curso vai ao ar várias vezes e, se estivermos dispostos a ouvir, surgirão propostas de mudanças que podem nos orientar para correções ou novas decisões.

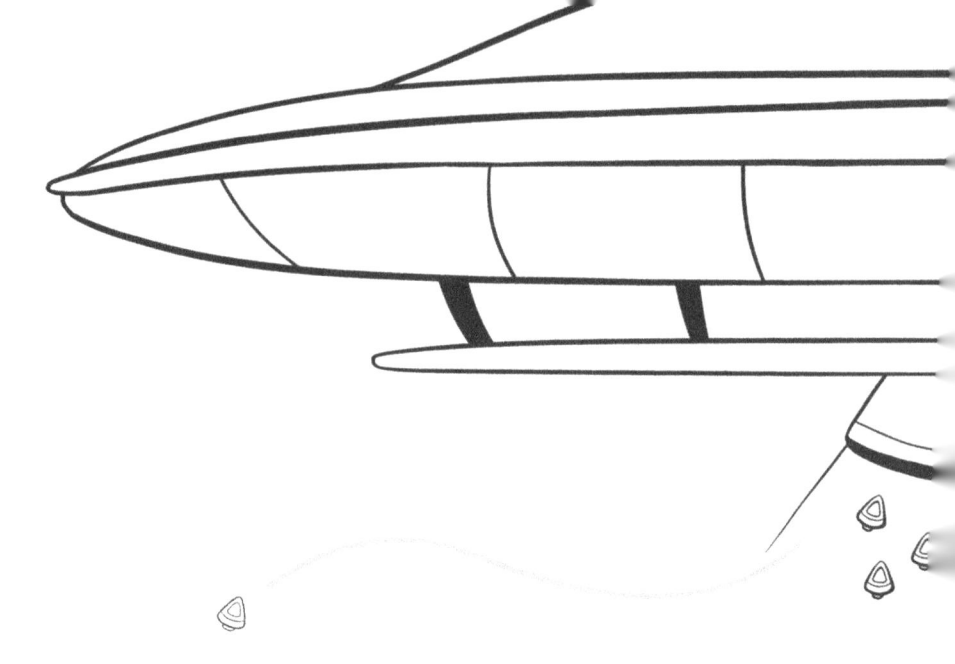

Erros e equívocos levam à revisão das escolhas. Qual foi o momento em que o diálogo com o aluno ficou comprometido? Qual é o problema relacionado à ruptura do diálogo? Competência mal definida? Contexto inadequado? Equívoco na seleção do conteúdo? Exercício ou avaliação inadequados? Animação confusa? Situação-problema inverossímil? Navegação confusa? Enfim, ao localizar a decisão equivocada, aprendemos a evitar os mesmos erros em futuras escolhas.

16.2 Novos voos, novas naves

Você já viu uma conversa ser igual a outra? Se um curso tem como pressuposto o diálogo, nenhum é igual a outro. O processo é o mesmo, traduzido por uma sucessão de escolhas, mas as decisões levam a uma construção original na criação dos ambientes, na forma de disponibilizar as informações, na definição da prática ou na escolha dos recursos.

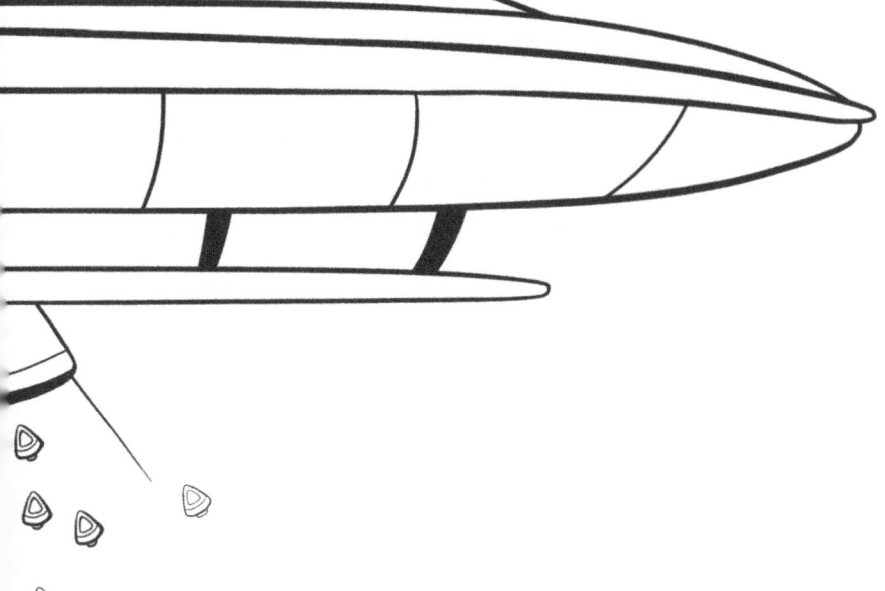

A preocupação com o aluno e com que ele possa aplicar o conhecimento permanece sempre. Além disso, ser dialógico significa oferecer condições para que o aluno continue curioso, trabalhe de forma cooperativa, interaja com o professor e com outros alunos, participe ou não de discussões *on-line* e se manifeste, dando opiniões e recebendo respostas. Em cada curso, devem ser respeitadas as condições para a interação e a interatividade.

Essas preocupações orientaram a produção dos cursos *on-line* e a criação de "naves mães de ensino". Elas não eram perfeitas e às vezes trepidavam, perdendo o contato com a base ou fazendo manobras sem que tivéssemos muito controle. Temos a certeza de que, em breve, surgirão novas alternativas tecnológicas para que os cursos sejam cada vez mais atraentes e permitam uma pluralidade de contatos imediatos.

Hoje nos deparamos com ambientes virtuais em 3D, jogos e simulações cada vez mais sofisticados, que desafiam cada vez mais nossa inteligência. As ferramentas de produção dos novos mundos estão cada vez mais acessíveis. Os atos de ensinar e aprender nesse novo contexto se alteram a cada dia – como diz Raul Seixas, é "uma metamorfose ambulante".

Com todas essas mudanças, há algo que permanece em nós, educadores: a crença no diálogo e na interação entre as pessoas como o caminho para o conhecimento. É nesse encontro, em espaço virtual ou não, que construímos nossos vínculos, nos reconhecemos e nos redescobrimos no olhar do outro.

Rota 3

O ABANDONO DA NAVE PARA EXPLORAR O UNIVERSO

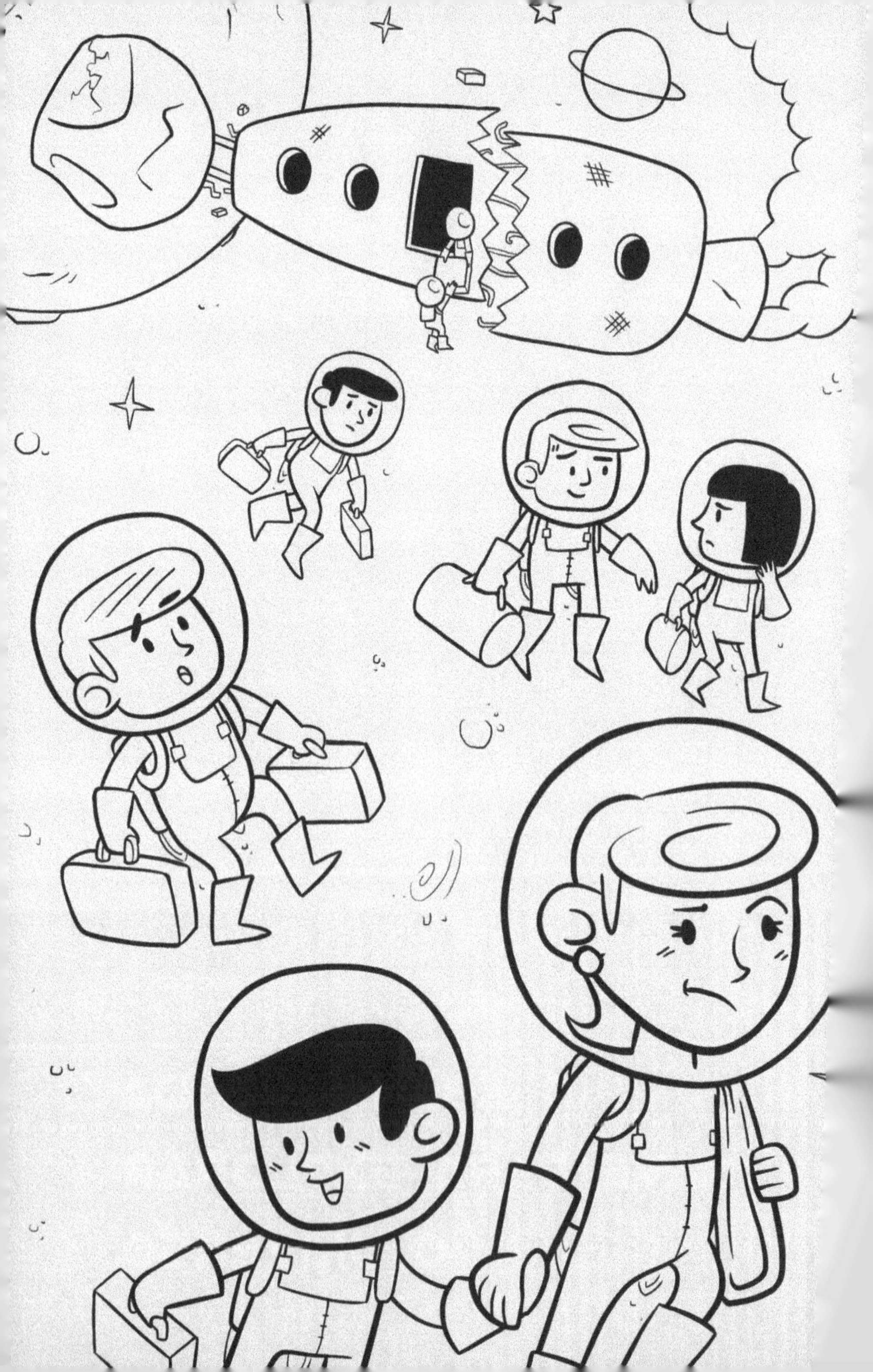

ROTA 3: o abandono da nave para explorar o universo

Um dia a gente chega
E no outro vai embora
Cada um de nós compõe a sua história
Cada ser em si
Carrega o dom de ser capaz,
De ser feliz

ALMIR SATER E RENATO TEIXEIRA

Uma odisseia nos transforma por meio das decisões tomadas ao longo da trajetória escolhida, bem como pelas memórias e reflexões propiciadas pelas aventuras vividas. É possível, às vezes, vencer perigos e até vilões como o HAL 9000, o computador que, no filme *2001: uma odisseia no espaço* (1968), tenta controlar a nave. Entretanto, é necessário aceitar que perderemos algumas batalhas.

Nesta última rota, apresentaremos os elementos que nos

> O filme *2001: uma odisseia no espaço*, dirigido pelo icônico cineasta Stanley Kubrick em 1968, foi elaborado conjuntamente com a obra homônima do escritor Arthur C. Clarke. A adaptação cinematográfica foi inspirada também pelo conto "A sentinela", escrito pelo mesmo autor.

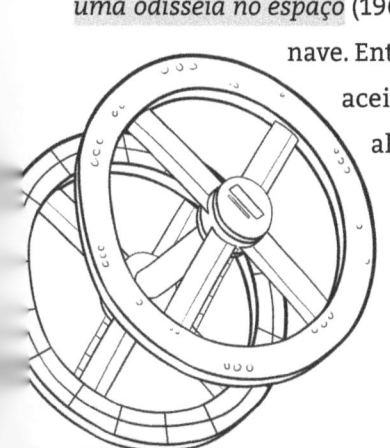

fizeram partir rumo à exploração de novos universos. A maneira como nos vemos e somos vistos é subjetiva, transforma-se e é transformada conforme o momento histórico e o olhar que nos observa. O futuro é incerto, mas princípios e valores nos guiam para vencer o medo e buscar outras aventuras – novas odisseias rumo ao infinito. Junto com a decisão da partida, há a certeza de que cumprimos, da melhor forma, nossa missão enquanto fizemos parte da tripulação dessa viagem.

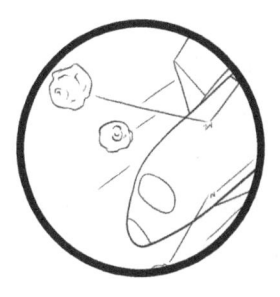

17
A decisão da partida

Quem acompanha, no dia a dia, o trabalho da educação a distância (EaD), concebendo, produzindo e avaliando projetos, pode ser equiparado a um agricultor que sabe ler os sinais do tempo e as mudanças de clima. Da mesma forma que ele pressente a chuva ou uma praga que pode dizimar sua plantação, a intuição de educadores envolvidos com EaD pode identificar sinais de tempestade e auxiliar na decisão sobre o melhor momento para as mudanças de rotas.

Essas mudanças podem ser resultado de diversos fatores: alterações no comando da nave; adoção de novas políticas em relação à EaD; decisão de ampliar ou modificar as ações em função do mercado; substituição de alguns profissionais da equipe para redução de custos; mudanças de valores e princípios para a prática educacional; fusão de instituições, entre outros tantos. Nessas ocasiões, é possível observar alguns sintomas inequívocos que levam a novos rumos, como a insegurança, a falta de entusiasmo e de inspiração, o esvaziamento da paixão pela atividade e o início de um ceticismo que invade a razão e a emoção.

Registramos algumas observações em nosso diário de bordo para partilhar com outros navegadores a identificação de abalos e chuvas de meteoritos nos voos e, com isso, quem sabe, ajudá-los a se preparar mais adequadamente – e com mais segurança – para pousos forçados, mudança de rotas ou até o abandono da nave. Nossas observações neste diário refletiram, fundamentadas na prática, a análise de alguns problemas e o embasamento teórico que encontramos para resolvê-los, além de sugestões para vencer as dificuldades.

Cada um tem seu plano de viagem, e não temos a pretensão de tornar o nosso universal. Ele serviu para nos localizarmos no ciberespaço e encontrarmos nossas rotas de percurso. Talvez alguns dos marcos e das referências aqui descritos possam ser comuns a outras tripulações e contribuam para reflexões referentes às rotas traçadas, mesmo que a navegação aconteça em galáxias diferentes.

17.1 O crescimento e o canto da sereia: na rota dos meteoritos

Crescer institucionalmente e ampliar o atendimento são elementos sedutores aos empreendedores, que nem sempre analisam os riscos envolvidos. Quando se trata de educação, as coisas se complicam ainda mais, pois, ao tentar torná-la um negócio rentável, pode-se destruir a galinha produtora dos ovos de ouro.

Acreditar que a EaD pode, sob qualquer circunstância, ser realizada com qualidade e simultaneamente gerar grandes lucros é se iludir com o canto da sereia. A sustentabilidade não pode ser examinada somente com base em fatores econômicos, uma vez que a análise dessa questão precisa contemplar também os fatores sociais, educacionais e qualitativos do produto oferecido. Projetos de ampliação da atuação da EaD focados apenas no retorno financeiro são de altíssimo risco e têm grande chance de fracassar.

Quando, na busca pelo crescimento, uma proposta de caráter pedagógico é substituída por uma de sustentabilidade econômica, a fase de transição é extremamente perigosa, pois é nesse momento que o canto da sereia encanta os envolvidos com números e dados que o papel pode aceitar, mas aos quais a realidade não se deixa submeter. Essa é a fase em que todos devem permanecer alertas.

O sintoma que gera esse encantamento é um ativismo desenfreado, a busca de respostas individuais a problemas coletivos. Identificam-se, também, insatisfações e conflitos, uma vez que não se sabe exatamente aonde se quer chegar e o papel de cada um nesse processo de mudança. A transição exige comandantes seguros, experientes e com mapas de navegação flexíveis para vencer obstáculos desconhecidos. Nesse momento, uma tripulação experiente e confiante pode fazer a diferença na sobrevivência.

Toda a equipe de navegação deve identificar quais são os marcos na rota. Assim, se o foco de atuação de EaD for alterado, todos devem participar da discussão a fim de compreenderem conjuntamente o sentido da mudança. Por exemplo: se a instituição resolve mudar o foco de atendimento no varejo, substituindo o atendimento a pessoas físicas pelo atendimento corporativo a empresas, a discussão, a análise e o aprofundamento dos aspectos dessa mudança tornam-se vitais.

O que é atender às empresas? É atuar no desenvolvimento de ações, implantações ou em ambos? A instituição dispõe de agilidade no desenvolvimento de produtos e serviços apenas quando são considerados os concorrentes no mercado? Qual é o diferencial em relação aos concorrentes? Quais são as vantagens e os riscos da mudança de foco quanto ao tipo de atendimento? Como se preparar para esse atendimento?

Se as respostas não forem construídas coletivamente, nada garante que os viajantes tenham pontos em comum e contribuam para o alcance do destino esperado.

17.1.1 Reflexões: analisando os instrumentos

O inchaço e o câncer não são sintomas de crescimento, mas sim de doenças. O inchaço amplia a dimensão, mas compromete o funcionamento; o câncer, na multiplicação desenfreada de células, provoca um tumor. Crescer, ao contrário disso, é desenvolver-se e ampliar as possibilidades de ação sem perder a unidade e a harmonia na funcionalidade que caracteriza o organismo em sua totalidade.

O ativismo desenfreado, tendo como pano de fundo uma falsa ideia de crescimento e sustentabilidade econômica, compromete a qualidade das ações de uma instituição, pois impede a reflexão nas decisões. Ações irrefletidas têm como consequências o retrabalho e o desânimo, além de conflitos internos contraproducentes. Estes, caso sejam ignorados e não administrados, inviabilizam a atuação em equipe, que por sua vez compromete o rendimento do trabalho e o envolvimento na produção. Esse ativismo pode ser identificado pelo cumprimento de tarefas dirigido pelo "o que" fazer, e não "por que" ou "para que" fazer.

Na democracia, a discussão de ideias costuma ser o caminho utilizado para a tomada de decisões que afetam o coletivo. Quando uma decisão afeta apenas a pessoa responsável por tê-la tomado, talvez não seja necessário discutir. No entanto, se afetar a muitos, é preciso não apenas apresentar, mas também ouvir ideias para assim encontrar as melhores alternativas. A ausência de discussão sobre o sentido de deixar de atender apenas a alunos e tornar-se uma instituição fornecedora de EaD para outras organizações – sendo um prestador de serviço, por exemplo – é encarar essa decisão como a mais natural possível, sem levar em conta as múltiplas interpretações dos integrantes da equipe e negar as possibilidades de fracasso.

A ideia de sustentabilidade envolve não apenas o conceito econômico, mas o político, o social e o de qualidade pedagógica. Decisões precipitadas, voltadas apenas para o lucro financeiro, podem levar, ao contrário, a maiores gastos.

Sugestões para o realinhamento da rota:

→ Alterar o processo de tomada de decisões quando elas afetam o coletivo e incentivar os múltiplos olhares que sempre podem contribuir para a análise dos riscos e das possibilidades referentes às decisões tomadas.

(continua)

(conclusão)

- → Amadurecer o conceito de sustentabilidade – no exemplo citado, corresponderia a considerar todos os fatores essenciais ao crescimento da instituição –, bem como a concepção de fornecedor de EaD a ser seguida, analisando a realidade vivenciada pela empresa e a de seus concorrentes.
- → O comandante deve decidir se ele deve representar seus superiores ou seus coordenados. Se houver conflitos entre as expectativas dos diferentes níveis hierárquicos, ele deve atuar como um negociador e saber o que pode ou não conceder a fim de manter a essência neutra de sua atividade. É diferente de ser um "atravessador", aquele que não se compromete com a equipe que coordena ou mesmo com seus superiores. O indivíduo que se utiliza dessa forma de comando não se posiciona – costuma dizer à sua equipe que tem de obedecer à chefia e, ao chefe, que a equipe é a responsável pelas falhas.
- → Analisar a direção do crescimento e estabelecer uma estratégia para evitar o risco do gigantismo descontrolado.

Odisseia, ano 2008

Atenção! Chamando o comando da nave!
Alienígena a bordo! Ele tem o vírus do individualismo. Costuma comer a história e destruir a memória de todos. Para combatê-lo, toda a equipe deve olhá-lo de frente, bem nos olhos. Não há garantias que seja possível vencê-lo.

18
Qualidade na educação a distância (EaD): abalos nos eixos da nave

Os eixos de qualidade de ações em cursos de EaD se referem à **qualidade tanto dos recursos de ensino quanto do atendimento prestado ao cliente**. O surgimento de problemas em algum desses eixos – comum em momentos decisivos em virtude do crescimento da empresa – pode comprometer todo trabalho em EaD de uma instituição.

18.1 Abalos no eixo 1: qualidade de atendimento

Em tempos de busca de sustentabilidade econômica na EaD, a escolha recai sobre cursos com demandas garantidas, ao mesmo tempo que se costuma aumentar o número de alunos atendidos por tutor ou mediador. O princípio orientador dessa perspectiva de trabalho consiste em maior entrada de recursos financeiros e menor custo de atendimento.

Aumentar o número de alunos por tutor torna o acompanhamento mais complexo e coloca em risco o sucesso do trabalho pedagógico – que depende, principalmente, do relacionamento entre educador e educando. A compreensão de que a qualidade do atendimento é fator determinante para que se estabeleça uma relação de confiança entre eles é imprescindível.

Considerando que o atendimento realizado pelo tutor abrange a solução das dificuldades apresentadas pelos educandos, o esclarecimento de dúvidas, a análise e a avaliação dos trabalhos realizados (sempre com comentários individualizados para cada estudante), é possível perceber que, quanto maior o número de alunos a serem atendidos, menor será a qualidade da atenção que lhes será dedicada.

Quando não há um preparo para enfrentar os problemas que podem surgir no eixo de atendimento, é comum ocorrer o aumento dos índices de não acesso[1] e evasão dos alunos. Se houver, no entanto, um cuidadoso estudo da demanda e um maior preparo de tutores, mediadores e coordenadores para enfrentar o aumento de alunos, é possível controlar esses índices de modo mais eficaz.

Aumentar a quantidade de alunos nas turmas, mas manter o número de horas de atendimento pela tutoria e, ao mesmo tempo, ampliar o montante de turmas a cargo da coordenação são decisões que podem gerar, num primeiro momento, uma arrecadação financeira maior. Com o tempo, no entanto, a função dos atores

---

1 Curiosamente, há casos em que interessados se inscrevem em cursos e, mesmo tendo pagado a matrícula, nunca acessam o *site*. Como não é possível considerá-los como evasão, visto que não é possível desistir de um curso *on-line* alguém que nunca o acessou, esses casos são chamados de *não acesso*.

e o desempenho do papel pedagógico são comprometidos, passando-se de uma atuação essencialmente pedagógica para uma meramente administrativa. Perde-se o sentido educacional, assim como os alunos dos cursos. Em médio e longo prazo, o prejuízo pode ser grande e irrecuperável, pois a força da publicidade "boca a boca" tem uma influência enorme na busca por cursos *on-line* e pode passar a funcionar como responsável pela diminuição da demanda. São os alunos bem atendidos num processo de ensino e aprendizagem que recomendam um curso a outros colegas e desconhecidos. A ganância pode quebrar a banca do jogo.

18.1.1 Reflexões: analisando as possibilidades de ajustes

Para dar continuidade aos ajustes no eixo de atendimento de EaD, torna-se necessária a análise de diversos aspectos. A seguir, a fim de auxiliar na jornada de novos viajantes, listamos os elementos que consideramos principais nas tentativas de ajustes em busca da melhoria do atendimento.

18.1.1.1 Decisão: relação muitos/muitos

Inúmeros são os modelos de tomada de decisão existentes – tanto quanto são os teóricos do assunto. O ponto em comum nos vários modelos disponíveis (Chiavenato, 1997; Simon, 1970; Newman, 1991) é o fato de que o processo de tomada de decisão é racional, desenvolvido pela análise de dados que compõem os diferentes cursos de ação e escolha do mais adequado. A tomada de decisão racional é fruto de um processo de reflexão que envolve informações confiáveis, critérios e princípios de orientação e valores.

Quando determinada decisão afeta o coletivo, sua importância é multiplicada pelo número de pessoas que são atingidas por ela. Todas as pessoas que participam de uma organização tomam decisões relacionadas ou não com as atividades que nela desenvolvem e é um equívoco imaginar que apenas as pessoas de níveis hierárquicos superiores o fazem. Assim, decisões irrefletidas e avaliadas por um único segmento tendem a ser reproduzidas com o mesmo caráter em toda a organização, comprometendo assim o trabalho em toda sua extensão e profundidade.

18.1.1.2 O negócio da educação a distância (EaD)

A EaD é, antes de tudo, um processo educacional cujo principal negócio é, obviamente, a educação. Essa é a visão que deve orientar a elaboração de uma proposta pedagógica, a definição de filosofia de trabalho e, em especial, os princípios em que se apoiam as decisões e as estratégias que garantem o respeito e a preservação destes.

A exemplo disso, podemos citar a forma de atendimento *on-line* que desenvolvemos ao longo de 10 anos. Foi essa prática que demonstrou a necessidade de ampliar o suporte pedagógico, acoplando-o à tutoria de conteúdo. A percepção altamente positiva dos cursos pelos alunos, os baixos índices de evasão e os resultados de aprendizagem corroboraram a importância do apoio pedagógico e da metodologia desenvolvida pelo Apoio Educacional Colaborativo (Aeco). Assim, essa forma de atendimento passou a ser o diferencial competitivo dos nossos cursos.

ROTA 3: o abandono da nave para explorar o universo

A qualidade de recursos educacionais podia ser encontrada em diversas instituições, mas a qualidade de atendimento que oferecíamos passou a ser uma referência. Se esse diferencial competitivo deixa de ser considerado em nome da sustentabilidade econômica, por exemplo, há o risco de comprometer toda a proposta pedagógica consistente e positivamente aceita pelos alunos.

A EaD é um campo de conhecimento em construção. Em termos nacionais, a documentação teórica é ainda, em sua grande maioria, baseada em estudos estrangeiros. No Brasil, as reflexões teóricas estão se ampliando com o crescimento significativo de instituições que desenvolvem ensino a distância. Entretanto, ainda encontramos instituições que reproduzem, na EaD *on-line*, os referenciais da educação presencial: um tutor para um grande número de alunos e informações passadas por meio de textos que substituem as aulas, além das provas que se caracterizam como verificação da leitura.

Como o apoio nos padrões da educação presencial não é suficiente para desenvolver uma tutoria de qualidade, é necessário preparar o pessoal envolvido para atuar em cursos *on-line*, pois, como já dissemos anteriormente, a qualidade dos cursos depende diretamente do trabalho dos educadores. Por isso, para atuar em cursos EaD, a quebra de paradigmas educacionais tradicionais, por meio de capacitação orientada, estudo constante e prática supervisionada, torna-se imprescindível.

18.1.1.3 **O fantasma da evasão**

A evasão foi e continua sendo o grande fantasma da EaD. Desde o início de sua trajetória, quando a única dinâmica operacional era a do ensino por correspondência, essa modalidade era considerada ineficaz e improdutiva em virtude dos altos índices de evasão, resultante do alto número de pessoas que se matriculavam nos cursos e os abandonavam antes do seu término.

Na atualidade, a EaD tem grande aceitação e, para muitos, a única dinâmica operacional existente é a *on-line*. Contudo, mesmo com altos índices de aceitação, o fantasma da evasão continua rondando as iniciativas. Enfrentá-lo continua mobilizando esforços. Hipóteses sobre os motivos de evasão devem contemplar as causas para, então, serem traçadas estratégias de combate. No acompanhamento pedagógico dos alunos de EaD, por exemplo, podemos identificar causas e encontrar possíveis estratégias de superação.

18.1.1.4 **Credibilidade e rede de comunicação**

O trabalho realizado por uma instituição é divulgado por uma rede de comunicação, composta pela opinião do seu público: os que são atendidos por ela, os que nela trabalham e aqueles que com ela concorrem. A política da qualidade, baseada na satisfação do cliente, conta com um suporte teórico que atribui à rede de comunicação o poder de alterar ou eliminar os produtos e os processos identificados abaixo de determinado índice de aceitação do público. Por essa política, recomenda-se a readequação ou a eliminação de produtos e processos cujo índice de aceitação do público a que se destina esteja aquém do critério definido.

A preocupação institucional reside no descrédito que seus produtos e processos podem adquirir. Hoje, os diversos grupos sociais – em razão da força midiática persuasiva – estão sob o jugo das aparências, e não da busca de evidências concretas; com isso, o risco do descrédito é muito grande. Os membros dessas sociedades tomam decisões com base no que a realidade lhes parece ser, e não no que a análise das evidências demonstram que ela seja. Entretanto, o mais grave é a instituição que cai na má fama de uma sociedade e é descartada por ela de forma sumária e definitiva.

18.1.1.5 O diferencial competitivo na EaD

A fidelidade de um público a uma instituição educacional significa que ela tem um diferencial competitivo importante para sua sobrevivência. Esse diferencial é a característica institucional que permite a uma instituição competir com outras da mesma área e sair vencedora nesse esforço. Um diferencial competitivo, por exemplo, pode ser a aplicação da tecnologia adequada a determinada demanda.

Segundo Taboada (2002, p. 5), no âmbito industrial "Qualidade e o custo do produto estão deixando de ter significado como diferencial competitivo, pois são aspectos em que as empresas tendem a se igualar. [...] Nesse contexto, os parâmetros relacionados com o serviço começam a ganhar expressividade". Na EaD, se os alunos retornam a uma instituição de ensino, mesmo com cursos semelhantes e de igual custo disponíveis no mercado, isso significa que ela tem um diferencial competitivo – a qualidade de atendimento ou os recursos oferecidos.

Sugestões para realinhar o eixo 1:

→ Levar em conta a demanda existente no mercado para novos cursos e oferecer um produto de qualidade, com atendimento adequado aos alunos, como bons recursos didáticos, educadores preparados e boas condições tecnológicas (ferramentas de gestão e aprendizagem, servidor, entre outros).

→ Basear a decisão referente à carga horária do trabalho de tutoria – considerando o tempo destinado ao atendimento aos alunos, à correção dos trabalhos enviados e à elaboração do *feedback* sobre cada um – na avaliação das necessidades dos alunos, obtidas em pesquisas de opinião sobre os cursos e depoimentos por *e-mail* ou telefone (e não somente em cálculos referentes à garantia de sustentabilidade econômica).

→ Não permitir que um tutor ou mediador assuma a função sem o devido preparo e uma remuneração justa.

→ Aperfeiçoar o processo de acompanhamento dos cursos, cuidando para que não haja o risco de qualquer prejuízo dos aspectos pedagógicos (obtenção de informações significativas e apoio adequado às diferentes necessidades dos alunos), bem como o acúmulo de atividades que interfiram negativamente na qualidade do atendimento aos educandos.

→ Efetuar cuidadoso estudo de causas de evasão nos cursos e utilizar as informações obtidas para a tomada de decisões quanto à forma de abordagem didática, ao conteúdo estudado e ao acompanhamento dos alunos no curso.

> **Odisseia, ano 2009**
>
> Perigo! Um dos eixos apresenta problemas, e parece que é o de atendimento!
> Atenção, tripulação, é preciso fazer os seguintes ajustes: treinar pessoal para atendimento, ouvir os usuários e corrigir a rota. Um eixo barato pode sair caro para a nave e para toda a tripulação!

18.2 Abalos no eixo 2: qualidade do material

O bom material didático é um dos eixos que garantem uma EaD de qualidade. Um aspecto importante nesse quesito é a análise da demanda para produção de novos cursos. Localizar os nichos de interesse e usá-los como critério de produção é fundamental. Se uma instituição já desenvolve cursos a distância, os próprios alunos dos cursos ou aqueles que buscam informações podem orientar novas produções. Por exemplo: se um aluno fez um curso de educação continuada que independe de aprovação de conselhos e ministérios e apreciou a experiência, certamente buscará novos aprofundamentos nessa modalidade e solicitará outros conteúdos na área estudada.

Além da demanda, é preciso analisar as condições para a elaboração de um curso a distância. Há cursos que requerem uma parte prática, por exigência da legislação ou de habilidades específicas. Por exemplo: para preparar pilotos em situações de segurança e emergência, é indispensável o uso de um simulador. Para tanto, é preciso verificar o tipo de simulador necessário e seu custo de aquisição ou desenvolvimento. Há ainda normas técnicas estabelecidas pela Associação Brasileira de Normas Técnicas (ABNT) que também exigem a inclusão de parte prática nos cursos. Assim, antes da produção do curso, é necessário garantir que a proposta contemple as exigências normativas.

Outro ponto importante é verificar a existência de outros cursos semelhantes no mercado. Que cursos existem sobre determinada área? Qual diferencial pode ser oferecido considerando-se o que já existe? Às vezes, propor algumas parcerias pode ser mais interessante que o desenvolvimento de um curso próprio.

É necessário analisar se os recursos tecnológicos indispensáveis estão disponíveis. Por exemplo: em consequência da política de inclusão, para atender aos alunos com deficiência auditiva, um caminho que as escolas podem escolher é capacitar seus docentes para comunicar-se com eles em Libras (Língua Brasileira de Sinais). Um curso *on-line* pode ser uma possibilidade de ensino. No entanto, ele será eficaz apenas se os computadores dispuserem de recursos de comunicação visual.

Isso significa que esses equipamentos devem contar com câmeras para que alunos e tutor possam ver uns aos outros e se comunicarem entre si por meio de gestos. Entretanto, além dessas questões, os computadores devem dispor de *softwares* que possibilitem a gravação dos diálogos, de modo que o tutor possa analisar cuidadosamente se os participantes estão conseguindo se comunicar corretamente em Libras. Essas são as condições mínimas exigidas para o desenvolvimento desse conteúdo em um curso *on-line*, uma vez que não é possível aprender os sinais para comunicação com surdos sem a prática supervisionada.

O recorte adequado de conteúdo sempre é muito importante, pois não é possível abordar tudo e todos os conhecimentos que o assunto envolve. Infinitas informações estão disponíveis na grande rede, por isso, o importante é encontrar um eixo adequado para o recorte que facilite o desenvolvimento de determinada competência. A pluralidade de recursos também é importante para facilitar a aprendizagem.

Prazos para a produção de novos cursos devem considerar o tempo para o desenvolvimento de novas estratégias quando o curso apresentar a necessidade de competências ainda não abordadas. Além disso, fazer uma aplicação "piloto" com a finalidade de experimentação é fundamental: um pequeno grupo experimental pode indicar a necessidade de correções e, com isso, evitar que problemas não percebidos inicialmente se multipliquem quando houver um número maior de participantes.

18.2.1 Reflexões: ajustes para o eixo de recursos didáticos

Para proceder aos ajustes do eixo de recursos didáticos, é necessária a análise de determinados aspectos, que serão discutidos a seguir.

18.2.1.1 A experiência acumulada

Uma instituição com gestão inteligente considera a experiência acumulada de seus integrantes para a produção de novos cursos. O conhecimento construído fundamenta as competências essenciais e permite gerar a construção do futuro da instituição. Esse conhecimento não é apenas teórico, mas também tácito e interno ao desempenho profissional de seus funcionários, sendo, portanto, de difícil compartilhamento.

A convivência e o trabalho conjunto facilitam a partilha de saberes, mas exigem uma relação de confiança, um compromisso comum no desenvolvimento do trabalho que contribui para a formação do espírito de grupo. Quando as circunstâncias de trabalho impedem que a relação de confiança se estabeleça – por exemplo, quando há o incentivo ao individualismo ou a ausência de oportunidades para discussão do trabalho –, as conquistas anteriores se perdem, como se elas fossem resultado do acaso, e não da construção de conhecimentos por meio de estudos e discussões teóricas, desencadeados pelo confronto de problemas práticos que exigiram soluções inovadoras e criativas.

O conhecimento construído resulta de uma aprendizagem operacional (*know-how*) e conceitual (*know-why*), que envolve o que Kim (1996, p. 64) chama de "raciocínio por trás do porquê as coisas são feitas".

Nessa era de conhecimento e competição acirrada entre as empresas, o que foi acumulado operacional e conceitualmente na organização por seus profissionais constitui uma grande vantagem competitiva. Ignorar essas questões é diminuir enormemente a chance de sucesso de qualquer iniciativa inovadora.

18.2.1.2 A sustentabilidade econômica

Como já apontamos anteriormente, o cenário de adoção desenfreada da modalidade de EaD pelas instituições educacionais públicas e privadas corresponde a algo que vem ao encontro da solução de inúmeros problemas enfrentados pela educação presencial. Isso ocorre não porque o problema esteja na extensa adoção dessa modalidade, mas sim no caráter intempestivo e irrefletido da implantação da EaD por grande parte das instituições.

Os esforços nessa modalidade, que recrudesceram a partir de 1995, demonstraram que poucas foram as empresas sobreviventes ao primeiro momento da implantação de EaD. Atualmente, com a flexibilização da legislação, uma nova vertente está sendo observada: o crescimento anual do número de cursos, instituições e alunos. Resta esperar para conhecer os sobreviventes e as condições de sobrevivência. Certamente os sobreviventes deverão apresentar qualidade nos recursos oferecidos para o ensino e no atendimento aos participantes dessa modalidade, além da constante busca pelo prestígio da instituição ao longo do tempo.

A sustentabilidade econômica da EaD nos leva a refletir se instituições gigantescas, com complexo processo de tomada de decisões, têm condições de competir de igual para igual com instituições mais enxutas e ágeis e menos onerosas.

18.2.1.3 A terceirização da atividade-fim

A terceirização pode ser entendida de diferentes formas, mas, para essa reflexão, adotamos o conceito de Cherchiglia (1999, p. 361-385), que concebe esse processo como aquele "pelo qual a empresa, visando alcançar maior qualidade, produtividade e redução de custos, repassa a outra empresa determinado serviço ou a produção de um de seus produtos".

A concretização da terceirização depende de algumas condições, entre elas:

- o regime de parceria que supõe estreita e perfeita interação e integração dos participantes e vai além da formalização de um contrato;
- o mesmo interesse, compromisso e preocupação com a fidelidade bilateral em relação ao compromisso assumido; e
- a competência do terceiro para a realização de um trabalho de qualidade.

A terceirização deve contribuir para as melhorias (custos, produtividade, eficiência etc.) e a satisfação dos envolvidos, mas nem sempre isso acontece. Quando a contratação de serviços de terceiros é efetivada por meio de processos licitatórios em que o funcionário é contratado pelo critério de menor valor, não há garantias de qualidade dos serviços e produtos apresentados, mesmo com a exigência de algumas qualificações prévias.

No processo de contratação de terceiros para o desenvolvimento de cursos, podem ocorrer duas situações: 1) o terceiro ser contratado por uma instituição inexperiente e, nesse caso, impor a ela seu modelo de EaD; e 2) o contratado, inexperiente, ao ser preparado pelo contratante para o desenvolvimento da metodologia da empresa, venha, no futuro, a ser um concorrente desta.

18.2.1.4 Um curso EaD não pode ser feito aos pedaços

Um curso presencial tem a possibilidade de iniciar suas aulas e, na sequência, realizar ajustes dependendo das características das turmas. Pode, por exemplo, mudar alguma estratégia, selecionar outros textos e modificar o critério de avaliação utilizado.

Isso não deve acontecer na EaD, pois vender um produto que ainda não está concluído e testado envolve sério risco de insucesso.

Em cursos *on-line*, recursos como animações e simuladores são de programação complexa e sujeita a muitos erros. Qualquer necessidade de alteração exige tempo, principalmente quando se trata de serviço terceirizado e envolve, muitas vezes, reprogramação. Erros de programação podem tirar um curso do ar, o que compromete a credibilidade da instituição e, consequentemente, pode reduzir a confiabilidade de todos os outros cursos ofertados.

18.2.1.5 A capacitação em serviço

Desenvolver competências em serviço é vantajoso em relação às situações formais de capacitação, uma vez que envolve o "aprender a fazer fazendo" e traz diversos benefícios a quem participa desse processo, principalmente quando este propõe uma reflexão sobre seu sentido e significado.

A rapidez exigida para a produção de recursos didáticos nem sempre permite essa reflexão necessária, correndo-se o risco de que o "aprender a fazer fazendo" resulte em uma prática que comprometa a qualidade dos produtos. É importante conhecer a importância e os motivos pelos quais o "fazer" precisa acontecer de determinada maneira, além de desvelar a teoria que suporta a prática, bem como a prática que permite o desenvolvimento da teoria. Para que isso aconteça, na produção dos recursos didáticos são necessários tempo e condições adequadas para o amadurecimento da equipe e do material.

Em contrapartida, para a formação de uma equipe de trabalho em EaD, são necessários não somente a capacitação do profissional em serviço, mas também um tempo para as pessoas refletirem sobre as decisões tomadas (assim como sobre as causas que levaram a elas) e analisarem novas possibilidades de ação.

Sugestões para correções no eixo 2:

→ Analisar alternativas para a sustentabilidade econômica sem perder de vista a sustentabilidade pedagógica, elemento que garante a existência das instituições educacionais.

→ Aprofundar a discussão referente à terceirização da produção de conteúdos e propostas pedagógicas dos cursos.

→ Analisar criticamente os critérios que determinam o desenvolvimento de novos cursos de EaD.

→ Preservar as conquistas realizadas, mas, ao mesmo tempo, romper o conformismo, buscando e criando condições para novas conquistas.

→ Buscar diferenciais pedagógicos nas propostas de cursos para EaD.

→ Fazer da ação-reflexão-ação uma constante no desenvolvimento de projetos educacionais.

Odisseia, ano 2009

Chamando a base!
O eixo 2 é tão importante quanto o eixo 1! O material deve ser de qualidade!
Fazer os ajustes necessários com urgência.
Produzir recursos com qualidade, encontrar diferenciais... não desistir!
Novos tripulantes devem ser treinados!

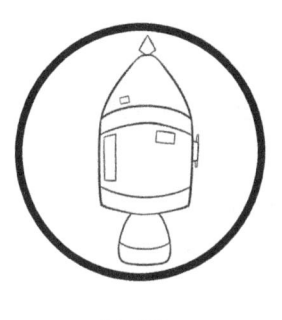

19
A nave pode ir à deriva: o "piloto" sumiu?

Como apontamos anteriormente, para a implantação de um curso de educação a distância (EaD), é importante uma aplicação experimental ou "piloto" a fim de avaliar a forma e o conteúdo desse curso em situação controlada e nas condições em que será executado. Para essa aplicação, conta-se com a contribuição de participantes que representem o público ao qual o curso é destinado, bem como de especialistas no conteúdo abordado. A análise dos resultados pode orientar a reformulação parcial ou total do curso.

A avaliação da forma e do conteúdo visa identificar falhas que não foram percebidas pelos técnicos responsáveis pela elaboração do curso e corrigi-las, de modo que ele alcance a qualidade esperada e seja aprovado por profissionais da área. O início de um curso-piloto só deve acontecer quando ele estiver integralmente publicado na plataforma a ser utilizada, após a revisão completa de todos os seus componentes.

19.1 Reflexões: conhecendo o "piloto"

Para proceder aos ajustes do eixo referente à aplicação experimental, é necessário a análise dos aspectos que serão discutidos a seguir.

19.1.1 O "piloto" nos cursos de educação a distância (EaD)

Em cursos EaD, educandos e educadores estão geograficamente distantes uns dos outros, o que significa que o processo de ensino e aprendizagem ocorrerá pela mediação eficaz de recursos especialmente elaborados para essa modalidade.

A prática já comprovou que é possível a educação presencial obter êxito ao adotar os recursos utilizados na EaD. E o contrário, é aconselhável? Não, pois, pelo menos até hoje, a comunicação acontece quase que exclusivamente por meio de determinados recursos. Talvez isso seja possível futuramente, quando não houver mais diferença entre condições presenciais ou não. Não é assim com a robótica, que hoje permite que cirurgias e diagnósticos sejam realizados a distância, na prática conhecida como *telemedicina*?

A distância geográfica entre os atuantes no processo, mesmo com os recursos tecnológicos disponíveis atualmente, impede a improvisação, uma vez que não há tempo hábil para corrigir erros e é preciso eliminar o risco de que o aluno se sinta culpado por qualquer falha, sejam elas de forma, sejam de conteúdo. Caso o aluno se culpe pelas dificuldades enfrentadas, em geral ele tende a evadir-se, assim como o aluno que culpa o curso pelas falhas – nesse caso, ele o abandona por descrédito.

Em resumo, um curso EaD só deve ser lançado depois da correção das falhas mais importantes identificadas em uma situação-piloto. Uma implantação experimental exige uma amostra cuidadosa do público a que se destina e deve focar no que se espera avaliar em relação ao curso: conteúdo, metodologia, organização das informações e sistema de comunicação (plataforma de ensino). A falta de cuidado na montagem do perfil da turma pode comprometer seriamente o processo de avaliação e provocar o fracasso do piloto por coleta de dados não significativos ou que não correspondam à realidade da EaD. Esse fracasso implica retrabalho e desperdício de recursos e de esforços.

Quanto aos profissionais envolvidos no desenvolvimento de um curso em EaD, consideramos como componentes essenciais:

→ o conteudista, cujo papel principal é levantar e selecionar o conteúdo, propor exercícios, itens de avaliação individual e desafios para avaliação em grupo;
→ o *designer* instrucional, cuja função é o tratamento pedagógico dos conteúdos e dos recursos de ensino e aprendizagem inseridos no curso;
→ os comunicadores visuais, cujo atribuição principal é a produção de recursos como telas, vídeos e animações; e
→ os programadores de sistemas informatizados, cuja responsabilidade principal é programar a introdução e a navegação do curso nas plataformas, além de dar suporte técnico quando necessário.

Um conteudista devidamente capacitado e com boa experiência de ensino também pode assumir o papel de *designer* instrucional, mas o inverso não é verdadeiro. É importante que o especialista pelo conteúdo assuma o papel de tutor ou pelo menos acompanhe de perto a implantação experimental do curso. Como responsável pelo recorte de um conteúdo que admite inúmeras compreensões, ele deve acompanhar a validação desse estudo por meio de seus pares e de uma amostra do público a quem se destina o curso.

Nos cursos-piloto, é necessário o rastreamento de todos os problemas que forem apontados, formal ou informalmente. Depois do levantamento de dados, o especialista e o responsável pelas decisões pedagógicas do curso realizam as correções dos problemas encontrados. Estes devem ser organizados e classificados em relação ao conteúdo, à metodologia, à programação e à plataforma. Naturalmente, algumas falhas devem ser corrigidas imediatamente para não prejudicar o andamento do curso. O bom senso orienta essa decisão.

19.1.2 A coleta de dados no curso-piloto

Durante a execução do curso-piloto, a principal fonte de informações são os alunos. Os instrumentos de coleta de dados utilizados variam de acordo com a intenção avaliativa. Alguns são aplicados diretamente aos alunos – por meio de formulários com questões abertas ou objetivas, por exemplo e outros, indiretamente; nesse caso, os responsáveis pela tutoria (tutor, mediador pedagógico e coordenador do curso) fazem seus registros com base nas reclamações, dúvidas e dificuldades dos alunos em relação a todos os aspectos do curso.

Um dos instrumentos mais ricos para a obtenção de informações é a pesquisa de opinião, cuja finalidade é avaliar a reação dos alunos aos elementos do curso. Nos cursos-piloto, como o objetivo é obter informações detalhadas sobre o que está sendo avaliado, para então poder interferir com maior precisão nos itens que apresentarem problemas, é importante que os instrumentos tenham potencial para realizar essas verificações e aplicações.

A avaliação, seja ela da aprendizagem, seja do ensino, é um elemento do processo educacional que pode assumir diversas funções (Depresbiteris, 1999), entre elas a formativa e a somativa, bem como diferentes perspectivas, como a de regulação ou a de prestação de contas (*accountability*).

Para uma avaliação **formativa**, Scriven (1966), Depresbiteris e Tavares (2009) e Luckesi (2011) indicam que as **questões abertas** (aquelas cuja resposta é construída pelos alunos) permitem a análise de conteúdo pelo viés do estudante e a identificação dos elementos mais importantes de seu discurso. Nesse sentido, questões abertas permitem ao educando expressar sua opinião, com suas próprias palavras, sobre aquilo que mais lhe chamou a atenção acerca de determinado aspecto do curso (recursos, comunicação, ferramenta de gestão, tutoria e duração). Assim, o formato de questões abertas é o mais adequado para identificar como um problema percebido pode ser superado.

Se o objetivo da avaliação é a prestação de contas e seu papel é **somativo**, os referidos teóricos indicam, e a experiência confirma, que devem ser utilizadas **questões fechadas**, cujas respostas são construídas pelo autor da pesquisa com o objetivo de direcionar e limitar a determinados assuntos a opinião dos respondentes.

••
A avaliação realizada pelos participantes deve ser utilizada como um canal de expressão que orienta as correções de rotas e eixos de um curso.
••

Por meio dela, é possível inserir elementos pedagógicos não previstos inicialmente – por exemplo, no nosso caso, introduzimos exercícios resolvidos e de fixação, além de textos em PDF (*Portable Document Format*) com o *printscreen* das telas dos tutoriais para facilitar a aprendizagem do uso de alguns simuladores.

A dificuldade encontrada e registrada pelos alunos favorece a identificação de como é possível melhorar as situações de ensino oferecidas por um curso.

> Odisseia, ano 2010
>
> Atenção, tripulação de teste!
> Testando todos os instrumentos a bordo em voo controlado!
> Toda atenção é pouca. É necessário ficar de olho em cada um dos recursos, observar as falhas, anotá-las e corrigir a rota.

19.2 Abortar missão

Na vida, há momentos decisivos que nem sempre são fáceis de enfrentar. Fazer parte de uma missão muitas vezes exige estar de acordo com os planos e as rotas estabelecidos previamente. Quando acreditamos em algo, enfrentamos os perigos com coragem e descobrimos soluções criativas para vencer os obstáculos.

ROTA 3: o abandono da nave para explorar o universo

No entanto, quando os planos e as rotas se distanciam perigosamente das nossas crenças e as soluções tomadas já não contemplam os mesmos princípios e valores, temos três alternativas: 1) a submissão a preceitos contrários, que leva o profissional a uma vida sem alegria; 2) a rebeldia e a luta pelo que se acredita, que, em casos de autoritarismo, costumam ser sufocadas, pois qualquer questionamento, por mais simples e bem intencionado, é entendido como ato que coloca o poder em cheque; e 3) a partida para a exploração de novos universos.

No nosso diário de bordo, os movimentos de ação-reflexão-ação foram constantes em nossos voos e determinaram o momento de partida para novas explorações. Acabamos aqui essa história; saímos de uma nave para entrar em outra e realizar novas viagens.

Odisseia, primavera do ano 2010, último contato com a nave

Contagem regressiva para partida...
Atenção!
Exploradores partem rumo a novos universos!
Pelo ciberespaço "la nave va".

O FIM, UM NOVO COMEÇO

Por que repetir erros antigos
Se há tantos erros novos a escolher?

BERTRAND RUSSEL

Se você chegou até aqui e acompanhou nossa odisseia no espaço virtual, é porque você também tem algo de Dom Quixote ou Sancho Pança. Como numa roda em torno de uma fogueira, proseamos sobre paisagens, cenários e experiências vividas nessa aventura. Esperamos que a conversa não tenha sido silenciosa, mas bem barulhenta, com você concordando, discordando e até duvidando.

A prosa terminou, mas o espaço virtual continua repleto de mistérios que despertam inquietudes. Com toda essa velocidade de inovações, ainda restam muitas perguntas: Aonde tudo isso vai chegar? Como será esse novo mundo que se delineia apoiado na tecnologia e nos novos meios de comunicação (que aumentam e se diversificam a cada dia)? O que significa educar nesse contexto?

De malas prontas para embarcar em novas aventuras, levamos na bagagem esperança, coragem e curiosidade. Esperança de que o mundo resgate o melhor do ser humano, coragem diante do misterioso e desconhecido destino da educação e curiosidade para encontrar no caos uma estrela guia.

Rocinante, nosso querido pangaré quixotesco, olha-nos mais uma vez com desconfiança, pois já percebeu que vai nos acompanhar em uma nova história que já começou e vai continuar.

REFERÊNCIAS

2001: uma odisseia no espaço. Direção: Stanley Kubrick. EUA: Warner Bros, 1968. 149 min.

ACCIOLY, M. I. A simulação na era da convergência digital. **Razón y Palabra**, Monterrey, v. 11, n. 53, out./nov. 2006. Disponível em: <http://www.redalyc.org/articulo.oa?id=199520728002&idp=1&cid=65486>. Acesso em: 10 set. 2013.

ADORNO, T.; HORKHEIMER, M. **Dialética do esclarecimento**. Tradução de Guido Antonio de Almeida. Rio de Janeiro: Zahar, 2006.

ARETIO, L. G. (Coord.). **De la educación a distancia a la educación virtual**. Barcelona: Ariel, 2007.

ARETIO, L. G. **La educación**: teorías y conceptos – Perspectiva integradora. Madrid: Paraninfo, 1989.

____. **La educación a distancia**. 2. ed. Barcelona: Ariel, 2002.

AVATAR. Direção: James Cameron. EUA: Fox, 2009. 162 min.

BABIN, P.; KOULOUMDJIAN, M. F. **Os novos modos de compreender**: a geração do audiovisual e do computador. São Paulo: Paulinas, 1989.

BACHELARD, G. **O ar e os sonhos**: ensaio sobre a imaginação do movimento. São Paulo: M. Fontes, 1990.

BERGE, Z. L. Barriers To Online Teaching In Post-Secondary Institutions: Can Policy Changes Fix It? **Online Journal of Distance Learning Administration**, v. 1, n. 2, dez. 1998. Disponível em: <http://www.westga.edu/~distance/Berge12.html>. Acesso em: 10 set. 2013.

BERGE, Z. L. Facilitating Computer Conferencing: Recomendation from the Field. **Educational Technology**, v. 35, n. 1, p. 22-30, jan./fev. 1995.

BIAGIOTTI, L. C. M. Conhecendo e aplicando rubricas em avaliações. In: ABED – CONGRESSO INTERNACIONAL DE EDUCAÇÃO A DISTÂNCIA, 12., 2005, Florianópolis. **Anais**... Disponível em: <http://www.abed.org.br/congresso2005/por/pdf/007tcf5.pdf>. Acesso em: 10 set. 2013.

BRASIL. Decreto n. 1.917, de 27 de maio de 1996. **Diário Oficial da União**, Poder Executivo, Brasília, DF, 28 maio 1996. Disponível em: <http://www.planalto.gov.br/ccivil_03/decreto/1996/D1917.htm>. Acesso em: 17 out. 2013.

_____. Decreto n. 5.622, de 19 de dezembro de 2005. **Diário Oficial da União**, Poder Executivo, Brasília, DF, 20 dez. 2005. Disponível em: <http://www.planalto.gov.br/ccivil_03/_ato2004-2006/2005/Decreto/D5622.htm>. Acesso em: 18 fev. 2014.

_____. Decreto-Lei n. 4.048, de 22 de janeiro de 1942. **Diário Oficial da União**, Poder Executivo, Rio de Janeiro, RJ, 31 jan. 1942. Disponível em: <http://www.planalto.gov.br/ccivil_03/decreto-lei/1937-1946/Del4048.htm>. Acesso em: 26 fev. 2014.

CERVANTES, M. de. **O engenhoso cavaleiro D. Quixote de La Mancha**. Tradução de Sérgio Molina. São Paulo: Ed. 34, 2007. Livro II.

CHERCHIGLIA, M. L. Terceirização do trabalho nos serviços de saúde: alguns aspectos conceituais, legais e pragmáticos. In: SANTANA, J. P.; CASTRO, J. L. (Org.). **Capacitação em desenvolvimento de recursos humanos de saúde**. Natal: Ed. da UFRN, 1999. p. 361-385.

CHIAVENATO, I. **Introdução à teoria da administração**. 5 ed. São Paulo: Makron Books, 1997.

COUCHOT, E. **A era da simulação**. Disponível em: <http://www.cibercultura.org.br/tikiwiki/tiki-read_article.php?articleId=22>. Acesso em: 20 nov. 2007.

DELORS, J. et al. **Educação**: um tesouro a descobrir – Relatório para a Unesco da Comissão Internacional sobre Educação para o século XXI. Tradução de José Carlos Eufrázio. São Paulo: Cortez; Brasília: Unesco, 1996.

DEPRESBITERIS, L. **Avaliação da aprendizagem**: casos comentados. Pinhais: Melo, 2010.

_____. **Avaliação educacional**. Brasília: Senai, 1999. (Série Formação de Formadores).

DEPRESBITERIS, L.; TAVARES, M. R. **Diversificar é preciso...**: instrumentos e técnicas de avaliação de aprendizagem. São Paulo: Senac, 2009.

DEVLOO, P. R. B. Simulação numérica. **Multiciência**, n. 4, maio 2005. Disponível em: <http://www.multiciencia.unicamp.br/artigos_04/a_06_.pdf>. Acesso em: 29 nov. 2013.

DICKINSON, K. Distance Learning on the Internet: Testing Students Using Web Forms and the Computer Gateway Interface. **Techtrends**, v. 42, n. 2, p. 43-46, Mar. 1997.

DILLENBOURG, P. **What do You Mean by 'Collaborative Learning'?** In: _____. **Collaborative Learning**: Cognitive and Computational Approaches. Oxford: Elsevier, 1999. p. 1-19. Disponível em: <http://tecfa.unige.ch/tecfa/publicat/dil-papers-2/Dil.7.1.14.pdf>. Acesso em: 10 set. 2013.

DODGE, B. **WebQuest**. Disponível em: <http://webquest.org>. Acesso em: 22 set. 2013.

ÉDIPO Rei. Direção: Pier Paolo Pasolini. Itália: Cult, 1967. 104 min.

FERNANDEZ, C. T. **Meios educacionais**. Brasília: Senai, 1999.

FERNANDEZ, C. T. **Repensando a relação educador/educando**. Brasília: Senai, 1999.

FERNANDEZ, C. T.; PALANGE, I. **Longe dos olhos e a luta para ficar perto do coração**. São Paulo, 2006. Mimeografado.

_____. **O desafio de compreender e ser compreendido nos cursos online**. Disponível em: <http://www.abed.org.br/congresso2007/tc/4192007102119AM.pdf>. Acesso em: 19 fev. 2014.

FIORENTINI, L. M. R.; MORAES, R. de A. (Org.). **Linguagens e interatividade na educação a distância**. Rio de Janeiro: DP&A, 2003.

FREIRE, P. **Extensão ou comunicação?** Tradução de Rosisca Darcy de Oliveira. Rio de Janeiro: Paz e Terra, 1979.

_____. **Pedagogia da autonomi**a: saberes necessários à prática educativa. Rio de Janeiro: Paz e Terra, 1970.

FRIAS, P. **Simulação & simuladores**: uma nova estética online. Disponível em: <http://www.revistas.ua.pt/index.php/prismacom/article/view/624>. Acesso em: 29 nov. 2013.

GARRISON, D. R.; ANDERSON, T.; ARCHER, W. A Theory of Critical Inquiry in Online Distance Education. In: MOORE, M. G.; ANDERSON, W. (Ed.). **Handbook of Distance Education**. New Jersey: Lawrence Erlbaum Associates, 2003. p. 113-127.

GONZALEZ, M. **Fundamentos da tutoria em educação a distância**. São Paulo: Avercamp, 2005.

GRILLO, M. C. O lugar da reflexão na construção do conhecimento profissional. In: MOROSINI, M. C. (Org). **Professor do ensino superior**: identidade, docência e formação. Brasília: Inep, 2000. p. 75-80.

GROF, L. et al. **A teoria da distância transaccional**: Michael Moore. Disponível em: <http://grupomoore.wikispaces.com/file/view/Trabalho_Final_Moore.pdf>. Acesso em: 6 mar. 2014.

HENLEY, W. E. **Invictus**. Tradução de Matheus Sukar. Disponível em: <http://gaabr.blogspot.com.br/2010/01/invictus.html>. Acesso em: 20 fev. 2014.

HERZLICH, C. A problemática da representação social e sua utilidade no campo da doença. **Physis**, Rio de Janeiro, n. 15, p. 57-70, 2005. Disponível em: <http://www.scielo.br/pdf/physis/v15s0/v15s0a04.pdf>. Acesso em: 20 set. 2013.

HILTZ, R. S. Collaborative Learning in Asynchronous Learning Networks: Building Learning Communities. In: WEBNET 98 WORLD CONFERENCE OF THE INTERNET AND INTRANET PROCEEDINGS, **Proceedings...** 3., 1998, Orlando, FL. Disponível em: <http://*web*.njit.edu/~hiltz/collaborative_learning_in_asynch.htm>. Acesso em: 20 jan. 1998.

JONASSEN, D. et al. Constructivism and Computer-Mediated Communication in Distance Education. **American Journal of Distance Education**, v. 9, n. 2, p. 7-26, 1995. Disponível em: <http://citeseerx.ist.psu.edu/viewdoc/download?doi=10.1.1.333.3195&rep=rep1&type=pdf>. Acesso em: 20 set. 2013.

JURASSIC Park. Direção: Steven Spielberg. EUA: Universal, 1993. 127 min.

KENSKI, V. M. **Tecnologias e ensino presencial e a distância**. 3. ed. São Paulo: Papirus, 2006.

KIM, D. H. Administrando os ciclos de aprendizado organizacional. In: WARDMAN, K. T. **Criando organizações que aprendem**. Tradução de Cynthia Azevedo. São Paulo: Futura, 1996. p. 63-77.

KÜLLER, J. A. **Ritos de passagem**: gerenciando pessoas para a qualidade. São Paulo: Senac, 1996.

LÉVY, P. **A inteligência coletiva**: por uma antropologia do ciberespaço. Tradução de Luiz Paulo Rouanet. São Paulo: Loyola, 1998.

LÉVY, P. **As tecnologias da inteligência**: o futuro do pensamento na era informática. Tradução de Carlos Irineu da Costa. Rio de Janeiro: Ed. 34, 1993.

____. **Cibercultura**. Tradução de Carlos Irineu da Costa. Rio de Janeiro: Ed. 34, 1999.

LIMA, K. EaD ou à distância da educação. **Universidade e Sociedade**, Brasília, ano 15, n. 39, p. 81-91, fev. 2007.

LUCKESI, C. C. **Avaliação da aprendizagem**: componente do ato pedagógico. São Paulo: Cortez, 2011.

MARINA, J. A. **Teoria da inteligência criadora**. Lisboa: Caminho, 1995.

MARIOTTI, H. **Pensamento complexo**: suas aplicações à liderança, à aprendizagem e ao desenvolvimento sustentável. São Paulo: Atlas, 2007.

MARTÍN-BARBERO, J. Jesús Martín-Barbero: as formas mestiças da mídia. **Revista Pesquisa**, set. 2009. Entrevista. Disponível em: <http://revistapesquisa.fapesp.br/2009/09/01/as-formas-mesticas-da-midia/>. Acesso em: 18 fev. 2014.

MARTINS, M. M. A questão do tempo para Norbert Elias: reflexões atuais sobre tempo, subjetividade e interdisciplinaridade. **Psicologia Social e Institucional**, Londrina, v. 2, n. 1, jun. 2000. Disponível em: <http://www.uel.br/ccb/psicologia/revista/textov2n14.htm>. Acesso em: 10 set. 2013.

MATURANA. H. R. **A ontologia da realidade**. Belo Horizonte: Ed. da UFMG, 1977.

MATURANA, H. R.; VARELA, F. J. **A árvore do conhecimento**: as bases biológicas do entendimento humano. Tradução de Jonas Pereira dos Santos. São Paulo: Psy, 1995.

MEIRELES, C. **Ou isto ou aquilo e inéditos**. Rio de Janeiro: Nova Fronteira, 1969.

MORAES, M. C. (Org.). **Educação a distância**: fundamentos e práticas. Campinas: Unicamp/Nied, 2002.

MORAN, J. M.; MASETTO, M. T.; BEHRENS, M. A. **Novas tecnologias e mediação pedagógica**. 6. ed. Campinas: Papirus, 2003.

MORIN, E. **Educação e complexidade**: os sete saberes e outros ensaios. 4. ed. São Paulo: Cortez, 2007.

_____. **Educação na era planetária**. 2005. Disponível em: <http://edgarmorin.org.br/textos.php?tx=30>. Acesso em: 20 fev. 2014.

_____. **Os sete saberes necessários à educação do futuro**. Tradução de Catarina Eleonora F. da Silva e Jeanne Sawaya. 3. ed. São Paulo: Cortez; Brasília: Unesco, 2001.

NEDER, M. L. C. O processo de comunicação na EaD: o texto como elemento de mediação entre os sujeitos da ação educativa. In: PRETI, O. (Org.). **Educação a distância**: ressignificando práticas. Brasília: Liber Livro, 2005. p. 181-205.

NEWMAN, W. H. **Ação administrativa**: as técnicas de organização e gerência. 4. ed. Rio de Janeiro: Atlas, 1991.

PALANGE, I. **Chatô e o chat**. Disponível em: <http://nosnaead.com/chato_e_o_chat.pdf>. Acesso em: 22 jan. 2014a.

_____. **Diário de um educador**. Brasília: Senai, 1999.

_____. **Estudar**: percurso com ou sem nós. Brasília: Senai, 2000.

_____. **O enigma do conhecimento**. Brasília: Senai, 2001.

_____. **Papo, linhas e rede...** Disponível em: <http://senaisp.webensino.com.br/sistema/webensino/aulas/39_185/aula_1661/papo_linhas_e_rede.pdf>. Acesso em: 22 jan. 2014b.

PALOFF, R. M.; PRATT, K. **Construindo comunidades de aprendizagem no ciberespaço**. Porto Alegre: Artmed, 2002.

PERRENOUD, P. **Avaliação**: da excelência à regulação das aprendizagens – entre duas lógicas. Porto Alegre: Artmed, 1999.

PIAGET, J. **A construção do real na criança**. Rio de Janeiro: Zahar, 1970.

PORTO, T. M. E. As tecnologias de comunicação e informação na escola; relações possíveis... relações construídas. **Revista Brasileira de Educação**, v. 11, n. 31, p. 43-57, jan./abr. 2006. Disponível em: <http://www.scielo.br/pdf/rbedu/v11n31/a05v11n31.pdf>. Acesso em: 10 set. 2013.

PRADO, M. E. B. B.; ALMEIDA, M. E. B de. Criando situações de aprendizagem colaborativa. In: VALENTE, J. A.; PRADO, M. E. B. B.; ALMEIDA, M. E. B. de. **Educação a distância via internet**. São Paulo: Avercamp, 2003. p. 195-204.

PRENSKY, M. **Nativos digitais, imigrantes digitais**. Tradução de Roberta de Moraes. 2001. Disponível em: <https://docs.google.com/document/d/1XXFbstvPZIT6Bibw03JSsMmdDknwjNcTYm7j1aOnoxY/edit?pli=1>. Acesso em: 18 fev. 2014.

PRETI, O. Educação a distância: uma prática educativa mediadora e mediatizada. In: _____. **Educação a distância**: inícios e indícios de um percurso. Cuiabá: NeadD/IE – UFMT, 1996. p. 15-56.

ROMISZOWSKI, A. J. Web-Based Distance Learning and Teaching: Revolutionary Invention or Reaction to Necessity? In: KHAN, B. H. (Org.). **Web-based Instruction**. Englewood Cliffs: Educational Technology Publications, 1997. p. 25-37.

SARAMAGO, J. **Ensaio sobre a cegueira**. São Paulo: Companhia das Letras, 1995.

SCRIVEN, M. **The Methodology of Evaluation**. Boulder: Social Science Education Consortium, 1966.

SCRIVEN, M. The Methodology of Evaluation. In: TYLER, R. W.; GAGNÉ, R. M.; SCRIVEN, M. (Ed.). **Perspectives of Curriculum Evaluation**. Chicago: Rand McNally, 1967. p. 39-83.

SECOND Life: mundo virtual tem mais de 1,2 milhões de pessoas. **O Globo**, São Paulo, 7 nov. 2006. Disponível em: <http://oglobo. globo.com/tecnologia/second-life-mundo-virtual-tem-mais-de-12-milhao-de-pessoas-4550791>. Acesso em: 10 set. 2013.

SENAI – Serviço Nacional de Aprendizagem Industrial. **A metodologia dos desafios**. Brasília, 2002.

____. **História**. Disponível em: <http://www.senai.br/portal/br/institucional/snai_his.aspx>. Acesso em: 26 fev. 2014.

SILVA, M. **Educação online**: teorias, práticas, legislação e formação corporativa. São Paulo: Loyola, 2003.

____. **Sala de aula interativa**. 3. ed. Rio de janeiro: Quartet, 2002.

SIMON, H. A. **Comportamento administrativo**: estudo dos processos decisórios nas organizações administrativas. 2. ed. Rio de Janeiro: Ed. da FGV, 1970.

SKINNER, B. F. **Ciência e comportamento humano**. 11. ed. São Paulo: M. Fontes, 2003.

SOARES, I. de O. **Alfabetização e educomunicação**: o papel dos meios de comunicação e informação na educação de jovens e adultos ao longo da vida. Disponível em: <http://www.usp.br/nce/wcp/arq/textos/89.pdf>. Acesso em: 18 fev. 2014.

STACEY, E. Collaborative Learning in an Online Environment. **Journal of Distance Education**, Calgary, n. 14, v. 2, 1999. Disponível em: <http://web.mit.edu/acs/faq/Online-collaboration/collab-learning_files/stacey.htm>. Acesso em: 20 set. 2013.

TABOADA, C. Logística: o diferencial da empresa competitiva. **Fae Business**, n. 2, jun. 2002. Disponível em: <http://fit2.fit.br/sitedoprofessor/professor/link/20090820175555Logistica,%20o%20diferencial%20da%20empresa%20competitiva.pdf>. Acesso em: 2 dez. 2013.

TEMPOS modernos. Direção: Charles Chaplin. EUA: Charles Chaplin Productions, 1936. 87 min.

TERAPIA on-line ainda encara resistência de profissionais. **Folha de S. Paulo**, 15 nov. 2006. Disponível em: <http://www1.folha.uol.com.br/fsp/informat/fr1511200609.htm>. Acesso em: 10 set. 2013.

TRACTENBERG, L. Motivação para o estudo da docência colaborativa online: um novo território a explorar. In: CONGRESSO INTERNACIONAL DE EDUCAÇÃO A DISTÂNCIA, 13., 2007, Curitiba. **Anais**... Abed, 2007. Disponível em: <http://www.abed.org.br/congresso2007/tc/562007122423AM.pdf>. Acesso em: 10 set. 2013.

VASCONCELOS, M. A. M.; ALONSO, K. M. **As TICs e a aprendizagem colaborativa**. 2008. Disponível em: <http://www.ice.edu.br/TNX/storage/webdisco/2008/12/19/outros/bac02b455877ce680bd130aeabf82f1b.pdf>. Acesso em: 10 set. 2013.

VYGOTSKY, L. S. **Pensamento e linguagem**. São Paulo: M. Fontes, 1991.

WOLCOTT, L. L. Distant, but not Distanced: A Learner-Centered Approach to Distance Education. **Tech Trends**, v. 41, n. 5, p. 23-27, Oct. 1996. Disponível em: <http://www.itma.vt.edu/modules/fall09/telecom/r3-1_distant_not-distanced.pdf>. Acesso em: 6 nov. 2013.

ZORZANELLI, M. Minha segunda vida: as aventuras do repórter de Época no Second Life. **Época**, p. 88-93, mar. 2007. Ciência e tecnologia. Disponível em: <http://revistaepoca.globo.com/Revista/Epoca/0,,EDR76739-5990,00.html>. Acesso em: 10 set. 2013.

SOBRE AS AUTORAS

Ivete Palange é graduada em Psicologia e especialista em Comunicação Social pela Universidade de São Paulo (USP). Embarcou nessa odisseia com experiências acumuladas na coordenação e no desenvolvimento de projetos educacionais para formação profissional, na produção de materiais didáticos e na capacitação de docentes, realizados no Centro Nacional de Aperfeiçoamento de Pessoal para a Formação Profissional (Cenafor), na Fundação para o Desenvolvimento da Educação (FDE), na Secretaria da Educação do Estado de São Paulo. Além disso, adquiriu experiência docente em nível superior na Faculdade Farias Brito e no Serviço Nacional de Aprendizagem Comercial (Senac).

Ampliou sua bagagem com experiências em estágios realizados em instituições de educação a distância (EaD) na França e na produção de materiais para essa modalidade na Ryerson University, no Canadá. Em 1989, iniciou no Serviço Nacional de Aprendizagem Industrial (Senai) atividades de elaboração, coordenação, desenvolvimento, implantação e acompanhamento de projetos de EaD e desenvolveu paralelamente atividades autônomas para capacitação de docentes no uso de recursos instrucionais em salas de aula e oficinas de roteiros e vídeos.

Além de realizar atividades autônomas desde 2010, é consultora da Associação Brasileira de Educação a Distância (Abed) e participa do censo anual de EaD. Participou do projeto de competências de EaD e desenvolveu o curso *on-line* de produção de design instrucional para o Senac, bem como diversos cursos a distância para empresas e instituições governamentais. Hoje continua explorando os mistérios do espaço virtual.

Consuelo Fernandez é graduada em Pedagogia pela Universidade Católica de Petrópolis (UCP) e mestre em Tecnologia Educacional pelo Instituto Nacional de Pesquisas Espaciais (Inpe). Trouxe para esta odisseia uma bagagem repleta de experiências em EaD, acumuladas desde 1974, quando trabalhou no Projeto Saci (Satélite Avançado de Comunicações Interdisciplinares), e que se estenderam até essa segunda década do novo milênio, como especialista autônoma nessa modalidade educacional.

Essa bagagem inclui diversos trabalhos em EaD – como o desenvolvimento de cursos por correspondência e *e-learning*, a análise de viabilidade e coordenação de equipes para implementação e implantação de projetos, a produção de materiais impressos e audiovisuais e a análise de viabilidade de implantação – realizados em parceria com o Senai, a Cátedra Unesco de EaD da Universidade de Brasília (UnB), a Universidade Anhembi Morumbi, a Pontifícia Universidade Católica de Minas Gerais (PUC

Minas) e o Conselho Estadual de Educação de São Paulo (Ceesp). Além disso, tem experiência como docente da área pedagógica na Universidade Bandeirantes de São Paulo (Uniban), na Universidade Metodista de São Paulo (Umesp) e no Senac, e como consultora da Unesco em projeto da Secretaria de Direitos Humanos no Haiti, da Organização Internacional do Trabalho (OIT) em projeto de EaD em Angola, e da Abed, participando do conselho fiscal e da coordenação do censo anual de EaD dessa associação.

Os papéis utilizados neste livro, certificados por instituições ambientais competentes, são recicláveis, provenientes de fontes renováveis e, portanto, um meio responsável e natural de informação e conhecimento.

FSC
www.fsc.org
MISTO
Papel produzido
a partir de
fontes responsáveis
FSC® C103535

Impressão: Reproset
Agosto/2019